臺灣經學叢刊

臺灣學者論經學研究方法

紀要卷

下冊

蔣秋華、張文朝　主編

主編序

　　本書乃主編張文朝在二〇二二年執行中央研究院中國文哲研究所「學術研究群」所提出的計畫成果。當時（二〇二一年）的計畫書提到：

　　經學的研究，自古至今未曾間斷過，所產生的研究成果難以數計。然而，就研究方法的研究，卻無一系統性的提出方案，殊為遺憾。自古以來中國的經書訓詁（解釋）自有一套脈絡，如：詁、訓、傳、注、箋、疏、音義、集解、章句、補、徵引等，名稱雖多，實則大多在解釋經文的字、辭、句的音義。但是，在西方學問注重方法的學術體系下，有人認為中國沒有學問，有人認為雖有學問但沒有方法，不一而足。致使國內學者生吞活剝西方為學方法者有之，甚至認同中國學問確實沒有方法者，亦大有人在。

　　因此，主編邀請臺灣學界從事經學研究的學者，分批進行十三經的研究方法研討，提出各自對十三經研究方法的高見，特別關注以下各點，即：

一、清代以前的傳統研究方法
二、民國以來參考西方的研究方法
三、有別以往，自己的新方法

其目的在於：

一、破除經學沒有研究方法的僻說
二、系統地理出十三經研究方法
三、以此十三經研究方法分享學界
四、運用此十三經研究方法，發展符合當代社會需求的議題

此計畫於二〇二二年執行，共舉辦了九場。實際執行的場次、經別、時間如下表：

場次	經　　別	時　　間	
第一場	孝經、爾雅	4/21（四）	13：30-16：30
第二場	論語、孟子、四書	4/28（四）	13：30-16：30
第三場	易經	5/31（二）	13：30-16：30
第四場	尚書	6/28（二）	14：00-16：30
第五場	詩經	7/28（四）	13：30-16：30
第六場	三禮、儀禮、周禮、禮記	8/23（二）	13：30-17：30
第七場	左傳	9/16（五）	13：30-17：30
第八場	公羊傳、穀梁傳	9/23（五）	13：30-16：20
第九場	經學史	10/8（六）	13：30-17：30

由於受到 COVID-19 疫情的影響，以視訊座談會方式進行，為使參與者所論有所聚焦，所以請發表者事先備好「發言稿」，待發表者報告完畢後，開放參與者間的互相討論，接著開放線上參與者的提問及發表者的回應。

參與各場主持人、發表人、網上參與人數等資訊，如下表：

場次	經別	主持人／發表人	網上人數
第一場	孝經、爾雅	蔣秋華／ （1）呂妙芬 （2）林協成 （3）林保全 （4）莊雅州 （5）盧國屏 （6）顏世鉉	76人
第二場	論語、孟子、四書	蔣秋華／ （7）吳孟謙 （8）吳冠宏 （9）金培懿 （10）陳逢源 （11）黃瑩暖	68人
第三場	易經	蔣秋華／ （12）孫劍秋 （13）陳威瑨 （14）陳睿宏 （15）黃忠天 （16）楊自平 （17）賴貴三 （18）羅聖堡	94人
第四場	尚書	楊晉龍／ （19）曹美秀 （20）許華峰 （21）陳恆嵩 （22）黃冠雲	87人

場次	經別	主持人／發表人	網上人數
		（23）蔡根祥 （24）蔣秋華	
第五場	詩經	張文朝／ （25）車行健 （26）賀廣如 （27）黃忠慎 （28）楊晉龍 （29）簡良如	100人
第六場	三禮（儀禮、周禮、禮記）	蔣秋華／ （30）林素英 （31）林素娟 （32）孫致文 （33）彭美玲 （34）程克雅 （35）鄭雯馨 （36）鄭憲仁	76人
第七場	左傳	蔣秋華／ （37）張高評 （38）馮曉庭 （39）黃聖松 （40）劉德明 （41）蔡妙真	106人
第八場	公羊傳、穀梁傳	蔣秋華／ （42）吳智雄 （43）宋惠如 （44）楊濟襄 （45）簡逸光	77人

場次	經別	主持人／發表人	網上人數
第九場	經學史	蔣秋華／ （46）李威熊 （47）車行健 （48）張高評 （49）莊雅州 （50）黃忠慎 （51）賴貴三	96人

就發表人而言，可以說已涵蓋臺灣學界從事研究經學之大部分，他們所擁有的學識都有所師承；也都長期研究，自然有所自得；又都從事教學工作，因此也必然有所傳授。簡言之，此成果或可視為臺灣經學研究方法的普遍觀點。

本書之出版，得主編中央研究院中國文哲研究所蔣秋華老師的校閱、中央研究院中國文哲研究所盧啟聰博士、國立高雄師範大學經學研究所張琬瑩教授及其高足簡宏恩、國立彰化師範大學國文學系簡承禾教授及其高足劉軒廷、黃昱銘等費神整理，於此謹申謝忱。

張文朝

二〇二四年八月一日誌於

中央研究院中國文哲研究所七〇七研究室

目次

主編序⋯⋯⋯⋯⋯⋯⋯⋯⋯⋯⋯⋯⋯⋯⋯⋯⋯⋯張文朝　1

上冊

《孝經》、《爾雅》的研究方法⋯⋯⋯⋯⋯⋯⋯⋯⋯⋯⋯⋯ 1

《論》、《孟》、《四書》的研究方法⋯⋯⋯⋯⋯⋯⋯⋯⋯55

《易經》的研究方法⋯⋯⋯⋯⋯⋯⋯⋯⋯⋯⋯⋯⋯ 111

《尚書》的研究方法⋯⋯⋯⋯⋯⋯⋯⋯⋯⋯⋯⋯⋯ 179

《詩經》的研究方法⋯⋯⋯⋯⋯⋯⋯⋯⋯⋯⋯⋯⋯ 251

下冊

三禮的研究方法⋯⋯⋯⋯⋯⋯⋯⋯⋯⋯⋯⋯⋯⋯⋯ 1

《左傳》的研究方法⋯⋯⋯⋯⋯⋯⋯⋯⋯⋯⋯⋯⋯ 69

《公羊》、《穀梁》的研究方法⋯⋯⋯⋯⋯⋯⋯⋯⋯⋯ 139

經學史的研究方法⋯⋯⋯⋯⋯⋯⋯⋯⋯⋯⋯⋯⋯⋯ 201

三禮的研究方法

主持人：張文朝（中央研究院中國文哲研究所）
發表人：
   林素英（國立臺灣師範大學國文學系）
   林素娟（國立成功大學中國文學系）
   孫致文（國立中央大學中國文學系）
   彭美玲（國立臺灣大學中國文學系）
   程克雅（國立東華大學中國語文學系）
   鄭雯馨（國立政治大學中國文學系）
   鄭憲仁（國立臺南大學國語文學系）
整理人：張琬瑩（國立高雄師範大學經學研究所助理教授）

張文朝：

  各位學者大家午安，我是今天的主持人張文朝。感謝大家參與我們經學研究方法的座談會，今天的主題是「三禮」。我們很榮幸邀請到七位學者專家來參與這場座談，以下，我就依照接下來的發言順序來介紹。首先第一位是臺灣師範大學的林素英教授，第二位是成功大學林素娟教授，第三位是臺灣大學彭美玲教授，第四位是東華大學程克雅教授，第五位是臺南大學鄭憲仁教授，第六位是中央大學孫致文教授，第七位是政治大學鄭雯馨教授。我們座談會的總時程有兩百四十分鐘，引言老師有一百四十分鐘，請注意的是每位引言為十五至二十分鐘，中間有五分鐘的休息，接著是引言人的綜合討論五十分鐘，

我已經事先將引言講稿傳給諸位引言老師,各位可以從中來討論與交流。最後,有四十分鐘的提問時間,也請提問者在提問前先說明自己的姓名和單位,提問時間五分鐘內,或者可以選擇用線上聊天的方式,進行一問一答。若不方便講話,也可以在留言板留下您的問題,我們會請線上的老師回答。如果對於進行規則沒有問題的話,我們就請林素英老師來發言。

林素英:

大家好,很高興來到這個座談會,但由於我不太會使用線上器材,假若等下有斷線或是突發狀況的話,就請大家多多包涵。今天我想要講我自己的研究。本來經學文獻組分配給我的項目是《禮記》,但我想了想,既要包含傳統的,又要包含民國以後的,甚或是新的見解,憑良心說,講《禮記》的話,實在很難把它與《周禮》和《儀禮》切割開來,因此我後來想,乾脆講我自己的研究好了。反正也退休啦,很多事想做但是還沒有完成的,或許藉這個機會,也讓大家思考未來可以如何去進行相關的研究。

一 「古史辨」運動影響經學研究法

首先,我想說一下古史辨運動,它其實影響了整個的經學研究法。清代以前傳統的經學研究法(包含《禮記》),絕大多數以注疏的方式為經典作注;少數的學者,對整部經典或某些篇章,採取集說、集解、集傳的方式解經;直到西學東漸後,影響了整個的經學研究法。要談西學東漸,又不得不上溯明末清初時期,但明末清初的西學東漸影響較小,一直要到民國初年以後,以顧頡剛(1893-1980)、錢玄同(1887-1939)為主要代表的「古史辨」運動,對傳統文化研究的影響才比較大。但是,在七冊的《古史辨》中,直接與「禮」相關者,只在第四冊收有馮友蘭(1895-1990)的〈大學為荀學說〉以及

〈中庸的年代問題〉，實在少得可憐；稍稍與「禮」沾上一點邊的，也僅有第六冊羅根澤（1900-1960）的〈再論老子及老子書的問題〉，其中的一小節「由禮教觀念考老子年代」。整體而言，在整個古史辨運動裡面，和禮相關問題的討論幾乎是沒有的。

雖說如此，但古史辨運動對於擺落既定權威以重新追求學術真實的精神，卻可以推廣到不同的研究對象，因此也大大拓展《禮記》等禮學研究的多元發展，而不再僅僅侷限於以注疏為骨幹的傳統研究法。當然，《禮記》的研究，隨著議題的多向性，研究方法自然也有別。本座談的三大重點之一為「自己的新方法」，於是姑且談談自己研究禮學的方法，至於「新」或「不新」，則涉及見仁見智的差別，留待大家評定。

二　注重情理平衡的《禮記》為溝通三《禮》的樞紐

我研究禮學大約三十年，從中發現不少值得好好討論的問題。要談研究《禮記》，我認為仍是要放在整個三《禮》的大範圍中來看，《禮記》無法孤立來講。當然，若你要單獨研究《禮記》也不是不可以，因為每個人的時間與精力都有限，《禮記》的內容也已經非常豐富，自然毋須貪多，但你若想進行全方位的、照顧較周延的研究，即使無法三《禮》樣樣精通，卻必須將視野擴大到整個三《禮》。

三《禮》各具特色：《周禮》具有「建國大綱」、「建國方略」的特性。《儀禮》為古代禮儀進行秩序單。這兩部書都是資料的彙編，若脫離具體的時空範圍，便難以進入狀況，所以幸好有《禮記》作為聯繫的橋梁。《禮記》為何可以成為溝通三《禮》的樞紐？因為它注重情、禮平衡的關係，其中特別提出「人」的本質為「陰陽之交」與「五行之端」，具有主體能動性，故而可透過「人」在天地之間的所作所為，彰顯人情、人義反映天道的生生之德。研究《禮記》，即可以特別把握「人」的特質，進一步展現《禮記》串聯《儀禮》、《周

禮》的整體概念，而凸顯「禮」提升人文價值的可貴之處。

以下稍微介紹三十年來在人文關懷下的禮學研究法，請各位多加指教。

三　立足於個人生命關懷的研究法

我的碩士論文《古代生命禮儀中的生死觀——以《禮記》為主的現代詮釋》，講的是生死的問題。人從何而生？死往何處？生命是不是只有從生到死？或是還有其他隱藏的部分？這些是我在撰寫碩士論文時的問題意識。

一九八八至一九九〇年間，西方詮釋學、生死學、生死教育剛傳進來臺灣沒多久，所以當初我在寫碩士論文時使用這些方法，在當時應該是蠻新穎的研究法。在這本論文中，我使用了詮釋學、生死學、哲學人類學、文化人類學、發展心理學、人格心理學、心理分析法、宗教哲學、民俗學等研究方法。這是我碩士論文有別於傳統經學研究的部分。

四　進入古代社會人群的社會脈絡研究法

接著由個人的部分往外推，進入社會人群的部分。既然進入社會，它的研究方法也就會不一樣，你必須進入古代社會脈絡以進行研究。人類最早接觸的社群團體為「家庭」，中國古代農業社會聚族而居，更注重「家族」、「宗族」活動的密切關係，因此特別講求人倫義理的實踐。

人倫關係即透過綿密的喪服制度而展現，我撰寫了這三本論文：（一）《喪服制度的文化意義——以《儀禮·喪服》為討論中心》，這本書是以《儀禮》〈喪服〉為討論中心，但這本書尚未提到《郭店簡》的問題。所以後來寫了（二）《從《郭店簡》探究其倫常觀念——以服喪思想為討論基點》，內容是從《儀禮》〈喪服〉上面發展出來的。在喪服的制度和規劃裡，有所謂的「正例」和「變例」，在

《儀禮》和《禮記》中皆有呈現，但在時空變遷，遇到社會具體問題時，必須要隨時有所補充。所以這本書我把它當成喪服制度的補充條例，討論當時時空背景下的個別案例。最後一本是（三）《禮學思想與應用》，從書名可以清楚知道是禮學思想在我們社會的相關運用。

另外，因為社會生活範圍廣大，有許多不同面向，而禮學思想的應用最常透過祭禮、鄉飲酒禮、鄉射禮、相見禮、燕禮、聘禮、覲禮等不同類型的社會活動而呈現，且往往在禮儀活動中搭配不同的詩篇進行，而《詩》當中又保存許多寶貴的古史資料，因此《詩》與禮之間多存在互見以見義的關係。因此我的研究視角也從禮擴充到「詩教」問題，已撰寫了（一）《《詩》教體系的萌芽與定型：歷史發展視野下的先秦兩漢《詩》教觀》、（二）《特定時空環境下的詩禮之教：《詩》教體系的萌芽與定型·分論篇》這兩部書，即是從禮到《詩》，對古代社會的研究。但關於這部分的問題極複雜，事實上「分論篇」尚未討論完，有待日後再出版分論續篇補足。因為當中牽涉的問題太多了。在研究法上，是以整合探究為主，整合的對象包括古代社會風俗、先秦兩漢歷史、古史傳說等，整合之後，進而比較時空環境變遷的順應、調整之道。

五 循序漸進的治國平天下為政研究法

接著，從社會擴展到更大的一個社會，那即是治國、平天下的問題。三《禮》中，有非常多和政治及為政有關的部分，如《大學》的三綱領「大學之道，在明明德，在親民，在止於至善」，以及八德目「古之欲明明德於天下者，先治其國；欲治其國者，先齊其家；欲齊其家者，先修其身」。而《中庸》雖然有講「性」的部分，但絕大部分仍是在說為政者，如曰：「人道敏政，地道敏樹。夫政也者，蒲盧也。故為政在人，取人以身，修身以道，修道以仁。仁者人也，親親為大；義者宜也，尊賢為大。親親之殺，尊賢之等，禮所生也。」

我的相關研究有《古代祭禮中之政教觀——以《禮記》成書前為論》一書，其中挑選和政治、教化有關的內容來談。古代典籍所要求的對象並非人民，而是為政者，非常注重為政者訂定何種制度以教化人民；祭禮正是其中最重要的一種，因此透過古代的祭禮來談論其中隱藏的政治教化觀念。另外一本書是《《禮記》之先秦儒學思想：〈經解〉連續八篇結合相關傳世與出土文獻之研究》，主要討論禮學和先秦儒學思想相關的部分，因為《禮記》當中包含許多孔子（前551-前479）與弟子的論學資料，也包含孔門弟子傳播儒學的重要紀錄。

談到這裡，我們可以發現，所謂的經學「研究」不能僅僅侷限在被標註為經學文獻的範圍而已，還必須和子學等其他視角結合在一起，方能更切近「經世之學」的本質。

六　將物我和諧的理想融入生活的歲時禮俗研究法

「禮」既可以包含天文、地理，也包括人世間的活動。在世間活動方面，與每個人都有關的包括兩個部分：一是縱向、不可逆的個體生命延續情形，即是生命禮俗；另一個則是橫向、年年歲歲周而復始的歲時禮俗活動，二者縱橫交錯而形成人們日常生活的大部分。因此，歲時禮俗的研究在整個三《禮》學中，也應該佔有相當分量的重要地位。有關歲時活動，比較豐富的內容記錄於《禮記》〈月令〉，而其前身則要追溯於內容極簡略的《大戴禮記》〈夏小正〉，都有再行深入研究的空間與必要。

換言之，禮的一個重要面向是天文和人文的對應，而天文和人文的對應，則必須仰賴為政者採取合適的行政措施，上法天道以行人道。因此，講到行政制度的推動，就必須和《周禮》的職官安排、整體規劃有所關聯。參照《周禮》「六官」為天官、地官、春官、夏官、秋官、冬官的規劃，早已凸顯禮制的規劃應以順應天地四時變化的大化流行為本，在「辨方正位，體國經野」的前提下，再行「設官

分職,以為民極」,做最好的各種人事安排。關於這部分,我的《歲時禮俗文化論略》一書,即是討論此相關的問題,書名使用「論略」,也代表這方面的研究還有非常大的空間,因為天人關係的問題牽涉的範圍很廣,並且還可以與文學、民俗學、天文學等進行跨領域的整合研究。

七　結論

> 禮之所尊,尊其義也。失其義,陳其數,祝史之事也。故其數可陳也,其義難知也。知其義而敬守之,天子之所以治天下也。(〈郊特牲〉)

經學最重要的本質,即是「經世致用」,但如何經其世、致其用,那就牽涉到世況的問題。因此,要能夠去做一個整合三《禮》的研究,才能真正凸顯「禮」的精義。

因為時間關係,這裡僅簡單就我這三十年來所做的,以及還有許多還沒有做,卻又值得深入研究的部分,簡單跟各位介紹一下。謝謝大家。

林素娟：

各位師友大家好,今天很高興能跟大家分享「禮記的質性與研究視野」這個題目。我當初接到這個題目時,覺得能講的東西很多,範圍也很大,所以一時之間想了非常久,後來我就想我應該可以報告《禮記》的研究法,其次是談《禮記》可以打開的研究視域,從這樣的角度來談一談好了。

要思考《禮記》的研究方法以及研究視野,首先必須對於《禮記》的性質與成書,以及其中最關鍵的概念「禮」在先秦的意涵有所認識:

一　《禮記》的成書與相關禮典的溯源研究

《禮記》為詮釋《儀禮》之作，各篇的作者及撰作的時代，學者有不同的主張，由於各篇著作時代不一，故而風格和內容並不統一，其成書遲至漢代，所以有時會引生論證效力的問題，但這並不妨礙其間反映了先秦時期的禮儀思想及典章、儀節的起源與發展線索。

由《禮記》的內部來看，傳統研究成果多集中於：（一）對於《禮記》各篇章的思想、義理、典章制度的相互關係進行研究。（二）透過經籍注疏、禮圖、禮例加以研究。（三）透過三《禮》的相互詮釋，以對禮典和禮意進行推究。（四）透過同一時期的思想和文化典章以相互闡發（經史互證、經史子互證）。（五）由後代禮制演變線索的敘述中進行溯源。

在傳統的研究方法之外，王國維（1877-1927）提出「二重證據法」後，亦可透過考古出土的地下之新材料與傳世文獻記載相互印證。學者也有提出「三重證據法」之說，對於傳世文獻、古文字、文物進行考查和比對。後來又有學者提出「四重證據法」，一重證據指傳世文獻；二重證據指地下出土的文字材料，包括王國維當年研究的甲骨文、金文和後來出土的大批竹簡帛書；三重證據指民俗學、民族學所提供的相關參照材料，包括口傳的神話傳說、活態的民俗禮儀等；四重證據則專指考古發掘的或傳世的遠古實物及圖像。「綜合利用多學科資料的優勢是，用文化文本的概念來統合四重證據。一、二重證據為文字文本，第三重證據主要是口傳文本和活態文化傳承，第四重證據則是非文字非語言材料構成的文化文本。四重證據的結合，構成『物象－語言－文字』這樣整體性的人類生活世界，搭建起從語言學到現象學的認知橋梁。」[1]

---

[1]　楊驪等：《四重證據法研究》（上海：復旦大學出版社，2019年）。

在傳世文獻間的相互考證，推定同時期禮儀發生的文化背景與思想，並透過考古研究成果的出土文物、古文字的印證，輔以民族學、文化人類學中人類文化、思想、認知方式的運作和發展以進行研究。

二　《禮記》的豐富層面與研究潛力

當然，《禮記》的研究法在現當代，有更多展開的可能性。這就要回到「什麼叫做禮」的問題。當我們對禮、《禮記》及其相關豐富的概念和意涵理解以後，可能對於《禮記》的研究視域和方法就會有更大的展開。以下我就簡單講述《禮記》當中所包含豐富的思想內容。

（一）《禮記》保留了「禮」的原始宗教層面及其轉化的痕跡

如果我們追溯「禮」這個字的造字，就會發現它和宗教儀式有非常密切的關係。《說文解字》〈禮〉：「禮，履也。所以事神致福也。從示從豊（豐），豊亦聲。」段玉裁（1735-1815）注「履，足所依也，引伸之凡所依皆曰履」、「禮有五經，莫重於祭，故禮字從示，豊者行禮之器」，不止上半部為禮器，下半部字形亦應與祭儀之樂器有關。

（二）《禮記》保存了周文的禮儀制度

孔穎達（547-648）〈禮記正義序〉：「至孔子沒後，七十二之徒共撰所聞以為此《記》，或錄舊禮之義，或錄變禮所由，或兼記體履，或雜序得失，故編錄之，以為記也。」這也說明了《禮記》在編纂過程中的一些特質。這個特質可以分兩個部分，其一是「禮義」，孔子以復禮（周文）為其職志，其關注的是禮的價值和意義，更多地落實在個人修養上，探討禮在社會組織和個人社會化中的作用和地位。其二是「禮典」的部分，即典禮、儀式方面。《禮記》記述了秦漢以前的典章、名物、制度，以及冠、昏、喪、祭、燕、射、享、朝、聘等禮儀。此部分可與《左傳》、《國語》等典籍對參。

（三）《禮記》所涉古代經濟、政治、文教以及禮俗、制度，層面十分廣泛

傳統所謂的「五禮」研究，如《周禮》〈春官〉〈小宗伯〉所說：「掌五禮之禁令與其用等。」鄭玄（127-200）注引鄭司農（？-83）曰：「五禮，吉、凶、軍、賓、嘉。」《隋書》卷六〈禮儀志一〉：「周公救亂，弘制斯文，以吉禮敬鬼神，以凶禮哀邦國，以賓禮親賓客，以軍禮誅不虔，以嘉禮合姻好，謂之五禮。」《禮記》一書即包含五禮。

　　吉：祭禮

　　凶：喪禮

　　軍：田獵

　　賓：聘禮、相見禮

　　嘉：冠禮、婚禮

若以現代學科的視域來看，《禮記》涵括原始宗教、形上學、倫理學、政治學、社會學……等多重層面：

　　形上學的層面：象天地，合天地之化（〈樂記〉、〈孔子閒居〉）

　　原始宗教層面：通神明、事鬼神（〈祭義〉、〈祭統〉）

　　心性論的層面：正情性，中和男女（〈中庸〉、〈大學〉）

　　倫理道德的層面：立人倫，諧萬民（〈冠義〉、〈昏義〉）

　　政治、社會層面：節萬事，致百物（〈王制〉）

（四）《禮記》保留了七十子之學的思想，戰國時期儒家思想發展演變的重要線索

在漢代被視為七十子後學所著的《禮記》保留了豐富的戰國時期文化與思想的記載，尤其對於思考先秦諸子思想的交涉，具有重要意義，亦對於先秦儒家系譜的建立，具關鍵性。近年來由於出土文獻有許多篇章和《禮記》重合，對於重新思考先秦文化與思想，具有重要意義。可以透過《禮記》所反映的思想、戰國儒家與諸子思想間的對話，以及先秦的文化層面著眼，對《禮記》所反映的戰國時期文化與思想進行探討。

舉例來說，孔子轉化前代文化，最核心的概念是通過「仁」和「禮」。〈中庸〉：「仁者人也，親親為大，義者宜也，尊賢為大，親親之殺，尊賢之等，禮所由生也。」〈中庸〉、〈大學〉二篇，既可放回先秦思想的脈絡探討，與傳統經籍以及出土文獻如《郭店楚簡》〈五行〉、〈性自命出〉、〈緇衣〉等對參，考察早期儒學思想。同時可於受到宋儒朱熹的推崇，使之與《論語》、《孟子》並列為四書的思想文化脈絡，以及宋明學者有關仁、禮的詮解，來思考其中對於仁、禮思想深度的詮釋、建構和轉化。

　　（五）出土文獻與《禮記》的對參，對於戰國時期思想、社會、政治等層面研究提供重要線索

　　李學勤（1933-2019）先生說：「〈緇衣〉收入《禮記》，竹簡中還有不少地方與《禮記》若干篇章有關，說明《禮記》要比現代好多人所想的年代更早。按《漢書》〈藝文志〉於《禮》類著錄「《記》百三十一篇」，云「七十子後學者所記也」。鄭玄的《六藝論》說：「漢興，高堂生得《禮》十七篇，後得孔氏壁中、河間獻王古文《禮》五十六篇、《記》百三十一篇。」可知《漢志》的《記》都是古文，有的是孔壁所出，有的是河間獻王（前160-前129）所徵集，都是孔門七十子後學作品。高堂生五傳弟子戴德、戴聖所傳的《禮記》、《大戴禮記》，都是根據這些材料編成的。現在由《郭店簡》印證了《禮記》若干篇章的真實性，就為研究早期儒家開闢了更廣闊的境界。」[2]

　　李學勤說：「這些儒書都與子思有或多或少的關聯，可說是代表了由子思到孟子之間儒學發展的鏈環。……這些儒書的發現（按：《郭店楚簡》），不僅證實了〈中庸〉出於子思，而且可以推論〈大學〉確可能與曾子有關。〈大學〉中提出的許多範疇，如修身、慎獨、新民等

2　李學勤：〈郭店楚簡與儒家經籍〉，頁21。

等，在竹簡裡都有反復的論述引申。」[3]

  尤其出土文獻對於戰國時期思想、文化、社會、政治等層面，提供了許多文獻和線索。

  （六）《禮記》保留了早期的天人和諧之道的主張，可以與先秦諸子思想（前483-前402）相互對參

  如：〈月令〉。

  （七）《禮記》保留了美學與修身的重要文獻

  如：〈樂記〉。

  （八）《禮記》保留了教學理論與方法的重要文獻

  如：〈學記〉。

三　對現代研究者的啟發

  《禮記》對現代人的啟發，我們可以做一個小小的整理：

（一）古文化史層面的研究：食、衣、住、行……。

  　五禮：吉、凶、軍、賓、嘉。

  　禮的五個層面：

  　　形上學的層面。

  　　原始宗教層面。

  　　心性論的層面。

  　　倫理道德的層面。

  　　政治、社會層面。

（二）先秦禮儀的研究：冠、婚、喪、祭、鄉飲酒、射禮、朝聘禮的研究。

（三）人倫的關係之思考：報本返始（報）、關係性、仁與禮的關係。

---

[3] 參見〈先秦儒家著作的重大發現〉。

（四）修身：《禮記》中頻繁出現的概念：修身、美身、格物、致知、誠意。
（五）人對環境的精微覺察：感受性之學、物的形制與感受性間的關係。
（六）生活的美學與感學的美育教育：人與環境的關係、中和之道、天地人的和諧。
（七）大同的理想：〈禮運〉大同的理想、思考在當代處境和諧共生的可能。
（八）先秦諸子思想互動的研究：儒、墨、老、莊、陰陽家。
（九）先秦儒學思想系譜以及重要思想的進一步探討：
1. 與《子思》思想的關係：〈中庸〉、〈表記〉、〈坊記〉、〈緇衣〉。
2. 與出土文獻的對查：〈五行〉、〈性自命出〉、〈緇衣〉、〈民之父母〉、〈孔子詩論〉、〈性情論〉、〈窮達以時〉、〈唐虞之道〉。
3. 儒學內部的分支。
4. 儒家的思想系譜，從孔子以下的學術分化、道統說。
5. 牽涉到的學術問題：性情論、仁內義外、情感論。
    對仁、禮關係重新的理解和闡釋。
    工夫論：內在的擴充和外在的培養。
    人性論：如仁、知、情。
    天人關係：如天命。
    政治思想：民本、禪讓、仁政、大同。
    六藝之學：禮樂教育與經典教育兼具。
（十）內聖與外王兼備、理念與實踐並重。

四　禮，時為大：古典禮儀的現代化

　　我要謝謝今天學者的發言，給我很多啟發。後面學者談到「禮儀現代化的問題」，很值得深入思考。我一直在想，禮儀在古代其實是要回應當時的生活處境。舉喪禮為例，當代的喪禮改造工程，事實上正在進行，視聽媒體上也反映了此需求，如《送行者》或《父後七日》等電影對喪禮的意義及繁文縟節的反省。早期的喪禮或喪服儀式，在當時倫理系統和社會功能下，非常在意「報」的精神，或是家中的「尊」和「親」的倫理秩序，並且非常強調「孝道」的展現。換言之，就是透過喪禮，定位家族和社會以及人倫之間的關係。我常在思考，我們現在習禮的人，可以在議禮的過程中，介入禮儀的「時變」到什麼程度？也許禮儀的形式已有變化，但能不能在行禮的過程中，將禮儀的精神經過現代化的洗禮？重新界定家族的倫理觀，或者是性別意識帶入以後，思考儀典中不同的性別身份的象徵意義。諸如去談喪禮中女性的立位象徵，以及扮演的角色。這些思考有助於將傳統禮儀帶入當代生活的處境，回應現當代的家族結構、性別平等意識，以及現當代民間生活的需求。這也才符合「禮，時為大」、「禮也者，合於天時，設於地財，順於鬼神，合於人心，理萬物者也」，「禮」應合時變、調理人心、諧和自然與萬物的真正意義。

彭美玲：也談《儀禮》暨禮學研究法

　　謝謝主辦單位中國文哲研究所的邀約，讓我們有機會參加今天的座談盛會。因為本場把《周禮》、《儀禮》、《禮記》三《禮》全都集合在一起，特別顯得高朋滿座。像在座的林素英老師專精義理思想的發揮，林素娟老師擅長西方文化學科的詮釋，孫致文老師、程克雅老師專長文獻、訓詁，鄭雯馨老師熟悉經傳注疏和禮例，鄭憲仁老師專攻器物和禮圖。個人平常的研究路線，反而像是擦邊球，以下的發言也

就不那麼劃分界限,會同時包括禮學和《儀禮》在內。

就中國傳統經學來說,《儀禮》最初在三《禮》中高佔「禮經」的地位,唐宋以後,重要性卻明顯下降,一直到明清之際,發生所謂「禮教主義興起」,才又配合乾嘉考據學而復甦。眼前我們已經來到了二十一世紀,禮學對於一般人究竟還有什麼意義和價值呢?畢竟禮學做為最典型的實學,它至少有一半需要依附在具體實存的社會環境和物質文化基礎之上,當社會一旦演進,物質一旦轉換,許多禮文制度也不能不跟著改變,甚至遭到汰換,那麼,究竟什麼是萬變之中值得提取的不變呢?個人以為,禮學研究至少有以下幾點意義:

第一、禮學是中國古典文明當中的核心與精華,兩千年帝制中國,正是依靠禮制的框架而得以維持長期穩定,加上儒、道、釋三家思想的靈魂注入,因而展現經久不衰的文化生命力。了解禮學,等於取得了開啟中國學智慧寶庫的通關鑰匙。

第二、牟宗三(1909-1995)先生指出,中國哲學思想偏重人生論,重心就落在「主體性」和「道德性」之上,我們所理解的中國文化,因此洋溢著濃厚的人本思想、人道主義,無論是經學或禮學,其實都離不開「做人的學問」,簡單來說,也就是周禮注重的「親親、尊尊」,孔子所謂的「君君、臣臣,父父、子子」而已。現在整個世界變化得這麼快速,做為一個「人」很可能在周遭變化的漩渦中失去了方向、找不到定位,甚至懷疑自我的存在……,可只要回頭讀一讀四書五經,探一探古代禮學,就會知道古人也經常困頓,感到徬徨,而他們卻在不斷的慎思明辨當中貞定價值判斷,找出合宜的自處、待人之道,前人的智慧與經驗,一定能幫助我們安然、泰然面對各種生命情境。

第三、從另一個角度想,如果你早已進化成新新人類,你並不想讓自己的心智、情感停留在「過去的年代」,這時候傳統的禮教仍然

提供了「異質的文化圖景」，讓人有機會培養「理解、尊重、包容」的態度與能力，這不也是當代社會所需要的基本素養之一？

根據主辦單位所出的策論題，今天要討論的有三個重點：一、傳統研究法，二、當代研究法，三、個人管見。接下來就提出自己的一點淺見。

一　傳統研究法

（一）文獻研究法

古代三《禮》學的文獻研究法，別無選擇地要從漢唐注疏為起點，以鄭玄、賈公彥、孔穎達三家為重要發言人。以前孔德成（1920-2008）先生教三《禮》課，採用張爾岐（1612-1678）的《儀禮鄭注句讀》來細讀注疏，雖然有時加上金石、考古之類的旁證，主要還是離不開「以經解經」。現在古籍資料庫相當發達，我們可以更方便地搜讀宋代、清代為主的集說、集解或是新疏。總言之，有心學習三《禮》的話，就要練好蹲馬步——充分掌握注疏、經解的體式和內涵。

其次，禮學本身的學科特性也是不能忽略的。有關《儀禮》的讀法，大家知道清代陳澧（1810-1882）的《東塾讀書記》，已經歸納得相當好，後來皮錫瑞（1850-1908）、曹元弼（1867-1953）也都贊同他的意見。陳澧說：「昔人讀《儀禮》之法，包括『分節』、『繪圖』、『釋例』。」首先是分節法，他推崇朱子《儀禮經傳通解》「釐析經文，每一節截斷，後一行題云『右某事』」，這種處理讓古禮節目單清楚明白，井然有序，受到影響的有清張爾岐《儀禮鄭注句讀》、吳廷華（1682-1755）《儀禮章句》，以及江永（1681-1762）《禮書綱目》、徐乾學（1631-1694）《讀禮通考》、秦蕙田（1702-1764）《五禮通考》等。其次在禮圖方面，他看好的有宋聶崇義《三禮圖》、楊復《儀禮圖》、清張惠言（1761-1802）《儀禮圖》以及《皇清經解》諸圖。由於

過去種種條件的限制，傳統禮圖還有不小的改善空間，今天應該很有機會運用專業攝影和數位科技尋求突破發展。關於釋例法，陳澧指出鄭玄、賈公彥本身就熟悉禮例，注疏當中經常分析常例和變例。清代淩廷堪（1757-1809）《禮經釋例》繼而成為釋例法的代表作，書中羅列包括：通例、飲食之例、賓客之例、射例、變例、祭例、器服之例、雜例，看起來五花八門，相當齊備，實際上仍可以繼續精益求精。陳澧還有一句話值得注意，他說：「經有不具者，亦可以例補之。」鄭雯馨老師以前有篇大作談過這個問題，最近個人重新處理《儀禮》「文不具」的問題，希望日後有機會提出來跟大家討教。

除了以上所說的這三種方法，還可以再加一項「實習演練法」，這種方法起源很早，《儀禮》〈聘禮〉記載：「未入竟，壹肄。」就是說外交出訪的賓進入主國之前，會先自行排演訪問參見的儀節。練習的時候，「為壇壝，畫階，帷其北，無宮。朝服，無主，無執（玉）也。介皆與，北面西上。習享，士執庭實。習夫人之聘享亦如之」。也就是要堆好土壇、畫出臺階，賓和介都要在臨時模擬的會場上進行外交禮儀的彩排。再來像秦博士叔孫通為漢高祖（前256?-前195）訓練朝臣、演習朝儀，也是大家熟悉的例子。後來研習古禮的學者，不只費心研究分節、釋例、繪圖等問題，對於演練也很注重。例如清代阮元（1764-1849）說過，他也想讓「家塾子弟畫地以肄禮」，或許大家可以追蹤看看阮元開辦的學校是不是真有這樣的實習課。焦循（1763-1820）只大他一歲，果然發明了好用的「習禮格」，就是用畫棋盤格子的方式，標明《儀禮》的寢廟朝堂宮室格局，又製作小巧的棋子來代替人物角色、器物道具，還有儀節動作等等，這樣就可以具體而微地模擬操演各種禮儀，非常簡便有效率。

（二）歷史研究法

歷史研究法的成績，過去主要展現在正史禮志，以及《通典》、

《通志》、《通考》一類的著作,當然也包含徐乾學《讀禮通考》、秦蕙田《五禮通考》在內。它們重要的價值所在,就是梳理了歷代典章制度的源流,讓我們能清楚掌握禮學歷時性的變化軌跡,並且回頭跟三《禮》系統的禮書相參照印證。個人以為,中文系的人不妨多跟歷史系學學「史學研究法」,了解吸收他們的思維邏輯和操作模式,以避免中文人過度看重文獻,反而被文獻套牢的缺點。

二　當代研究法

　　至於禮學的當代研究法,可以舉二重證據法乃至三重證據法為代表,發展到今天已經形成一種「多元學科跨域整合」的問題意識和研究方法。例如近代新興的考古學、文化人類學、民俗學、社會學、宗教學、儀式學、器物學,許多新出的材料、觀念和方法,都可以為禮學研究帶來不一樣的視野和深度。

　　清末民國以來,尚有黃以周（浙江寧波人,1828-1899）、曹元弼（江蘇蘇州人,1867-1953）、沈文倬（江蘇吳江人,1917-2009）前後傳承的師生關係,為傳統禮學打下不絕如縷的基礎。近年學界有目共睹的是,臺灣大學葉國良教授,秉承孔德成先生研治三《禮》的篤實學風,持續耕耘禮學研究。大陸方面則有清華大學彭林教授,先是獲得企業贊助,接著也受到官方肯定,陸續經營經學刊物,開辦禮學會議,成立禮學研究中心、經學研究院等,展現高度的企圖心和活動能量。個人淺見以為,當今禮學的開展,正應該把葉國良教授、彭林教授所示範的兩種型態做出有機的結合,既有個別型學者專精、持續、深入的研究,也要搭配團隊型學群的分進合擊,尤其應該從大學部、碩博士研究生開始撒種籽,運用小型讀書會、主題工作坊、論文發表會乃至實作展演等方式,讓傳統禮學能夠有更活潑多元的建構與呈現。

三　個人管見

　　我自己讀書寫文章,通常是興趣導向,注意力多半放在冠婚喪祭

四禮方面,勉強算是一種主題研究法。冠婚喪祭四禮,基本貫串了個人的生涯發展歷程,鉤連起各種親疏遠近關係,它還牽涉不同的變項,例如時間年代、空間地域、身份階級等等,所以幾乎有變化不盡的議題可以發掘。另外,我覺得「禮俗比較研究」也值得開展,因為「禮俗對照」有助於禮學本身的再認識。例如近代方志透露民間習俗結婚多數不親迎,這就反襯出儒家婚禮講究親迎的「莊重」和「尊重」。例如方志反映有些地方三年喪期是滿三十六個月,而不是經學家主張的二十五或二十七個月,這也非常有意思。又比如我們今天只知道拜公媽就是拜神主牌,實際上祭拜祖先所用的象神標的物曾有較複雜的演變源流,相關的文化現象,甚至也影響朝鮮、日本、越南。順便帶到的是,近年「東亞漢學」相當受到關注,談東亞漢學不能只讓朱子性理學專美,其實傳統禮學也扮演過相當吃重的角色,特別是過去朝鮮一度做為「小中華」,移植複製不少中原的禮樂和儀節,應該也很適合從比較或復原的角度來研究。

　　說到這裡,我實在不能不佩服古裝韓劇的製作群,舉例來說,早年的《大長今》大家印象猶深,它表現了飲食、藥膳、韓服之美,掀起了收視的高潮。其實讓人欣賞的韓劇亮點還不少,例如,《樹大根深》搬演世宗大王李祹(1397-1450)創制諺文、頒佈《訓民正音》的重大工作,攸關的是一國的語言政策,以及民族自信心。又比如《蔣英實》主角是世宗朝的科學家,他曾經有各種驚人的發明,像是大型的自鳴鐘——自鳴的漏壺,即是報時鐘——極其精巧複雜,讓人驚訝的是,影片道具組非常認真的打造仿製道具,搬上螢幕,令人看得目瞪口呆。甚至還有一部《太宗李芳遠》,第三十二集的片尾,竟然拍出朝鮮第三代國君喪禮的細節流程,包括離世——屬纊——舉哭——復魂——剪爪——飯含——供冰——設幎目——蓋棺——封楔。你看是怎樣的編劇、導演跟攝影,竟會注意到傳統喪禮的細節,

而且把它表現得如此鉅細靡遺,幾乎可以當做《儀禮》〈士喪禮〉的教學參考影片。就算他們的影劇品質沒有到百分之百的水準,可是人家對於過往歷史、對於傳統文化的重視與保存,這樣的心意是絕不容懷疑的。所謂他山之石可以攻錯,這難道不是很好的例子嗎?

以上說了一堆卑之無甚高論,個人覺得與其讓研究者大談專業研究,不如也想點辦法為傳統禮學營造友善的環境。雖然我們當初基於一股求知的熱情,踏進這道高門檻,但久而久之會了解,世間的學問畢竟都需要有靈魂、帶有價值感。既然我們做思想的同仁可以張揚心性義理之學,做文學的同仁可以發掘審美情韻,那麼講究古典時代的名物制度,在精神層面上又怎樣跟當代對話溝通呢?如果沒有一些文化認同感,過往的文化記憶就很難繼續點火薪傳。側面聽聞年輕人反映說:今天的中文系,詩選這門課很難教,因為大多數同學不愛。我心裡想:「連我這種不做文學的都很愛古典詩詞,那麼美的作品,怎麼可能不愛呢?」難道周杰倫唱的方文山歌詞也都不管用了嗎?不得不說,我們畢竟都站在高教第一線,課綱、教改的問題實在不能等閒視之,外頭媒體環境也需要中道清流撥亂反正,中文系的人必要的時候就應該手口並用,讓我們的專業——「語言」和「文字」發揮力量,才有機會讓只剩一口氣的禮學重新「還魂」,恢復生命氣息,我們的社會也才能保有文化的根柢,藉此開枝散葉,宏觀展望未來。

程克雅:《周禮》典籍傳統問題範疇與詮釋方向

由於經學文獻組安排談《周禮》的部分,而我非常同意前面素英老師以及素娟老師所說的,因為禮的範圍非常的廣闊,可以互相參照生活的種種面向,從同理共證的角度來講,其實三《禮》的範圍都會涵蓋到。以《周禮》作為切入點,我其實常常有自我歸零的想法,讓自己站在初學的角度去重新審視《周禮》傳統文獻的範疇和詮釋方向。

前言

《四庫全書總目》〈周禮注疏〉〈提要〉指出《周禮》相關的內容與文篇問題，引北宋張載（1020-1077）《橫渠語錄》曰：「《周禮》是的當之書，然其間必有末世增入者。」更謂：

> 建都之制，不與〈召誥〉、〈洛誥〉合，封國之制，不與〈武成〉、《孟子》合，設官之制，不與《周官》合，九畿之制，不與〈禹貢〉合。然則《周禮》一書不盡原文，而非出依託，可概睹矣。《考工記》稱「鄭之刀」，又稱「秦無廬」，鄭封於宣王時，秦封於孝王時，其非周公之舊典，已無疑義。

清乾隆元年詔開三禮館，由莊親王允祿（1695-1767）、果親王弘曕（1733-1765）監理總裁，方苞（1668-1749）任總纂，百餘學者參與修纂，於乾隆十九年底成《欽定周官義疏》（即《御製三禮義疏》），在《御製三禮義疏》〈周禮義疏〉〈序〉中指出：「攷其義或相牴牾，先儒嘗譏其聚訟。要其掇拾灰燼之餘，傳先王制作之舊，得什一於千百。好古者所為鄭重而愛惜之也。」基於「先儒聚訟」的問題意識為前導，《御製三禮義疏》〈周禮義疏〉〈綱領〉則分別舉列以下不同的論述面向：

一是「論《周官》為周公所作」，舉列《尚書》〈周官〉、孟子（前372-前289）、程子、張栻（1133-1180）、李覯（1009-1059）、朱子（1130-1200）、葉適（1150-1223）門人孫之宏等人之論，其中以朱子謂：「《周官》徧布精密，乃周公運用天理爛熟之書。」孫之宏謂：「究觀其書，以道制欲，以義防利，以德勝威，以禮措刑。藹然唐虞三代之意，非春秋戰國以後所能髣髴也。學者欲知先王經制之備，舍此書將焉取之。」立此書推崇周代禮文之基礎。

二是「論《周官》亦有後人竄入者」，舉列程子、張載、金瑤之語。

三是「論《周官》興廢傳授源流今文古文并古今書名不同」，臚列顏師古（581-645）《漢書》〈藝文志〉〈注〉、《後漢書》〈儒林〉〈董鈞傳〉、《後漢書》〈儒林〉〈鄭興傳〉、《後漢書》〈儒林〉〈賈逵傳〉、《後漢書》〈儒林〉〈盧植傳〉、《後漢書》〈儒林〉〈鄭康成傳〉、荀悅（148-209）、《隋書》〈經籍志〉、《晉書》〈干寶傳〉、《晉書》〈韋逞傳〉、《北魏》〈劉芳傳〉、《齊書》載「太祖建元元年出土科斗文《考工記》」事、賈公彥、鄭樵（1104-1162）等論。

四是「論《周官》大體及行《周官》得失」，舉列王通（584-617）、唐太宗（598-649）問魏徵（580-643）三代損益者何、張子、程子、范祖禹（1041-1098）、王安石（1021-1086）、呂大臨（1044-1091）、朱子、陳汲、呂祖謙（1137-1181）、陳傅良（1037-1203）、真德秀（1178-1235）、李叔寶（字景齊）、馬端臨（1254-1323）、朱升（1299-1370）、薛瑄（1389-1464）、王應電等評議。

五是「問《周禮》之書有訛缺否」，舉列程子、張子等論說。

六是「論讀《周官》法并諸家注解得失」，舉列朱子（答子升問，主張循注疏看《周禮》。評議陳君舉、蘇轍等說）、陳傅良、王炎（1115-1178）、魏了翁（1178-1237）、真德秀、晁公武（1101-1180）、王應電等說明。

《欽定周官義疏》彙整了以上歷代學者議論《周禮》注疏著述與周代禮文這些關聯的問題面向，也從而成為康有為（1858-1927）撰《新學偽經考》、皮錫瑞撰《經學通論》，周予同（1898-1981）撰《群經概論》論述的議題。因此，《周禮》不僅被視為古籍經典，同時也在歷代學術論爭與政治思想的紛紜聚訟的背景下，各賦予其論題的定位和脈絡。

一　《周禮》典籍的相關問題：以文獻學方法為分析基礎

（一）《周禮》的淵源：從《周官》到《周禮》

從《周官》名義看，指《周禮》序官之治、教、禮、政、刑等職官，包含天官六十三、地官七十八、春官七十、夏官六十九、秋官六十六；以及〈考工記〉三十工。其書的發現不載於《史記》〈五宗世家〉，但見《漢書》〈景十三王傳〉〈河間獻王傳〉：「獻王所得書皆古文先秦舊書，《周官》、《尚書》、《禮》、《禮記》、《孟子》、《老子》之屬，皆經傳說記。」以及陸德明（550?-630）《經典釋文》〈敘錄〉引。在荀悅（148-209）《漢紀》〈孝成皇帝紀〉謂：「劉歆以《周官》十六篇為《周禮》。」這也是追溯《周禮》名義與性質的發生的起源。但追溯周代禮制的「周禮」，則為現當代學者返溯回顧歷代禮制的流傳與周文影響的不同問題。具有並轡比觀的意義。

（二）《周禮》的著成、時代與流傳

《周禮》的著成、時代與流傳眾議紛紜，與學術判斷和學術史公案議題、政治思想展直接聯結，向來是《周禮》學者治絲益棼的問題，包括以下不同主張：「周公手作說、作於西周說、作於春秋說、作於戰國說、作於秦漢之際說、作於漢初說、劉歆偽造說等。」（分別見李學勤：〈郭偉川《周禮制度淵源與成書年代新考》序〉〔2016〕、彭林：《怎樣讀周禮》〔2018〕；楊韶蓉、李劍波編：《經史說略》〔2002〕等），在流傳過程中不止一時一人一地，其中竄亂增改代不乏人。在視《周禮》托古改制憑依的論述脈絡之外，又有以實際文獻考辨證稱《周禮》不足信者，如明代學者季本（1485-1563）撰《讀禮疑圖》，每謂《周禮》與《孟子》、《禮經》、《公羊》不合者為亂世邪說；清末學者李滋然（1847-1921）以《周禮》本經內證與《周禮》和他經及先後同時代與不同時代的典籍相證，撰《周禮古學考》，也力批其內容不合於他經子史，非但不僅不合於今學，更於原古學屬性

不合於古學典籍，相較於《毛詩》、《左傳》無徵，乃致偽造竄亂之誚；至當代經濟學家侯家駒（1928-2007）撰《周禮研究》，也就實務方面屢評《周禮》為劉歆（前50?-前23）偽造後起之說。從文獻和文本加以考證對比，無論就史籍實證或是出土文獻來參證，《周禮》六官範疇囊括「宮廷、宗廟、文教、風俗、天文、曆法、輿地、軍政、刑罰、貨殖、封疆、營作」等畛域（彭林，2018），考察古代社會文化，《周禮》的豐贍內容與條秩井然的布署仍然不能忽略。

（三）《周禮》的版本與重刊復刻

《周禮》、《儀禮》不見出土寫本，《儀禮》尚有武威竹簡可徵為最早書寫素材，而《周禮》目前可徵最早之單注本則為建大字本、蜀本。蘇軾（1037-1101）《東坡志林》云：「蜀本、大字本皆善本。」目前存有殘帙。

另外，宋婺州市門巷唐宅刻本《周禮》單注本收入中華再造善本。

南宋光宗（1147-1200）紹熙（1190-1194）以前，兩浙東路茶鹽司舊刊《易》、《書》、《周禮》註疏合刊本，《朱子語錄》稱：「《五經》疏中，《周禮疏》最好。」茶鹽司本《周禮註疏》今有臺北故宮景印本。

至明代，嘉靖年間尚有東吳徐氏刻本《三禮》，一時為學者所好，據王國維《傳書堂藏書志》考源自建大字本，目前臺北故宮、國圖等皆有藏本。

二　《周禮》文本細讀：以語文學、注釋學方法為考辨條例

（一）《周禮》中的「古文奇字」與《周禮》故書」

荀悅《漢紀‧孝成皇帝紀》提及「古文奇字」，呈現在漢世文字形體更迭之際的現象：

歆以《周官》十六篇為《周禮》。王莽時，歆奏，以為禮經，

置博士。……漢興，張蒼、賈誼皆為《左氏》訓，劉歆尤善《左氏》。平帝時，立《左氏春秋》、《毛詩》、《逸禮》、《古文尚書》。後復皆廢。及《論語》有齊、魯之說，又有古文。凡經皆古文。凡書有六本，謂象形、象事、象意、象聲、轉注、假借也。有六體，謂古文奇字、篆書、隸書、蟲書也。

南宋洪邁（1123-1202）《容齋三筆》卷十五〈周禮奇字〉謂：

> 《六經》用字，固亦間有奇古者，然惟《周禮》一書獨多。予謂前賢以為此書出於劉歆，歆常從揚子雲學作奇字，故用以入經。如法為灋、柄為枋、邪為衺、美為嫩、呼為嘑、拜為攈、韶為磬、怪為傀、暴為虣、擣為篅、風為飌、鮮為鱻、槁為薧、螺為蠃、脾為臚、魚為歔、埋為貍、吹為歈、陔為祴、暗為韽、柝為檬、探為撢、翅為翄、摘為菥、駭為駴、擊為毄、皋為櫜、捆為菙、冪為幎、藻為薻、昊為厏、叩為敂、艱為囏、魅為鬽，與夫庮、𩕾、胖、鱐、齍、昄、劑、醠、椁、篝、笞、罶、柶、紾、甑、㷋、䕩、楝之類，皆他經鮮用，予前已書之而不詳悉。若《考工記》之字，又不可勝載也。

以上所舉古文奇字，逐一比對《說文解字》古文、重文，皆主要羅列而未見字理的分析。清代中葉以來，語言文字考辨之風興盛，關注《周禮》中的「古文奇字」與「故書」者，吳玉搢《說文引經考》、雷浚（1814-1893）《說文引經例辨》、承培元《說文引經證例》、馬宗霍（1897-1976）《說文解字引經考》，皆以字理和經義相證，無論是字辭書「以經證字」或是經傳注「以字解經」，二者皆可見用字和字義的時代與字理衍變之跡。再就學術傳授的今古文學分野來看，也能透

過許慎（58?-147?）《說文解字》引《周官》與《說文解字》古文和鄭玄《周禮注》釋字釋義內容加以比較、勘證。近則有黃慧芬撰〈《說文解字》與鄭玄《周禮注》引《周禮》異文之比勘〉[4]，則進一步參酌補正金德建（1909-1996）《經今古文字考》，並據黃季剛（1886-1935）《文字聲韻訓詁筆記》七種「古文」類型深入分析，證以《經典釋文》校語，對應於傳鈔古文，核驗並追溯《周禮》古文，有翔實成果。

（二）《周禮》中的「名物」詞彙與語源、辭源考述

《周禮》中的「名物」詞彙繁富，專有名詞探源說義與說釋的知識需求和文化、歷史的累積影響亦深厚；此外，《周禮》文本與延伸的注疏語詞之語源、辭源考述，也形同內容繁富的語料庫。考證《周禮》「名物」，以不同的事義類別來看，已經各自成為專門之學，如清人胡匡衷（1728-1801）《周禮畿內授田考實》、沈彤（1688-1752）《周官祿田考》、戴震（1724-1777）《考工記圖》、程瑤田（1725-1814）《考工創物小記》、阮元（1764-1849）《車制圖考》、鄭珍（1806-1864）《輪輿私箋》，皆著重個別名物考索，以呈現此類大眾物質文明的規格與制度的時代表徵。近有汪少華《中國古車輿名物考辨》（2005）與劉興均《《周禮》名物詞研究》（2001）、《三禮名物詞研究》（2016），是除了既有《三禮辭典》中涉及的名物釋詞之外，更加深入考察並予以釋義的著作。

（三）《周禮》在注釋學傳統下形成的訓詁、傳、說、義疏與集解體式

在注釋學傳統下形成的《周禮》訓詁、傳、說、義疏與集解體式，從鄭玄《周禮注》到歷代經籍典所彙聚著錄的《周禮》注解、義疏，至唐賈公彥《周禮疏》、宋汪如藻家藏本《周禮集說》、王安石《周官

---

[4] 黃慧芬：〈《說文解字》與鄭玄《周禮注》引《周禮》異文之比勘〉（2017年），並收入氏撰《周禮鄭氏學探賾》（2021年）第參章。

新義》,一直到清末孫詒讓(1848-1908)撰《周禮正義》,以新疏體製總前人之大成,正如《四庫總目提要》於《周官新義》所說:「安石解經之說,則與所立新法,各為一事。程子取其《易》解,朱子、王應麟均取其《尚書》義。所謂言各有當也……依經詮義,如所解八則之治都鄙、八統之馭萬民、九兩之繫邦國者,皆具有發明,無所謂舞文害道之處。」可稽注釋學脈絡下的引述和說釋,無非實事求是,並未為師法家學立門戶。

另外是我在學習歷程中很重要的資料,那就是孫詒讓《周禮正義》略例十二凡的啟發。在我思考正式撰寫博士論文前,我花了很長時間以閱讀《周禮正義》作為我的第一學習目標,但是因為它太難了,所以目前還是在「略例十二凡」的這些問題繼續努力當中。

如果我們把《周禮正義》,和方苞的《周禮集注》,以及三禮館臣所做的《欽定周禮義疏》,將他們的內容和凡例加以比對,可發現其中有一而貫之的成分。同時,這樣的問題意識也出現在皮錫瑞(1850-1908)的《經學通論》和周予同《群經概論》的表述中。當然,孫詒讓《周禮正義》後續也有一些點校本,包括王文錦(1927-2002)先生以及顏春峰、汪少華先生後續的整理。

三　《周禮》的流衍和脈絡:經學異義之比勘與決斷

經學異義之比勘與決斷,徵之於《周禮》議題的流衍,可藉由清人陳壽祺(1771-1834)《五經異義疏證》與皮錫瑞《駁五經異義疏證》據袁鈞(1751-1805)輯本,來返繹東漢許慎《五經異義》與鄭玄《駁五經異義》的經義駁議。其中幾乎涉及禮制禮議,上自天文,下至地理,都和《周禮》與他經歧異有關。諸如:「田稅」、「賦稅差品」、「六十五復征」、「天號」、「罍制」、「爵制」、「郊高禖祭天」……至「竈神」、「明堂制」……「九賜九命異同」、「五星」、「城制」等皆有辨說。其中歧異最多的,無非以《周禮》、《春秋》經異說最為多

見。陳壽祺以廣博采證,彙為長編,皮錫瑞則在鄭玄說釋《周禮》之角度,多有推闡分析。其間的問題意識紛陳,值得再細深入探究。

四　《周禮》的圖譜呈現:圖象認知與譜系源流

洪邁看待《周禮》圖譜,特別舉出「犧尊象尊」的形制和禮說淵源所自,加以分析其間差異,末又舉當世郡縣後人禮器仿制,加以嘲笑,他說:

> 《周禮》〈司尊彝〉:「祼用雞彝、鳥彝,其朝獻用兩獻尊,其再獻用兩象尊。」漢儒注曰:「雞彝、鳥彝,謂刻而畫之為雞、鳳凰之形。獻讀為犧,犧尊飾以翡翠,象尊以象鳳凰。或曰:以象骨飾尊。又云:獻音娑,有婆娑之義。」惟王肅云:「犧、象二尊,並全牛、象之形,而鑿背為尊。」陸德明釋《周禮》獻尊之獻,音素何反。而於《左氏傳》「犧象不出門」,釋犧為許宜反,又素何反。予按今世所存故物,《宣和博古圖》所寫,犧尊純為牛形,象尊純為象形,而尊在背,正合王肅之說。然則犧字只當讀如本音,鄭司農諸人所云,殊與古制不類。則知目所未睹而臆為之說者,何止此哉!又今所用爵,除太常禮器之外,郡縣至以木刻一雀,別置杯於背以承酒,不復有兩柱、三足、隻耳、侈口之狀,向在福州見之,尤為可笑也。(洪邁《容齋三筆》〈犧尊象尊〉)

這類圖譜疑義在聶崇義《三禮圖》〈周禮圖〉中也一樣與經傳注疏不相侔,或是充斥著比附。《四庫總目提要》述聶崇義之纂,緣「後周世宗顯德中,詔參定郊廟祭玉,因取《三禮圖》,凡得六本,重加考訂;宋初上於朝,太祖覽而嘉之,詔頒行」。且引諸家加以訾議:「沈括《夢溪筆談》譏其犧象尊,黃目尊之誤;歐陽修《集古錄》譏其篆

圖與劉原父所得真古篆不同；趙彥衛《雲麓漫鈔》譏其爵為雀背承一器，犧象尊作一器繪牛象。……」宋代諸家不以為然。但《四庫總目提要》也為之緩頰，認為其抄撮諸家，實依舊式；聶氏圖經過兩次刊印，其內容也有調整，其間細節可參金中樞（1922-2011）〈宋代的經學當代化初探——聶崇義的三禮圖學〉[5]和許雅惠〈宋、元《三禮圖》的版面形式與使用：兼論新舊禮器變革〉[6]。明萬曆年間，《周禮圖》的發展，一方面在宋人楊甲（1110?-1184）《六經圖》的基礎上，明人吳繼仕增刊《儀禮圖》，編為《七經圖》。另一方面，在這脈絡的圖制，和聶氏圖並不相同。另一方面，明代萬曆間有王圻（1530-1615）、王思義父子編纂《三才圖會》，於《周禮圖》相關的「地理」第十四，包括〈禹貢〉九州、貢法、王畿、鄉遂等圖，襲用嘉靖間季本（1485-1563）所撰《讀禮疑圖》；而《三才圖會》「犧尊象尊」、「雞彝鳥彝」之類禮器圖，則或襲聶氏圖，或采自北宋王黼（1079-1126）《宣和博古圖》。圖象認知與禮義象徵，在這些圖譜徵實助於解讀的同時，也證驗於禮儀的實地操作與禮器的仿製。相關的研究在文獻到實物與史料到藝術工藝等的領域，有相當多學者投入，近年的文篇有：易善炳〈《三禮圖》雞彝圖像考辨〉[7]、吳曉筠〈孔廟與乾隆朝祭器的設置〉[8]、賴毓芝〈「圖」與禮：《皇朝禮器圖式》的成立及其影響〉[9]、施靜菲〈從「器」到「禮」的實踐：乾隆朝《皇朝禮器圖式》中的祭

---

[5] 金中樞：〈宋代的經學當代化初探——聶崇義的三禮圖學〉，《成大歷史學報》第10號（1983年）。

[6] 許雅惠〈宋、元《三禮圖》的版面形式與使用：兼論新舊禮器變革〉，《臺大歷史學報》第60期（2017年）。

[7] 易善炳：〈《三禮圖》雞彝圖像考辯〉，《南京藝術學院學報》2013年第4期。

[8] 吳曉筠：〈孔廟與乾隆朝祭器的設置〉，《故宮學術季刊》第37卷第2期（2020年）。

[9] 賴毓芝：〈「圖」與禮：《皇朝禮器圖式》的成立及其影響〉，《故宮學術季刊》37卷2期（2020年）。

器〉[10]等篇。

除了圖象畫象的象徵之外,學術譜系的傳授也取法自家譜族譜的形制,繪製授經圖與傳經表之類的譜表。以歐陽修(1007-1072)所撰家譜序言,自謂其體製有承於鄭玄。(這和《三禮圖》推源於鄭玄相似,《四庫提要》謂:「勘驗《鄭志》,玄實未嘗為圖,殆習鄭氏學者作圖,歸之鄭氏歟?」)一般常用的譜系形式為寶塔式,如宋楊甲《六經圖》、明吳繼仕《六經圖》、明朱睦㮮(1517-1586)《授經圖》中之《周禮傳授源流圖》,皆屬相同體例。

至於以歐陽修、蘇洵(1009-1066)所作家譜形式,稱之歐式、蘇式家譜,以表格方式呈現,能考五世遷祧,應用在學術傳授譜系上,縱列各經,橫列世系,向後推延。這種圖式為清洪亮吉(1746-1809)《傳經表》、《通經表》(該書舊題清畢沅〔1730-1797〕撰,實為洪亮吉托名所著)與汪大鈞(1862-1906)據洪氏而增補的《傳經表補正》所採用。

五　《周禮》的思想主旨與實踐:以實證法則為推闡

古籍經典中有經世治化的思想,在《周禮》、《尚書》文本中皆可以勾稽相關的語辭。這些具有思想內蘊的觀念語辭,其中多具備攸關經書主旨的思惟,同時也在傳注與辭義訓釋中,為後出的解經釋經者所重視。例如:「民極」、「皇極」,茲舉清代《康熙字典》與當代辭書《重編國語辭典修訂本》釋義來看:

> 極,中。民極指人民各得其中,不失所。
> 《周禮》〈天官〉〈冢宰〉:「設官分職,以為民極。」

---

10 施靜菲:〈從「器」到「禮」的實踐:乾隆朝《皇朝禮器圖式》中的祭器〉,《故宮學術季刊》第37卷第4期(2020年)。

《書》〈君奭〉:「前人敷乃心,乃悉命汝,作汝民極。」《孔傳》:「前人文武,布其乃心,為法度,乃悉以命汝矣,為汝民立中正矣。」

皇極,大中也。《書》〈洪範〉:「皇建其有極。」《疏》:「人君為民之主,大自立其有中之道。」

《周禮》〈天官〉〈冢宰〉:「設官分職,以為民極。」《書》〈洪範〉〈疏〉:「人君為民之主。」是本經傳注中相貫解析的義理,進入現當代,由於解析的知識立場與參照思想方法論的不同,從古代社會形態、社會史、民族史、文化類型與國家意識形態為進路,致使《周禮》基本主旨與思想的論述也就不同。近代學者從馬一浮(1883-1967)、熊十力(1885-1968)、顧頡剛、錢穆(1895-1990)、金景芳(1902-2001)、徐復觀(1904-1982)、周世輔(1906-1988)、楊向奎(1910-2000)、趙光賢(1910-2003)、沈文倬(1917-2009)、何炳棣(1917-2012)、侯家駒、李民(1934-)、郭偉川(1948-)、彭林(1949-)等學者在《周禮》主旨的探究和綜理,可謂是各持信古、疑古、證古、釋古等不同的立場。以顧頡剛和侯家駒為例,每引劉歆竄亂偽造為評議,侯家駒也多加摘謫諍辨,以《周官》分職、資財貢納視為皇權集中和皇室私享為釋。這和史學家的實證考查與文化史家的理想之書,非即實行於當代的見解不侔。

誠如李學勤在郭偉川《周禮制度淵源與成書年代新考》(2016)書前〈序〉所說:

《周禮》不是一時寫定,此書同其他許多古書一樣,從初作到定本有一個相當複雜的過程,《四庫全書總目》已經講得很清

楚。我們對其成書需要采取一種動態的眼光，也就是要將之放在古代的歷史背景中去觀察分析。

從郭沫若（1892-1978）《周官質疑》、《兩周金文辭大系》、劉起釪（1917-2012）《兩周戰國職官考》（1947）、〈《周禮》真偽之爭及其書寫成的真實依據〉（收入《古史續辨》1991）、張亞初、劉雨《西周金文官制研究》（2004）、何炳棣《原禮》引述 Broman, Sven (1961)（*"Studies on the Chou Li," Bulletin of the Museum of Far Eastern Antiquities 33, pp.1-88.*）以上諸篇皆循著《周禮》六官官聯比勘新出文物職官記錄，詳察並辨析考證周代的職官組織系統架構和內在涵義，至於不同於各家考掘《周禮》與戰國時代諸子法、名、陰陽等的關聯，郭偉川書特以儒家為主要的理緒，禮制與禮治在文化主體的標的方面，和李學勤序言所肯定的《周禮》研究核心方向與思想主旨一脈相承。因此，李學勤認為《周禮》一書的著成時代，無論持其乃周公致太平之跡；抑或全幅推翻不信，過信與過疑都不宜。

再就何炳棣《原禮》（2011）[11]認為「禮」具有多維度與多層面性；彭林《〈周禮〉主體思想與成書年代研究》（2011年增訂本）與《周禮史話》（2019），亦持一致的看法。彭林在〈《周禮》主體思想與成書年代研究序〉主張：「《周禮》主體思想係結合儒、法、陰陽五行三家而成，具多元一體特質。」亦在〈周禮史話序〉中說：「治國方案如何與人的精神世界契合，使之更具人文色彩，也是不可忽略的主題。」對照呼應〈御製三禮義疏周禮義疏序〉中謂「修其教而教明，循其道而道行」，仍然是《周禮》經籍的核心理念。

由以上所回顧之思想主旨與重視實踐實證，《周禮》的內蘊和推闡方向仍然方興未艾。即使經新莽劉歆、王安石變法、張居正革新等

---

11 收入《何炳棣思想制度史論》（2020年）第五章。

應世歷程中均以失敗告終，也召致康有為「托古改制」之議；其理想性、主體精神和旨要仍然引後世學者投注祈嚮。

鄭憲仁：禮學研究方法和討論

各位老師大家好，接下來我就這次的主題中，我感興趣的部分來談論。我寫了一份簡單的草稿交給主辦單位，在此我想把它分享出來。剛剛彭老師提到葉國良老師所做的光碟，我覺得這是非常好的一個方式，去落實禮學的復原，將之具體化。

清人陳澧《東塾讀書記》中，提到：「《儀禮》難讀，昔人讀之之法，略有數端：一曰分節，二曰繪圖，三曰釋例。今人生古人後，得其法以讀之，通此經不難矣。」當然，除此三法，古人常以「注解——釋字解詞」、「比較經文異字」、「闡述禮義（意）」、「會通其他經籍」等方式研讀禮學典籍。這些方法，在清代大致上都有很多成果了，近百年以來，用出土材料對先秦禮學做研究，算是較特別的方法，但也不是新創的途徑，其他如結合人類學做禮的探源或分析禮的精神、利用動畫與攝影「復原」算是近代較有特色的成果，前者似與禮失而求之野的觀念稍可相應，後者或可視為禮圖的更實象、更生動化的呈現方式，葉國良老師的士昏禮CD、嘉禮堂以真人復古的拍攝影片，都是傳統禮學做不到的層次。

周何（1932-2003）先生曾提出禮學研究的六個方向：禮文、禮制、禮義、禮器、禮圖、禮容。每個方面均能設定不同的專題做系統性的探討，大抵研究方法仍是繼承古代的，而更重視論述的結構與邏輯，強調思辯與系統性，在古人成果上力求精密。現代的論文也大多在：注解（通注全經或字詞句的考據）、制度探討、名物圖象、禮義等主題上推進禮學的研究，此外，校勘、典籍成書的討論，也時有精彩的論著。

由於我對於器物較多關注，也涉及禮圖與出土文獻，因此下面的發言，就以這些部分談談自己的想法：

一 宋代古器物學的啟示

宋代金石學的發展，對於彝器的定名與銘文的釋讀，在禮學史上，是一種很特別的事，在聶崇義的《三禮圖集注》外，發展出一種夾雜著疑古和釋古的學術途徑。他們「以補經傳之闕亡，正諸儒之謬誤」、「以追三代之遺風」（以上呂大臨《考古圖》語），在學術上用出土文物與典籍結合探索，以得出了前代所沒有的成果，而且影響到現代，當今青銅器的定名，仍有很多部分是宋代金石學家提出來的。

出土文物中器物自名與文字考釋的成果，在傳統禮圖體系《三禮圖集注》以外，拓展了視野，兩種不同學術路徑對於禮器（彝器）的論證和定名，在民國以後，仍是不斷在修正中前進。接下來，我以「戈」與「爵」為例，說明禮學名物考釋中「人殊意異」的學術樂趣。

「戈」是商周常見的兵器，到漢代也仍在使用。戈的形制由出土文物與古文字相對應，足以確認。我們由北宋呂大臨的《考古圖》可知宋代金石學已能正確辨識出兵器戈，同時代的陳祥道《禮書》對「戈」的圖繪則是失真的。我們再看到了清代黃以周《禮書通故》的戈圖，它和戴震《考工記圖》中的戈是長一樣的。為什麼會畫出這樣的戈呢？那是因為禮學家的研究方法是由經文與由前人的註解中找答案，這些資料只有文字陳述，沒有圖象，禮學者由文字陳述來想像器物的樣貌，就畫出了這樣失真的「戈」。如果今天我們不看考古的資料，直接看禮學家所繪的圖，我們會發現他們的考證似乎都有他們的道理，甚至把戈的細節都講了，例如某部位長度有幾寸。但若我們就出土的實物看，就會知道，其實他們所畫的並不是真正「戈」的樣子。事實上，一些宋代學者從出土文物就已經知道「戈」長什麼樣，但是為什麼黃以周和戴震會反而不知道戈的實際樣貌呢？這就是我今天所要討論的「學術方法」的問題。

戈

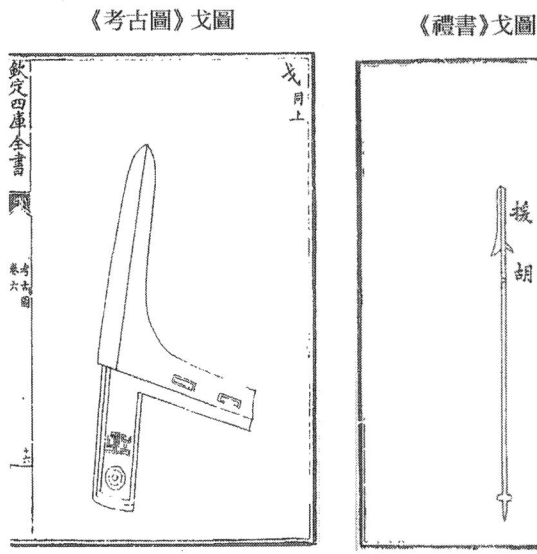

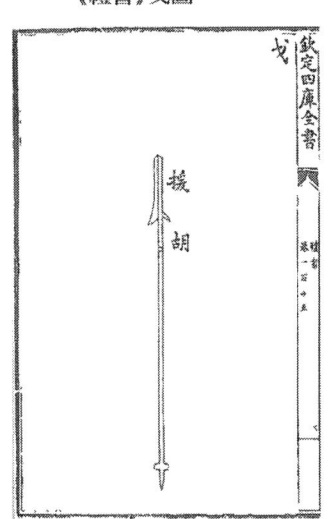

《考古圖》戈圖　　　《禮書》戈圖

《禮書通故》戈圖

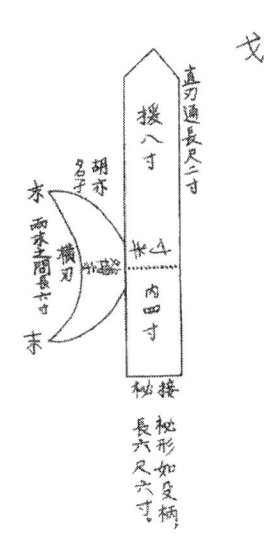

二　出土文物的三種材料：墓葬、古文字、古器物

　　出土文物對禮學（先秦禮學）的研究（甚至於是先秦經學）無疑是一個異次元的世界。墓葬中的器物與其中的制度、出土文物上的古文字，對於傳世的禮書，既可相印證，又可補充古書所無，當然也能更正古書之誤，提供不同記錄，同時也增加學者們不同表述、各說各話的機會。幸好，一時的各說各話，隨著研究的推進，總會刪汰錯誤的說法，留下經得起考驗的說法。

　　我個人覺得研究先秦禮書，很難避開出土文物，像列鼎制度、策（冊）命、《禮記》〈緇衣〉、戈戟等討論，都因出土文物而有更清楚的認識。

　　這些是「向古代前進」的，追求事實與真相，對於禮學的研究，不只是方法的層面，更是對禮制、器物、禮典理解的真實與虛構的問題。

　　禮學研究有向古代前進，也應該「向未來前進」，個人覺得這是禮學做為經學或經典，得面臨實用、現代社會的檢視。

三　事實與真相：談一宗關於「酒器爵」的討論

　　接下來我要談的，是一個比較有爭論的器物。我常在思考，「三禮」中的文字，所要告訴我們的是什麼？另外，我們也可以看到不同學術領域，比如文字學、考古學、器物學等的研究成果影響到禮典的釋讀，學者會把傳世經典與不同學術領域的研究成果相互對應，以期能更真切的了解古代文史。當然就研究的求真而言，這是必要的，可是在對應的過程中，可能會產生一些困擾。

　　在《儀禮》、《左傳》等經籍或先秦諸子的著述中，我們經常會讀到稱為「爵」這樣名稱的器物。經學界視這種稱名為「爵」的酒器為一種禮器，但我們在製作禮圖、或是向學生授課時，或把青銅爵（三柱三足，有流有尾，有鋬，西周中期前習見。下稱討論器 A）認為即

是文獻古籍中的「爵」的樣子,甚至我看到一些古裝劇,即便是在「爵」已經消失的時代,他們仍拿青銅爵來當飲器,這當然是時代的錯置。另外還有一個種自名為「爵」的器物(杯狀圈足,有柄的先秦銅器,以下稱討論器 B),我們就來看這兩種器物。

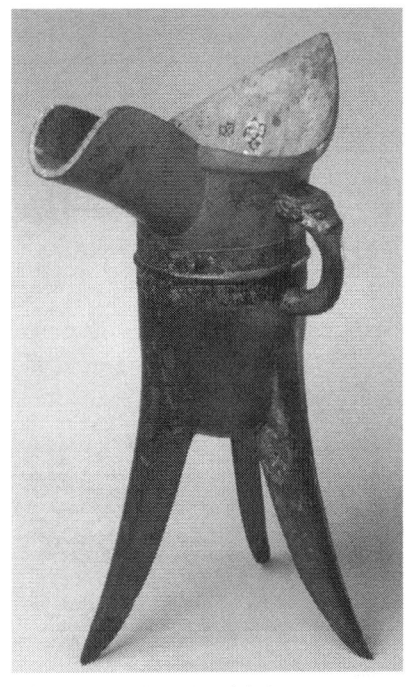

圖片出處:殷周金文暨銅器資料庫
https://bronze.asdc.sinica.edu.tw/rubbing.php?09096

魯侯爵銘文(出自殷周金文集成,編號9096)

A 這種器物,以魯侯爵為例,此類器在宋代就被定名為「爵」,一直沿用至今,但陸陸續續都引發懷疑過。後來又有一種自名叫「爵」的器物出現,即是我們要談的器物 B,以伯公父爵／勺／瓚(此器有各種不同名稱,出自陝西省扶風縣黃堆鄉雲塘村窖藏,考古編號為 76FYH1:8)為例,因為該器上有一個字,多數的學者認為是「爵」

字，也就是說這個器物被器主稱為爵，因此也成為懷疑 A 並不是所謂的爵的有力理由。因為古文字有與器形很相似的字，且文字有它的演變，有學者仍認定此即「爵」字，因此就有了相關的討論。

伯公父爵／勺／瓚

圖片出處：殷周金文暨銅器資料庫
https://bronze.asdc.sinica.edu.tw/rubbing.php?09935

伯公父爵(勺/瓚)銘文(出自殷周金文集成，編號9935)

器物 A 代表「魯侯爵」，器腹內壁有一篇銘文，說明器主與作器之原因，銘文第一行有兩個字，其中一個字應該就是這個器物的名稱：有 ▨ 字與 ▨ 字，各有學者認為是器物的名稱。無論如何，這個器物銘文中記載了器物被當時人如何稱呼，這是非常難得的自名現象。此外，張光裕先生〈從新見材料談《儀禮》飲酒禮中之醴柶及所用酒器問題〉[12]也提供了一個訊息：曾

---

12 〈從新見材料談《儀禮》飲酒禮中之醴柶及所用酒器問題〉，《文物》2013年第12期。

經有一個「柶」插在這個器物上。因此，有一些學者針對「柶」和「爵」合在一起，做了討論。如果我們從禮書來看，這個「柶」會讓我們想到「觶」、「卮」，有人懷疑這種器形的器物名稱可能不是爵，因為爵在文獻中並沒有提到要和柶一起使用，所以這是一件很有趣的事情，有人以為柶是埋的時候放進去的，也有人以為文獻雖然沒有提到喝酒要用柶，但它在實際上還是可能被使用的。這也顯示，文獻紀載和出土的器物，可能是有一些出入的。也有人用文字學的方式，去考證「爵」字的變化，認為這些字都是「爵」，它有一個合理的演變過程。

可是，B 器的討論就相對困擾。因為此出土器物為兩件一套，而且，它和器物 A 長相完全不一樣。或許我們會想它的腳是不是變化了？因此有人認為它是《儀禮》中的「廢爵」，前述三隻腳的是「足爵」。不過，我認為這樣的討論是有問題的，因為「廢爵」是在喪禮使用的，把這些一律當成廢爵來理解並不正確。再者，這個器物的銘文提到自己的名字，若我們把重點鎖定在此，去釐清它該不該稱呼為「爵」，或許可以解決問題。早期的人並不相信這個器物是爵，因此把它稱為「勺」，因為它像勺子；也有人認為它是祭祀用的「瓚」。有人慢慢蒐集這一類的器物，後來發現有些實物居然裝飾鳥頭（如滕州博物館所藏銅質寬柄形器），這是很有趣的一件事。這讓我們看到爵和雀鳥的關係，爵雀二字可能不只是音義上的關聯，對於器物的形貌也有所聯繫。依此而言，器物 B 可以算是爵沒有問題，但是三隻腳的器物 A 到底該如何稱呼？依時代來看，它的下限就在西周中期，我相信《左傳》中提到的「爵」並不是這類器形。當然，如果我們要把 A 解釋為宗廟祭器，傳世久遠，而有賞賜的意義，那就另當別論了。但春秋時代不太可能用這樣的器物喝酒，甚至不會在那個時代使用這樣的器物當作飲器或生活用器。至於器物 B，可以知道西周早期即有這樣的東西，它一直延續使用到戰國，但是出土或傳世的數量並不多。

滕州博物館所藏銅質寬柄形器

圖片出處：由李春桃〈從斗形爵的稱謂談到三足爵的命名〉轉引

其實我之前有一個構想，如果我們把禮圖，和現在出土的器物合對，編成一部比較好的圖錄，讓研讀三《禮》的人可以對照，易於理解禮書。以前有很多論文會這樣做，或是老師們在授課時會拿圖片給學生參看，但在使用上會有幾個缺點要留意：有些老師會把不同時代的器物放在一起給同學看，這些器物的時代可能相距百年以上，我覺得這樣授課是存有一點風險。

我曾寫過〈對五種（飲）酒器名稱的學術史回顧與討論〉（收錄在《野人習禮》），關於「爵」近來研究的人頗多，其中很值得細讀的有李零〈商周銅禮器分類的再認識〉[13]、謝明文〈談談青銅酒器中所謂三足爵形器的一種別稱〉[14]，以及李春桃〈從斗形爵的稱謂談到三足爵的命名〉[15]，李春桃的研究是比較近期的。

---

13 李零：〈商周銅禮器分類的再認識〉，《中國國家博物館館刊》2020年第11期，頁21-36。
14 謝明文：〈談談青銅酒器中所謂三足爵形器的一種別稱〉，《出土文獻》第7輯（上海：中西書局，2015年），頁4-12。
15 李春桃：〈從斗形爵的稱謂談到三足爵的命名〉，《中央研究院歷史語言研究所集刊》第89本第1分（2018年3月）。

對於「爵」的討論，學者們做了文獻的連結，以及成套的出土器物印證，文字學者也就字形和銘文內容分析。這幾年出土楚簡對於器物也有相關陳述，研究者也對「爵」提出更新的文字考釋與出土文獻的對照解讀。綜此，就研究方法上來看，或許我們會希望考古文物、文字學研究的相關出土文獻可以提供給我們一些禮學上的印證，可是，古文字學者的看法常常未必一致。

　　回到今天的主題。我會覺得禮學中的禮器研究，就研究方法來看，必需結合更多相關的領域，但每個領域對於研究禮學的人而言，卻有隔行如隔山的困擾。我們都知道出土文物、出土文獻很重要，如果可以用出土文物、文獻來和傳世文獻會通，那是很好的。當然，如果這些材料所呈現的、所載的完全都一致，那沒問題，但如果不一致的時候，就必須處理這個差異。我們被迫必須選擇：選擇相信出土文物，懷疑傳世典籍；還是選擇不輕易懷疑傳世古籍（出土的材料所載會不會僅是一個地域性的面貌）。另外，從文字考釋的材料來談，尤其從王國維提出的「二重證據法」開始，自有地下出土文物後，的確改變了我們對傳世典籍的一些看法。回到問題，如果今天我要跟學生講三《禮》中的「爵」，我該怎麼辦呢？依照現在學術的研究，應該就是器物 B 的樣子；但這真的是《儀禮》或漢代「武威儀禮簡」裡的「爵」嗎？我覺得這是很大的問號。因為稍微比對爵的形制，會知道與古籍或漢人注解所云的容一升、容三升、容五升的差異等說法，不能相合，另外還有該器物通行時代的問題。我們可以思索，器物 B 若真是飲酒器爵，它可以拿來就口喝的嗎？顯然不無可疑之處，因為這類器更多實物是在其器口與器身前面裝飾了一隻鳥，兩旁或有展張的翅膀，不見得是拿來喝的，如此便與鄉飲酒禮不合。器物 A 或許可盛裝酒飲，但未必就口飲用，且時代偏早，春秋以後的鄉飲酒禮不太可能使用這種器物。至於無論 A 器物或 B 器物都無法與三《禮》文獻若合

符節，那麼今人讀先秦禮書遇到禮器時（尤其像爵、觶、觚這些酒器），是要拿古籍的三《禮》禮圖，抑或是拿現在學術界主流看法的器物來講呢？這對我來說確實兩者均是難以「汝安則為之」。畢竟我們希望我們所講的是事實，或是接近事實。再進一步談，有時候《儀禮》和《周禮》講的也不一定是同一件器物。儘管我們相信《儀禮》所載內容曾經實踐過，但它跟古代的真實面關係又是如何？這些文字記載被漢代人改動過多少？或者說它呈現出的面貌和我們現在考古文物所見，會不會其實是座落在不同時空？另外，是否同一個器物與制度卻在各種資料的用字不一樣呢？這些其實也是研究的樂趣所在呀！

最後，我就藉由這個問題來談研究古禮有其大用於現代的實例。

我心目中的一個禮學典範：一九七〇年臺灣祭孔的禮樂的改進。對於一位禮學的學者，改進禮儀典制，以合於時代，為時人所用，又不失古禮之精神與禮制，做到傳承文化以啟迪後人，我個人非常嚮往。臺灣現代孔廟的祭典，既有對傳統禮學的繼承，更有古為今用的實踐，這個典禮每年在臺灣進行，我也參與了幾次，對於前輩學者的努力，讓我每每思之，羨慕與感動不已。好的，我的時間已經到了，謝謝大家。

孫致文：關於「禮制」研究的淺見

主持人張老師，以及線上的師友同道們好。其實我覺得很惶恐，因為我對禮學的研究並不如其他六位老師深博，因此我只能就我這幾年思考的問題，以及關注「什麼是經學」的議題，向各位請教。

一　近時「禮學」研究的觀察

一如眾人所知：「經學」的原義是經世致用之學，經典所載則是可常久遵循的聖人之道。然而，在學術分科日益精確之後，「經學」成全了語文學、文獻學、歷史學、社會學等領域的發展，卻喪失了自

身的價值。部分學者甚至忽略了經書中不可見的「道」，更忽略了經學「治世」的意義。「經學」不應只是語文學、文獻學；經書、經注也不僅是歷史學研究的資材。「經學研究」的主旨，應是積極闡發古人「經世致用」的用心與作為，進而探求經典的當代價值與意義。在諸經之中，「禮學」兼顧「經典」與「經世」兩個研究面向，本應是最能展現經學現代價值的領域。

「禮」在儒家思想體系中，不但是具體的外在行為規範，也是個人內在德性之一；此外，「禮」又是國家、社會運作的模式。簡言之，「禮」至少包含了「禮典」、「禮器」、「禮儀」、「禮制」、「禮意」等內容，兼具「內聖」、「外王」兩個層面。透過禮典的訓解，可探究古代禮儀、禮制，進而體察深層的禮義，考察「禮」在時代變異中的延續與發展，更可以此為基礎，思索「經學」在當今社會的意義與價值。

近時，學界日益重視對「禮學」的研究，不僅持續探究以《儀禮》、《周禮》、《禮記》為對象的「三禮之學」，也關注出土簡帛中與古代禮制、禮意有關的記載。再者，對歷代典章制度的研究，近時也不乏可觀的成果。另一方面，著重「實踐」層面的禮學研究，也是近時學界的重要趨勢：不僅有古禮復原的影像化呈顯、朱熹《家禮》在東亞的影響與遺存研究，也有當代生命禮俗的溯源與紀錄。據筆者觀察，當代「禮」的研究或可概分為三條路徑：其一著重典章制度的考索，藉以探究古代社會的樣貌；其二著重個人道德、社會倫理的詮釋，藉以闡明古代思想的條理；其三著重於禮儀原形的推尋，藉以勾勒文明變遷的軌跡。這些研究固然皆有益於推進「禮學」研究的深度與廣度，但不免侷限於呈顯「古禮」的義涵，忽略了「禮」於現實生活中的實踐意義。

即便與生活實踐關係最密切的「禮制」，近時的研究成果大多出自「歷史」學門的學者之手，且又以梳理古代禮制的因革損益為重

點。誠然，因革損益確實是禮制研究的關鍵，歷史學者在此方面的整理與研究，確實有助於釐清禮學的發展及禮儀、禮制的各別意涵。在知悉「是什麼」之後，對於「為什麼」的闡釋，則較顯不足。

二　「禮制」研究的得失

關於「禮制」的集成性質研究成果，近時較為可觀的著作有：

（一）陳戍國（1946-2023）撰寫《中國禮制史》[16]共六冊，分為「先秦卷」、「秦漢卷」、「魏晉南北朝卷」、「隋唐五代卷」、「宋遼金夏卷」、「元明清卷」。

（二）吳麗娛主編的《禮與中國古代社會》[17]共四冊，分為：「先秦卷」（作者：劉源、邵蓓、劉豐）、「秦漢魏晉南北朝卷」（作者：楊英、楊振紅、梁滿倉、袁寶龍）、「唐宋五代宋元卷」（作者：吳麗娛、雷聞、樓勁、劉曉）、「明清卷」（楊豔秋、梁勇、林存陽、楊朝亮）。

（三）湯福勤總主編《中華禮制變遷史》[18]，共分：先秦編（曹建墩主編）、秦漢魏晉南北朝隋編（梁滿倉主編）、唐五代遼宋金編（史睿主編）、元明清近現代編（趙克生主編）四冊。值得留意的是：這套書是目前所見唯一將「近現代」禮制納入的叢書。

陳戍國以一己之力完成《中國禮制史》，基本立場較為一致；但出身自湖南師範學院中文系的陳氏，主要仍以「史學」的角度研究禮制。他明確指出：「史學永遠是禮制學的重要陣地。……禮制是歷史的客觀存在，這個存在與其他林林總總的客觀存在必有互相影響的關係。」[19]

---

16 陳戍國：《中國禮制史》（長沙：湖南教育出版社，1991年）。
17 吳麗娛主編：《禮與中國古代社會》（北京：中國社會科學出版社，2016年）。
18 湯福勤總主編：《中華禮制變遷史》（北京：中華書局，2022年）。
19 陳戍國：《中國禮制史》，「先秦卷」，頁70。

又說:「本書著重於禮典的源流演變與禮制的系統性。」[20]「本書第一卷力圖勾畫先秦（當然包括商代）禮制的輪廓，以後各卷則力圖逐步勾畫各相應歷史時期的禮制輪廓。」[21]陳編確實以「勾畫禮制輪廓」為本旨，雖然也涉及歷代禮制編定與施行的背景，但著墨較少。

　　吳麗娛主編的叢書，〈導論〉即明言:「本書的寫作是圍繞著禮儀、禮制本身的發展及其與國家社會的關係進行的，這成為本書的重點和特色。具體而言，禮的發展雖順應時代需要而有不同側重，卻是具備一定的規律性和延續性。」[22]事實上，這套著作的體例並不嚴謹，以至於各卷敘述的重點頗有出入。如第三冊「宋代章」計分三節，首節討論宋初禮制與唐制的關係，次節專論《開寶通禮》的編修、體例與施行，第三節則論宋初三朝的禮例與禮制形態的變遷。至於「元代章」，則以三節分述「郊祀」、「太廟祭祀」、「原廟——神御殿寺」。至於第四冊中「清代章」，各節標題則分別為:「清廷以禮為治的取向與興作」、「世變時移下學人對禮的抉擇」、「禮普遍化的政治與社會需求」。於此或已可見，各卷、各代的編寫，非但不以考索禮制為重點，探討禮與社會關係的著眼點或為禮制，或為制禮單位，或為制禮的背景，或為禮制的影響，內容不一而足；這或許是順應撰寫者個人研究主題而呈現的差異。

　　湯福勤主編的著作，書名即揭示「變遷史」的主題，「除採納一般歷史學研究方式外，還根據具體研究對象分別採用不同研究手段，如考古學、政治學、文化人類學、儀式學、宗教學、哲學、文獻學等，力求從各個角度進行研究，以便對各時期的禮制變遷作出更為客觀、準確、深入的認識」。至於此叢書的宗旨，該書前言說:「我們力

20　陳戍國:《中國禮制史》,「先秦卷」,頁74。
21　陳戍國:《中國禮制史》,「先秦卷」,頁75。
22　吳麗娛主編:《禮與中國古代社會》,「先秦卷・導論」,頁5-6。

圖抓住各時期禮制變遷的基本線索、情狀，選擇一些前後有聯繫、有重要研究價值的禮儀形式加以深入研討，以揭示中華傳統禮制變遷的某些線索與特點，同時盡可能歸納其發展規律，從而揭示禮制變遷與權力機構的關係、禮制變遷與社會政治集團的關係、禮制變遷與思想（宗教）的關係、禮制變遷與民族的關係、禮制變遷與域外（國外）影響的關係、禮制轉型與社會性質演變的關係、中華傳統禮制的內在價值和意義，等等。」相較於陳戍國、吳麗娛的著作，此套叢書並不以單一朝代為章節區分的依據，如第三冊「唐五代遼宋金編」，除了第五章「遼金時期禮制的建構與變遷」外，其餘四章分別為：「隋唐之間社會變遷與禮學變革」、「官方禮典及私家儀注的編纂與行用」、「書儀、家禮與婚姻禮儀」、「唐宋禮制與宗教」；此四章可說是綜論隋、唐、五代、宋的禮制變遷及其與國家、社會、宗教的關係。如此的架構，雖不便縱觀一代之制，也不能細探禮制內涵與實踐，卻更能展現禮制因革變異的脈絡，確實是陳戍國、吳麗娛兩編未能呈顯的禮學研究成果。

另一部不同於陳、吳、湯三編的禮制研究成果，是顧濤《漢唐禮制因革譜》[23]一書。這本計有一千二百餘頁的鉅著，按編年體編纂，依年、月整理了西漢至唐開元間的禮制文獻，不但分類標志禮典、儀制，且並考述禮制設立或施行的依據（「理據」），說明禮典前後承繼與變革關係（「因革」），更適時加入「論評」、「考釋」、「附識」，可謂既有「述」，又有「作」。值得借鏡的是：顧編取材極為周備，據其自述，史料分作五個層次：一、十七史禮樂志，附《通典》；二、十七史諸列傳等；三、十七史諸本紀，附《資治通鑑》；四、史注及其他文獻，附歷代《會要》；五、後世彙輯與研究成果。前四層次為主要

---

[23] 顧濤：《漢唐禮制因革譜》（上海：上海書店出版社，2018年）。

梳理編入因革譜的史料，第五則為參考資料。[24]

另一個值得思考的是，顧譜不按朝代分卷，別出心裁地「按都城所在地為團塊」分卷。為此，顧氏說明：「這一分法，打破了完全以朝代為分界的固有模式，表面上看以都城的轉移為標志，但實際上隱含著漢唐間禮制發生重大變革的幾個關鍵步驟，反映出由漢至唐逐步走向精密、豐滿的演進大勢。」[25]於此可見，顧譜並不只是禮制文獻的編年，而是藉由編年的形式說明漢至唐代禮制的因革關係；以都城所在地分卷的用意，也正在於此。另一方面，顧譜主要取材於正史、政書，又以都城為考察因革的線索，正顯現顧譜難免側重於「國家禮制」，難以包羅適用於不同階層的禮制。

我想跟大家討論的，是楊華等著《中國禮學研究概覽》中〈魏晉隋唐時期禮學研究〉一章（范雲飛主筆）所提出的：「所謂經學本位的禮制史研究，一般的前提預設是認為經學義理、鄭王之爭是形而上的原理，而禮制史則是經學原理的具體實踐，從具體的禮制史可以逆推抽象的經學義理。這個預設或隱或顯，或多或少，都存在於經學研究者的心中。然而禮制史並不完全是絕對意義上的經義原理在歷史制度上的投射，禮制實踐本身也有自己的經義邏輯，也有豐富的經學內涵，不僅僅是經學原理在歷史上的投影。換言之，從經學原理到禮制實踐，並非單向的施動關係，而是雙向的互動關係，禮制實踐中所發展的經義也在不斷地『反哺』經學理論體系。」這是值得思考的，也是我自己在從事禮制考察和研究時所思考到的問題。

三　民國禮制研究管見

為什麼我要特別提出民國禮制研究呢？因為在我前面所提到的書中，大多都只談到清代，談到民國以後的不多。我開始關注民國禮

24　〈敘說〉，頁9-27。
25　〈敘說〉，頁29。

制,是文哲所舉辦紀念孔德成先生逝世五週年的研討會。我原先以為,中華民國在制定禮制的時候一定會請教孔先生,孔先生也一定是禮制的重要編纂成員,但是……。我現在沒辦法解決這個問題,我的老師章景明先生應該聽過孔先生談過民國禮制的問題,只是我還沒有請教他。在民國禮制的編定中,沒有孔先生的影子,這是讓我很意外的事。但我認為,民國禮制是在整個中國禮制史中很重要的,因為它是一個政體改變後,必須要做的事情。

由於政治體制、社會結構的改變,亟需重建一套足供各階層國民依循的規範,民國創建以來,各時期的主政者於「立法」的同時,都力圖以「制禮」來強化社會秩序。在秦代廢封建制之後,直至清代為止,歷代政治體制與社會結構沒有太大變化,禮制縱有變革,也沒有截然的差異。及至民國,國體改為共和之制,社會思潮融會中、外,在「周公制禮」、《大唐開元禮》之外,「民國禮制」容為別具意義的「國家禮典」。

即便如此,當代學者對「民國禮制」的關注,並不充分。以近當代禮學為主題的研究著作中,西南財經大學潘斌所著《二十世紀中國三禮學史》[26]一書所述最廣。該書以專家(上編)、專題(下編)分述中國與臺灣關於《周禮》、《儀禮》、《禮記》的研究成果。書中專篇介紹的臺灣學者有孔德成、王夢鷗(1907-2002)、周何、林素英四人,文中並述及由孔、周二人指導學位論文的學者及其三《禮》研究成果。[27]潘書以「三禮學史」為題,因而並未述及當代「禮制」與「三禮學」的關係。至於前述陳戍國、吳麗娛所編叢書,則未述及民國禮制。嚴昌洪《20世紀中國社會生活變遷史》[28]第十二章中〈「新生活運

---

26 潘斌:《二十世紀中國三禮學史》(南京:南京大學出版社,2016年)。
27 不知何故,潘斌此書並未述及高明的禮學成就,只提及高氏高足李雲光的著作《三禮鄭氏學發凡》(臺北:嘉新水泥文化基金會,1966年)。
28 嚴昌洪:《20世紀中國社會生活變遷史》(北京:人民出版社,2007年)。

動」與《北泉議禮錄》〉一節,所論稍詳。山東師範大學蓋志芳的碩士論文《民國禮學的歷史考查》[29]中,除了「民國學界禮制研究」一章中有「喪葬制度」一節[30],又專設「民國禮制規範」一章,下述「南京臨時政府時期舊禮變革」、「北京政府時期的復禮活動——以袁世凱政府祀孔為例」、「南京國民政府的制禮活動——以戴季陶為例」三節[31]。此篇雖然所述稍簡,但論文已兼及民國時期禮典與禮制研究的概況,頗為難得。學者闞玉香的系列著作及碩士論文《北泉議禮初探——《中華民國禮制》的形成與評價》[32],則是目前以《中華民國禮制》為主題最重要的研究成果。闞氏充分利用「中國第二歷史檔案館」收藏的民國時期公文書、政府檔案,各篇的論著不但對北泉議禮之經過考察頗詳,對當時人士之反應,也有分析。然而,除〈當時人士對「北泉議禮」的態度剖析〉一文[33]外,闞氏其他各篇的論著偏重於史實的鈎稽,對禮制的因革損益,及議定民國禮制時觸及的社會結構、倫理關係、禮學思想等「禮意」的討論,闞文較少涉及。

以下,略述個人對「民國禮制」研究的一管之見。

(一)制禮歷程

自民國元年(1912),政府便開始編訂新禮制。據筆者整理相關文獻,自民國肇建以至中國大陸易幟(1912-1949),其間議定禮制的歷程大致可分四階段:

---

29 蓋志芳:《民國禮學的歷史考查》(濟南:山東師範大學「中國近現代史專業」碩士論文,2007年)。
30 蓋志芳:《民國禮學的歷史考查》,頁65-72。
31 蓋志芳:《民國禮學的歷史考查》,頁103-120。
32 闞玉香:《北泉議禮初探——《中華民國禮制》的形成與評價》(南京:華中師範大學「中國近代史專業」碩士論文,2007年)。
33 〈當時人士對「北泉議禮」的態度剖析〉,《咸寧學院學報》第30卷第3期(2010年3月)。

1　袁世凱政府

民國元年（1912）八月，公布了分為男子禮、女子禮的《禮制》二章；十月又公布《服制》，共三章。民國三年（1914），在袁世凱（1859-1916）示意下，內務部下轄典禮司，並設「禮制編訂會」，再改立「禮制館」，由徐世昌（1855-1939）任館長。「禮制館」先後編定《祀天通禮》、《祭祀冠服制》、《祭祀冠服圖》（以上刊於民國三年八月）、《祀孔典禮》（刊於三年九月）、《關岳合祀典禮》（刊於四年五月）、《忠烈祠祭禮》（刊於四年五月）、《相見禮》（刊於四年六月）等七種。以上七種合為《民國禮制七種》，中央研究院歷史語言研究所傅斯年圖書館有藏本。

「禮制館」及其所編禮制，後皆被新任國務總理段祺瑞（1865-1936）廢止。[34]

2　張作霖政府

民國十六年（1927），北洋政府「中華民國陸海軍大元帥」張作霖（1875-1928）下令開設「禮制館」，由國務總理潘復（1883-1936）兼任總裁，內務總長沈瑞麟（1874-1945）兼任副總裁，聘請江瀚（1857-1935）、王式通（1863-1931）為總纂，積極編定禮制。張作霖政府所設「禮制館」依吉、凶、軍、賓、嘉「五禮」規模，編成《中華民國通禮草案》。

《中華民國通禮草案》，今僅見其中「凶禮」油印本一冊傳世，現藏於日本京都大學人文科學研究所。該冊有胡玉縉（1859-1940）所撰題為「中華民國通禮之凶禮草案說明書」，據此推斷，《中華民國通禮草案》〈凶禮〉應是胡玉縉主筆而成。

---

34 相關史實，可參見柏瑞蓮〈略述民國三年的北京政府禮制館〉一文，載於《蘭臺世界》2018年第3期，頁122-124。

3　孫傳芳政府

與張作霖主政的北洋政府相頡頏的南方孫傳芳（1885-1935）政權，也藉由編訂禮制以彰顯統治力。民國十五年（1926）「五省聯軍總司令」孫傳芳、江蘇省長陳陶遺（1881-1946）發起創設「江蘇編訂禮制會」，聘章太炎（1869-1936）為會長。民國十五年八月七日《申報》刊出〈江蘇修訂禮制會之發起〉一文，詳載該會成立之過程及組織章程。「禮制會」於國民政府北伐後解散，原擬編定的「婚喪祭禮三種」也未完稿。由上海聞人姚文枬（字子讓，1857-1933）負責撰寫的「喪禮喪服草案」，仍於民國廿一年（1932），以《江蘇編訂禮制會喪禮、喪服草案》為名，分上下兩冊，以線裝鉛印本刊行。

4　國民政府

民國十七年（1928）北伐完成全國統一，國民政府內政部、教育部曾多次草擬、修訂《禮制草案》、《服制草案》。民國三十年（1941）「第三次全國內政會議」上，內政部曾將《禮制草案》提付討論；次年，內政部又將《禮制草案》印成專帙，以供各界討論。至民國卅二年（1943）「國立禮樂館」在重慶開館，由時任教育部政務次長的顧毓琇（1902-2002）兼任首任館長、禮制審議委員會主任委員。禮樂館下設禮制組、樂典組、總務組；禮制組主任為盧前，樂典組主任為楊蔭瀏（1899-1984）。開館後，曾召開「禮制談話會」，先就民國廿七年（1938）內政、教育兩部修訂之《禮制草案》初步研討修正。民國卅三年（1944），時任考試院長的戴傳賢（1891-1949），應國民政府軍事委員會委員長蔣中正（1887-1975）之命，召集官員、學者於四川北碚縉雲山下之北溫泉召開會議，討論訂定《中華民國禮制》相關問題。該次會議之結論，刊印為《北泉議禮錄》。

民國卅三年（1944），監察委員汪東（旭初，1890-1963）接任館長之職，持續蒐集禮、樂資料，以作修訂《中華民國禮制》的參考。

其後，經汪東指示，由李證剛（翊灼，1881-1952）、殷孟倫（石臞，1908-1988）、高明（仲華）等人編成《中華民國通禮草案》一卷；然而，《草案》編成，未遑公布而中國大陸易幟。

（二）可據依的文獻

據筆者搜羅，探究民國禮制的資料略有以下三類：

1　政府公告之禮制

民國三年（1914）《民國禮制七種》、民國十六年（1927）《中華民國通禮之凶禮草案》、民國廿一年（1932）姚文枏《喪禮喪服草案》、民國廿七年（1938）內政、教育兩部修訂之《禮制草案》、民國卅二年（1943）國立禮樂館《北泉議禮錄》等五部禮制草案。

2　政府檔案（公報、訓令、檔案）

目前所知，至少有以下數筆：

（1）〈國民政府第一六五四號指令〉（妥速籌議頒定禮制，改善習俗案），《國民政府公報》第一五一二號（1934年8月13日），頁10。

（2）〈公祭禮節〉（附圖），《國民政府公報》第二三八七號（1937年6月23日）。

（3）「國立禮樂館組織程」（行政院訓令1942年12月28日），載於教育部參事室編《教育法令》，1947年5月。

（4）「周鍾嶽、陳布雷等呈禮樂制作報告及禮制服制草案辦理情形」（1943年8月21日～1944年4月1日），〈禮制服制草案〉，《國民政府檔案》，國史館藏，典藏號：001-051600-0002。

（5）陳立夫「禮樂制作報告」（1944年2月7日），〈禮制服制草案〉，《國民政府檔案》，國史館藏，典藏號：001-051600-0002。

（6）〈禮制服制草案〉，《國民政府檔案》，國史館藏，典藏號：001-051600-0002。

（7）〈選集典禮樂應用古詩詞〉,《國民政府檔案》,國史館藏,典藏號:001-097300-00001-002。

3 制禮參與者的記述、評議

此類資料中,有制禮單位編印的刊物:「禮制館」所編《禮議》,唯目前只見第一期(1928年);國立禮樂館編《禮樂》(1945年12月24日出刊)、《禮樂半月刊》(共廿四期,民國卅六年〔1947〕三月十五日創刊,至卅七年〔1948〕二月三十日)三種。

此外,一九三〇年至一九三七年間的各類期刊中,又刊有報導政府制禮進程,及內政部禮俗司司長宣導禮俗改革的廣播錄音紀錄。

再者,參與制禮者,如胡玉縉、戴傳賢、顧毓琇、羅香林(1906-1978)、盧前(1905-1951)等人的著作、日記、回憶錄中,頗有涉及制禮進程及禮制討論者。

4 針對制禮、禮制提出的評論

於制禮過程中,不僅報刊中可見議論「制禮」之事及個別禮制問題的文章,甚至也有提出強烈質疑、批評的意見。筆者所見,畢業於中央大學哲學系的鄧子琴(1902-1984),在一九四〇年代一波議禮、制禮的聲浪中,意見十分特別;他所著〈讀北泉議禮錄〉[35]及專著《中國禮俗學綱要》[36]尤其值得重視。

(三)可開展的議題

1 制禮的經典依據

在此論題下,筆者認為值得關注兩個面向的探究:一是民國禮制與「三禮」的關係,二是朱子《家禮》對民國禮制的影響。

2 民國喪禮、喪服制反映的社會變遷

由於中華民國制定的《民法》採用「羅馬法」的親等計算原則,

---

[35] 鄧子琴:〈讀北泉議禮錄〉,《中國文化》第1期(1945年)。
[36] 鄧子琴:《中國禮俗學綱要》(南京:中國文化社,1947年)。

因此擬定喪期、喪服新制時，不宜再援用《儀禮》、《家禮》「以三為五，以五為九」的親等原則。「親等」觀念、性別意識、繼承制度、禮儀空間等面向，討論喪禮、喪服制度如何適應社會制度與思潮的變異。

此類問題不僅關涉儀節的因革損益，更與「禮意」的顯隱有密切關係，是當時禮學探討的重要議題。

3　制禮活動引發的學界論辯

現今所見的民國禮制文獻中，學者論及的議題不僅有個別的儀節、制度，更有禮學核心問題的析論。就筆者所見，「禮與法」、「禮與俗」，是當時諸多議論中，涉及較深入的主題。至於《北泉議禮錄》及禮樂館的制禮討論，則又涉及中、外喪禮、喪服習俗之別，針對喪服顏色、樣式，希望兼顧中、外禮儀。

在正反雙方議論中，學者們對制禮與禮制的理念，便是「經學觀」最鮮活的表露。

近年，中國學界對「民國學術」的研究，有日趨熱衷的現象。就學術發展而言，此固然是可喜之事。然而，即便中國學術風氣已較昔日自由、多元，但論及與政治有關的議題時，學界仍多所顧忌，論述也仍未能免除特定意識形態。臺灣學風開放，已不受特定意識形態束縛。無論是援引傳統經典，或省思「禮」與當代思潮的關係，應當能較中國學界更公允且深入。

另一方面，議禮、制禮並非歷史塵跡；無論由政府單位或學者甚至民間組織發動，禮制的擬議仍是眾人關心的「現在進行式」。即以二十一世紀的臺灣而言，二〇〇五年，內政部委託學者劉仲冬主持「我國婚喪儀式性別意識之檢討」計畫，舉辦多場座談會；次年（2006）五月五日、十一日，內政部民政司又舉辦「國民禮儀範例——婚喪禮儀檢討」北區、南區座談會，廣徵各界意見。二〇一一年九月十三日至十月十四日，民政司又公布《喪禮儀節手冊（書名暫定）》初稿，

以彙集各方意見。又據報載，內政部曾擬議新置「宗教及禮制司」，以制定、管理宗教與禮制行政問題。二〇一一年內政部成立「現代國民喪禮編撰小組」，由學者、專家撰寫初稿，並召開座談會；次年，完成《平等自主　慎終追遠——現代國民喪禮》一書[37]。及至二〇一六年，此書又有修訂版發行。由此即可知，即便不具「國家禮制」性質，婚、喪禮儀仍於民生日用有迫切的依循需求。二〇一九年五月二十四日，臺灣同性婚姻專法生效，政府部門設計新式婚姻書，民間禮儀婚慶公司則更因應新法規畫新的婚禮儀式。無論稱之為「禮俗」、「禮儀」或「禮制」，順應時代變遷，今日仍有議禮、制禮之需要。這或許也正能彰顯「禮」的「經學」意義。

以上淺見，請大家指教，謝謝。

鄭雯馨：《儀禮》的研究方法

各位師長好，大會賦予我的職責是談「《儀禮》的研究方法」。研究方法其實非常多元，部分研究《儀禮》的方法會和其他經典相互重疊。由於「三禮」之中，《儀禮》的特色在於記載禮儀流程，因此底下會以從《儀禮》本身、禮儀這二方面優先說明，而經典共有的詮釋史、文化人類學、二重證據法或版本考，說明順序則往後移，或暫時省略。

一　禮儀與禮書的層累性及其應用

沈文倬先生〈略論禮典的實行和《儀禮》書本的撰作〉，指出「禮書與禮物、禮儀不能等同，不是同一個東西」，包含器服與儀節的「禮典」，先於「禮書」出現，不能夠根據禮書，來判斷禮典「出現」的時代，禮書所提供的只是禮典出現的時代「下限」。接著，沈先生

---

[37]《平等自主　慎終追遠——現代國民喪禮》（臺北：內政部出版，2012年）。

考察引用《儀禮》文本的情形，指出《儀禮》的撰作年代，上限約在魯哀公末年、悼公（494-437B.C.在位）初年，下限約在魯共公十年（373 B.C.左右）前後一百多年，由孔子的弟子及後學陸續撰作而成。葉國良老師則認為下限可能更晚一些，陸續成於戰國時期。

如果用清人崔述（1740-1816）所說的「其世愈後，則其傳聞愈繁」、顧頡剛曾提出「層累地造成的中國古史」說觀之，禮儀本身會隨時代、社會產生變化。記載禮儀的文本，在這裡指《儀禮》，文本的內容也是有層累性的。換言之，內容的出現、成文化、成書化、經典化，是不同的概念，可能在相同的時間點，也可分別在不同的年代。經過漫長的過程，成書化不等於內容出現的時代。這個道理不難，但很多人會有種種的誤解，批判《儀禮》的可信度，甚至也不一定會應用在研究上。

葉國良老師曾基於層累性，提出儀節分析研究法，即每一套的儀式由若干儀節構成，「所謂儀節，指禮典中可以切割開的單元。同一禮典，在不同時代，其各儀節可能有所因革損益……。」葉老師有許多文章探討該如何看待、研究《儀禮》，如〈論《儀禮》經文與記文的關係〉、〈先秦禮書中保存的古語及其意義〉、〈從出土文物看《儀禮》內容的時代〉、〈《儀禮》與《詩經》互證的學術意義〉、〈冠笄之禮的演變與字說興衰的關係——兼論文體興衰的原因〉等篇，都是很值得學習、參考的範例。

二　禮儀的可實踐性

錢穆先生的《國學概論》指出禮是先秦貴族「一切生活之方式」，約言之，「當時列國君大夫所以事上、使下、賦稅、軍旅、朝覲、聘享、盟會、喪祭、田狩、出征，一切以為政事、制度、儀文、法式者莫非『禮』」。錢先生的說法，其實是禮學研究的跨經典基礎。既然是古代貴族的生活方式，就會記載出現在不同的文本。因此研究

者就可以進行跨經典的研究,例如彭美玲老師《鄭玄毛詩箋以禮說詩研究》、林素英老師〈論二〈南〉的禮教思想〉、〈論〈王風〉中的禮教思想〉等,都是從這個角度研讀和理解。

另一方面,禮儀見載於篇章,進入成文化、成書化。漢代時,《儀禮》有許多別名,因漢武帝立為五經之一,稱《禮經》,或簡稱《禮》;因書中兼有經、記,稱《禮記》;因書中以記載的禮儀,以士階級較多,或因第一篇為士冠禮(蔣伯潛),故又稱《士禮》。關於《儀禮》的傳承,《史記》〈儒林列傳〉說:

> 言《禮》自魯高堂生。
> 諸學者多言禮,而魯高堂生最本。禮固自孔子時而其經不具,及至秦焚書,書散亡益多,於今獨有士禮,高堂生能言之。

高堂生傳授《禮》,是指禮學研究與講述。由漢初高堂生傳士禮十七篇,蕭奮傳孟卿、后倉,后倉傳戴德、戴聖、慶普等,立為學官。另有一支,以禮容為主的傳授:

> 而魯徐生善為容。孝文帝時,徐生以容為禮官大夫。傳子至孫延、徐襄。襄,其天姿善為容,不能通禮經;延頗能,未善也。襄以容為漢禮官大夫,至廣陵內史。

「為容」的「容」,「頌也」,係指實踐禮儀時的神情、舉止、儀態。徐生因為善於禮容而擔任禮官大夫,傳其子、孫。值得留意的是,徐襄「不能通禮經」,同樣因「善為容」而為禮官大夫,並傳授學生。這一系列的傳承,不立於學官。可見漢代研讀《儀禮》,分為通經、容禮兩派。

通經的這一派，以研讀經書為主，見於《史記》、兩《漢書》的〈儒林傳〉。禮容一派，則嘗試將古禮融入漢代社會。

禮書研讀、禮學實踐這兩種路徑，歷代沿續，直至今日。

以宋代為例，禮書研讀，如朱子《儀禮經傳通解》對宋代以後的《儀禮》研究，影響深遠，這部分後面會提到。以禮學實踐來說，司馬光（1019-1086）有《書儀》五卷，朱熹《儀禮經傳通解》有《家禮》六卷。禮制的沿革，有《政和五禮新儀》。

近代，則如大學機構中的禮學研究者，近似通經；現實生活有部分禮儀，接續古禮的因革損益而來，如孫致文先生研究民國初年的官方禮制，最讓人印象深刻的，是徐福全老師《臺灣民間傳統喪葬儀節研究》應用田野調查，將古代喪禮的進程，與近代臺灣民間的喪葬儀節相對照，佐以照片輔助，可以很清楚地認知古禮因革損益的脈絡。就我所知，大陸學者這幾年也開始這方面的田野調查，確實是研究《儀禮》的一個方式。而彭林先生的《中國古代禮儀文明》、《禮樂人生——成就你的君子風範》，則是基於古禮今用而進行寫作，嘗試發揮禮學研究對現實生活的影響力。

三 「禮別異」的讀法

《荀子》說「禮別異」，這是可以作為解讀禮學的方法。實際「別異」的面向，相當多元，包括：階級、嫡庶、性別、生命禮儀、常與非常、禮儀情境等等。在閱讀或研究時，要抓好脈絡，才能知道它的意義。近代有很多的論著，就是以這樣的立足點開展，例如：彭美玲師《古代禮俗左右之辨研究：以三禮為中心》以左右為核心，再進一步討論生活習慣、思惟結構各面向的情形；林素英師《喪服制度的文化意義：以《儀禮》〈喪服〉為討論中心》說明喪服的正例、變例，及其文化上的意義；林素娟老師《空間、身體與禮教規訓：探討秦漢之際的婦女禮儀教育》從性別的角度出發，從空間、生活、工作、喪葬等各方面探討女性所受的規訓與地位。

四　分節、條例、繪圖

這部分是研究《儀禮》最為著名，也是最常見的方法，我的博士論文也與此相關。由於大會邀請函裡，提到座談會的內容可以分享自己的研究，因而底下的內容大致和我的博論有關。

禮，為中國古代文化最重要的特色之一。根據禮書，傳揚禮意、躬身實踐禮文，使禮成為一股安定人心、穩固社會的強大力量。然而，《儀禮》素稱難讀（韓愈語），不僅文字深奧、禮節繁複，加之以器服、宮室之制師說紛歧，習而易忘，往往令人掩卷。清人陳澧《東塾讀書記》針對這種情形說：

> 《儀禮》難讀，昔人讀之之法，略有數端：一曰分節，二曰繪圖，三曰釋例。今人生古人後，得其法以讀之，通此經不難矣。

陳氏提出三種登堂入室的法門：第一、分節，為《儀禮》全文分章、別節。第二、繪圖，依《儀禮》經文所述，繪製宮室、器服，及人物行止之圖。第三、釋例之法，係依據《儀禮》經文，歸納出行禮者的舉動、器物、宮室等常見之法度、規則。

分節之法，即為《儀禮》全文分章節、區別禮儀進程。鄭玄《儀禮注》已略見分章、節的端倪，如「事尸之禮，始於綏祭，終於從獻」、「記俎出節」。承襲六朝義疏體標明起迄的作法，《儀禮疏》或直接標明經文起迄字，或以「節」字、「科」字表明。以「節」字表明段落，如〈士冠禮〉：「士冠禮。筮于廟門。」賈疏：

> 自此至「宗人告事畢」一節，論將行冠禮，先筮取日之事。

先述經文起、迄為一「節」，後述其章旨。用「科」字者，為六朝義

疏體「科分」、「章段」之遺風，如「以其皆在無算爵之科」、「此四等婦人，皆在杖科之內」，區別出無算爵、杖等儀節。值得注意的是，《儀禮疏》有一類估算飲酒時的用爵數量，如〈特牲饋食禮〉：

> 此一科之內，乃有十一爵：賓獻尸，一也。主婦致爵于主人，二也。主人酢主婦，三也。主人致爵于主婦，四也。主婦酢主人，五也。尸舉奠爵酢賓長，六也。賓長獻祝，七也。又獻佐食，八也。賓又致爵于主人，九也。又致爵于主婦，十也。賓獻主人酢，十一也。

計算酒爵的同時，也將〈特牲饋食禮〉賓三獻一科的流程區別為：賓獻尸、主婦致爵于主人、主人酢主婦等十一個步驟。是故，除了標明文句起迄的分章之外，此類推算禮器數量的文字，亦可視為辨別禮儀進程的章旨。《儀禮疏》分章之細密，「使讀之者心目俱朗徹矣」。

至宋代朱熹《儀禮經傳通解》有進一步的發展。朱熹《儀禮經傳通解》，初名《儀禮集傳集注》。此書以《儀禮》十七篇為經，而取《禮記》及諸經史雜書所載有關禮的記載，分類附於經文之下，並詳列諸儒注疏之說。《儀禮》各篇，經文原不分節。為便於閱讀，朱熹離析經文，按儀節分段，每節之末，均標明為某事，眉目清楚，極便讀者。朱子繼承賈公彥《儀禮疏》，在作法上遠邁前人，然礙於書籍流傳，清代首部為《儀禮》分章的《儀禮鄭註句讀》（下文簡稱「《句讀》」），卻是張爾岐自行摸索《注》、《疏》而得。該書亦採截斷經文之法，分「科」起迄沿襲自賈公彥《疏》。時代相近的吳廷華《儀禮章句》、江永《禮書綱目》，以及乾嘉時期的胡培翬（1782-1849）《儀禮正義》等皆仿效朱子的作法。

第二、繪圖之法，乃依《儀禮》經文所述，繪製宮室、器服，及人物行止之圖，鄭玄、阮諶曾有著作。

後漢阮諶可能是最早作禮圖的人之一，他受學於潁川綦母君，作禮圖三卷。

　　後周顯德（954-960）中，周世宗（921-959）議修定禮典，乃命國子司業與太常博士，參定禮器法式，以供有司營造。聶崇義於是作《新定三禮圖》二十卷，宋建隆三年（962）上於朝，太祖（927-976）覽而嘉之，命儒學之本參議論定後，下詔頒行。此書分冕服圖、宮室圖、投壺圖、射侯圖、旌旗圖、祭玉圖、鼎俎圖、喪服圖等十六門。

　　宋楊復《儀禮圖》十七卷，附《儀禮旁通圖》一卷；清代張惠言等著《儀禮圖》，都是比較著名的作品。近代則如鄭良樹（1940-2016）《儀禮宮室考》、曾永義（1941-2022）《儀禮車馬考》、曾永義《儀禮樂器考》、鄭憲仁先生〈周代「諸侯大夫宗廟圖」研究〉、陳緒波《儀禮宮室考》，仍陸續有學者投入研究中。

　　民國之後，孔德成先生指導下的《儀禮》研究在儀節的畫分、闡釋、名物制度的考證，對於研讀《儀禮》有很大的幫助。如果對《儀禮》已有基礎的認識，建議可以先從《儀禮復原研究叢刊》（中華書局）這套「進階」的專著入手。

　　第三、釋例之法，係指出行禮者的言行、器物、宮室等常見規範，以研讀《儀禮》經文或解釋禮意。

　　近代學者探討條例時，多在概念上細分為義例、文例、事例、禮例等，但實際分析時卻屢見重複，乃因其中有不得不合的原因。下文以禮學為範圍，試說明此情形：

　　其一，抽象的道德情感須形諸具體的禮文，義例與禮文規則無法一分為二。

　　其次，文字敘述是禮儀規則的載體，文例、禮例因而時見重合。

　　其三，具體事件反映禮文規則的存在，因事見禮，是以事例、禮例也不盡然可以二分。

當人們實踐禮儀，產生種種事件，筆之於書，形成文本。儘管在概念或理論上可分為義例、禮例、文例、事例，但實際應用與分析時，並無法斷然切割禮儀與文字（內容與載體）、禮儀與事件（規則與具體實踐）、禮儀與禮意（具體表徵與無形的觀念）等。究其本質，義例、禮例、文例、事例也只是規則的表現面向不同而已。這反映古人對於「例」的表現與分類，未如後代之明確嚴謹。古人言例，具相當程度的靈活性，並非先有一固定分明的概念。若執一義，以貫通不同時代、不同著作、不同學者的觀點，容易妨礙對例的理解。

由於禮例是禮儀的規則，後人需透過歸納的方式，方能證明規則的存在及其應用場合。然而《儀禮》記載連續的禮儀活動，若欲引用，並不容易。因此義疏體區隔儀節進行流程的分章，提供簡明的敘述詞彙。如：

一、凡用醴，皆不見用幂，質故也，即〈士冠〉禮子，〈昏禮〉禮賓、贊禮婦，〈聘禮〉禮賓，此等用醴皆無幂是也。
二、凡用醴者，無玄酒。〈士冠禮〉醴子、〈昏禮〉醴婦、〈聘禮〉醴賓，醴皆無玄酒，質故也。

上述二條，賈氏皆先發凡，而後引述各篇章節，如第一條的禮子、禮賓、贊禮婦、禮賓，第二條的醴子、醴婦、醴賓，均為儀節簡稱。括例的同時，以章節作為佐證，無形中使章名猶如括例的單位，以分章名稱概括禮儀行為，既使行文精簡，又能令人明其所指，作者與讀者從而得到共同的比較單位，不致疑義叢生。

後來宋代李如圭《儀禮釋宮》、清代江永《儀禮釋例》、任大椿（1738-1789）《深衣釋例》與《弁服釋例》等著作，不僅革新括例的著作體式，又擴充禮例的內容與深度。而清代淩廷堪（1757-1809）

《禮經釋例》「於諸儀中求例，復以諸例求禮」，成為禮學史的里程碑。

由於我的博士論文探討《儀禮》的禮例研究法，便是基於上述前人的成果進一步討論，也許可以多分享一點心得。以下分作二點說明：

其一，禮例的界定及其內容演變。

禮例是具有必然性的禮儀規則，包含禮意、禮文，也會反映在具體事件上。由於禮是先秦貴族的生活方式，經過長期實踐，禮例的性質近似於慣例。觀察三《禮》、《儀禮注》、《儀禮疏》、《禮經釋例》中的禮例變化：

1. 禮例的來源：由實踐的慣例，進入文本層次的比經推例。

2. 禮例的範圍：從單一的或個別的儀節，到一整套的禮儀進程皆可。

3. 根據慣例思維，《儀禮》一書是周代舊經驗的匯聚，全書皆是例。

從實踐的觀點來說，禮例是社會長期共同遵守的行為規則。每一套禮儀、每一個細微的儀節，皆有固定且形成共識的規矩，人們方能以此互動、溝通，而不致引起誤解或敵意。禮或禮例，可視為社會文化的積澱。藉由禮儀的必然性，印證不同經籍記載的禮儀實踐，將可溝通各典籍的內容，形成互饋循環，並深化經學詮釋的系統。

其二，禮例分類。

禮儀的性質近於規則，從規則的必然性著眼，以倫理關係、事件性質作為標準，分別常例、特例。

因「倫理關係」而異的常例與特例，旨在強化特定價值觀，如尊卑、長幼、性別等。

因「事件性質」而異的常例與特例，著重於將變異或不規則的事件納入體制內，以穩定秩序，如天災、疾病、喪事等。

禮例具有多重層次，反映禮是一種相對值，而非絕對值。這種相

對，會因為特定條件而改變，顯示禮儀不是僵化的規定，反而能因時制宜地調整。

因為時間的關係，我的報告就到這裡，敬請指教，謝謝。

綜合討論

張文朝：

現在請七位老師來做綜合討論。

程克雅：

每次的座談會我都有參加，可以說是全勤，真的收穫很多。很謝謝文哲所經學組建立這一個討論的平臺。

張文朝：

我想提一個問題，我們知道禮儀是對士大夫的約束，一般民眾是屬於俗的部分，聽了各位老師的發言後，才知道原來一般人和士大夫各有不同的做法，當然我們現在已經沒有這樣的區別，那麼如何來實踐？例如剛剛孫老師講到民國禮制的部分，會不會考慮到基層實踐的問題？

孫致文：

我們現在應該不需要再有階級差別，尤其婚禮、喪禮，婚禮的自由度又更高。不管是古代的禮制討論、民國的禮制討論，或是剛剛講內政部在討論的當代禮制，我認為仍然是以喪禮為主。一來是因為這件事情比較多禁忌，一方面它也是發生在我們比較慌亂的時候，但不管是從「俗」來談，或是從經典延伸出來的「禮」，我們在場的學

者,如同剛剛彭美玲老師所說的,要積極參與社會的議論,不是只在學院中研究古代制度。如此,可以讓民間的禮儀公司有一個依循,一般有需要參考的人也不必只聽信「俗」的、甚至以訛傳訛的方式。我們盡量讓它的意涵豐富一點,這是我們可以做、也應該做的事情。

彭美玲:

我正好對孫致文老師的研究感到很有興趣,因為這是真正能夠跟當代社會接軌的部分。但讓我們感到好奇的是,民國以來官方禮的制作,能夠接續傳統的腳步,就您看,是到什麼時候為止?是兩蔣之間,或是小蔣之後?您目前有什麼樣的觀察?還有您剛提到了很多的推行單位,他們的興廢變化是如何?

孫致文:

關於彭老師的提問,我覺得,恐怕在一九四九年以後這個傳統就中斷了。中華民國禮制館雖然編定了草案,我剛說高明先生當時參與其事,他們這群學者當時仍以傳統典籍為依據,在魯實先(1913-1977)先生說要不要有神主的時候,他仍然思考的是傳統典籍中祭祀的用意能不能在現代生活空間中保留。可是現在的內政部,如同我剛剛提供的資料,他是找社會學的學者,或是醫療社會學的學者,他們關注的是男女平權的問題,他們並沒有那麼在意跟傳統生活之間的連結。我認為這也許凸顯的是整個時代重視的面向已經不一樣,我們不必非得要依循哪一部典籍,如同林素娟老師近期的研究把喪禮不同的內在義涵呈現出來,我覺得可以讓一般人了解,甚至是讓禮儀公司了解,在他們規劃一些儀式的時候,去展現出禮和人情、人性之間的關係,不會變成只是一種表演,那就完全喪失禮的義涵。

張文朝：

　　以我自己親身的體驗，我父母去世時，我大姐哭的內容，大概是「爸、媽都走了，身為女兒的我，再也無法回家了」，換言之，女兒在父母去世後，就沒辦法歸寧。這是古早、或者說周公制禮那時的規矩，我在想，我大姐在哭的時候，把她的心情講出來，也許民間並沒有跟古代的禮有所斷聯，仍然把它保留表現出來。這是我很不解的，為什麼我姊姊會知道這樣的事情：父母去世以後，嫁出去的女兒不能歸寧？當然現在沒有這樣的規矩，但還是需要家中最大的長子，時不時去請姊姊歸寧，這樣才能回家。我不知道為什麼會有這樣的規則？為什麼在鄉下的地方有這樣的傳統？

林素英：

　　我認為這個問題是所謂「禮」和「俗」的差別，尤其絕大多數的人並不願意多談有關喪禮的問題，大多是長輩怎麼講，晚輩就怎麼聽、怎麼做。喪禮，從古代到今，還是有很多的禁忌，許多人不願意去深究，這就是「禮儀」和「禮義」沒有辦法銜接的癥結所在。我常講，現在的生命禮儀公司取的名字是不對的，因為真正的「生命禮儀」應該包含整個生命過程中需要進行的各種儀式，各種儀式有什麼意義，承辦禮儀活動者都必須要了解。但我們現在的生命禮儀公司，其實只是承辦喪葬工作，很多人還是不願意講葬儀社、喪葬公司，顯示對禮儀的概念並不是真正的瞭解。不過現在稍微好一點，自從電影《禮儀師的樂章》上演後，對臺灣的葬儀社相關工作水準已提升不少。以前我上課對學生講喪禮的時候，不管是大學部的《禮記》課或在研究所談喪禮，都會藉由該電影說明「三日而斂」之前，家屬為往生者所做的各種細節，可以協助喪親者紓發哀情，是非常重要的，可惜現在這些工作多半委由葬儀社代辦。現在內政部規定禮儀師先要通

過專業考試（考試有丙級和乙級兩種）。乙級的考試，必須修畢殯葬相關專業課程二十學分，要考殯葬專業筆試，考試通過後，還需實際從事相關工作兩年，才能申請禮儀師證書。我認為現在的禮儀公司必須對禮義的解釋負起相當大的責任，你在幫客戶進行喪葬儀式時，必須對相關家屬講解這些儀式的意義。透過實際喪葬儀式的禮義解說，拉近禮跟俗之間的環節，讓現代人知道禮儀的設計都有它的現實意義。不過，我們現在的禮義，就像剛剛孫老師提到的，在一九四九年以後就結束了，現在就更不用說了。現在的喪葬儀式已經有很大的改變，已加入客製化的方式來進行喪禮，但我認為這不是問題，沒什麼不好，因為禮數本來就應該隨著時代環境變遷而有些改變，重要的是要知道舉辦喪禮的意義。倘若要求喪禮的儀式絲毫不變，反而是禮的僵化，反倒是不合禮義的。所以剛剛文朝老師所說的，其實就是鄉下師公怎麼講，那些五子哭墓或孝女白琴就跟著唸，事實上他們大概都不知道這些口中唸唸有詞的內容有何涵義。儀禮的保存，最重要的還是當政者的態度與執行力，如何使主掌民政的單位制定有效的辦法以提升社會大眾對生命禮俗（儀）的認知。

車行健：

我想提幾個問題。剛才有幾位老師提到禮儀復原計畫，近幾年北京清華大學彭林教授，他們也在做《儀禮》的復原計畫，而且他們的企圖更龐大。當然也是有受到當年臺大《儀禮》復原計畫的影響。不知道今天的幾位發表者，是如何評價彭林他們所做的工作？以及他們和當年臺大孔德成先生所做的《儀禮》復原工作的關聯性，進行一個比較。另一個今天熱議的議題，是禮儀在當代的運用，這已經脫離了三《禮》的經典本身，是傳統經典延伸到後代的禮俗、禮儀，我認為不能忽視的，是和儒家的禮俗、禮儀競爭的，佛教、道教的儀式，包

括西方的基督教、伊斯蘭教的儀式。政大外交系的課程，有所謂的國際禮儀和外交官禮儀等等，我想知道各位專家怎麼去看待這樣的問題？

彭美玲：

我簡單回應一下車老師的問題。當年孔德成先生所做的《儀禮》復原，和彭林先生等人所做的工作差別在哪裡？當然，時代的環境、科學科技的進步，彭林先生有更有利的資源。但以我個人的看法，彭林先生當然是看到對岸中國這些年來富強的發展過程當中，他們已經有這樣的意識、這樣的企圖──證明自己是一個富而好禮的文明社會，這也是他們常講的，一個人有文化、或者沒文化。彭林老師當然是非常熱情、有幹勁，所以他看到了恢復中華傳統禮的必要性和可行性，所以他的《儀禮》復原還附掛了一個後面的所謂「日常禮儀重建」，換言之，是有心擴大禮儀的涵蓋面和影響面。

張文朝：

因為時間已經差不多，我們今天的座談會就到此結束。非常謝謝今天七位老師的引言，以及線上參與的朋友，非常感謝！

《左傳》的研究方法

主持人：蔣秋華（中央研究院中國文哲研究所）
引言人：
　　　　張高評（國立成功大學中國文學系）
　　　　馮曉庭（國立嘉義大學中國文學系）
　　　　黃聖松（國立成功大學中國文學系）
　　　　劉德明（國立中央大學中國文學系）
　　　　蔡妙真（國立中興大學中國文學系）
整理人：盧啟聰（中央研究院中國文哲研究所博士後）

蔣秋華：

　　我們就開始吧。今天的「經學的研究方法」工作坊已經是第七場了，是討論《春秋左傳》的研究方法。我們邀請了幾位學者，首先作簡單的介紹。第一位是成功大學中文系的張高評教授，第二位是中央大學中文系的劉德明教授，第三位是成功大學中文系的黃聖松教授，下一位是中興大學中文系的蔡妙真教授，第五位是嘉義大學中文系馮曉庭教授。以上簡單的介紹五位今天要演講的學者，我就不耽擱了，先請張高評教授來報告。請。

張高評：

　　各位學界同道，大家好！今天，我報告的題目是：「《春秋左氏傳》研究的視角與方法」。視角，是切入研究的一個觀點。方法，是

解決問題的工具。今天，我談的可能多一些，時間上不好掌控，所以打算先提示綱領。第一、先說《左傳》之經學研究。第二、《左傳》之史學研究。第三、談《左傳》的子學研究。子學研究跟《春秋》經學關係較疏遠。第四、《左傳》的文學研究。最後要談的，比較新穎：印刷術的廣泛運用，對於《春秋左傳》學的傳播、接受、反應有什麼影響，這是印刷文化史探討的範圍。

　　第一個部分，先談《左傳》之經學研究。孟子（前372-前289）認為：孔子（前551-前479）作《春秋》，有三大元素：「其事」、「其文」、「其義」。換句話說，孔子《春秋》經的「義」，是寄託在「其事」，體現在「其文」上的。《禮記》〈經解〉稱：「屬辭比事，《春秋》教也。」《史記》〈十二諸侯年表序〉認為：孔子筆削魯國的史書，而編著一部《春秋》，「約其文辭」，就是前面說的「其文」；「去其煩重」，即是前面所謂的「比事」。排比相近相反之史事，連屬前後上下之辭文，就可以推求《春秋》由於筆削而生發的微辭隱義。這「屬辭」與「比事」，就是所謂的「法」，藉由「法」，就可以體現出「義」來。《春秋》這部書裡面，有很多「刺譏褒諱挹損之文辭」，諷刺、規勸、褒揚、隱諱、貶抑、損傷的文辭，由於觸忌犯諱，不好直截了當呈現，只能將「事」與「文」隱藏在「義」之中。後人詮釋孔子《春秋》之「義」，有所謂三《傳》：《左傳》以史傳經，以歷史敘事解經；《公羊》、《穀梁》以「義」解經，以歷史哲學說經。

　　〈孔子世家〉提到孔子為《春秋》：「筆則筆，削則削，子夏之徒不能贊一辭。」所謂「筆削」，就是取捨。孔子參考魯國古代歷史，進行筆削取捨的編纂工夫。選取材料，書寫敘記之，叫做「筆」。刪除材料，棄置不用，叫做「削」。不管是取捨，或是筆削，都取決於孔子自己的別識心裁，義意指趣，所謂「其義，則丘竊取之矣」。《左傳》成公十四年「君子曰」，提示《春秋》五例：「微而顯，志而晦，婉而成

章,盡而不汙」,言及「屬辭」;「懲惡而勸善」,歸本於「其義」。換言之,《春秋》五例裡面,並沒有觸及「比事」課題,也未提明「筆削」的問題。《左傳》提示所《春秋》五例,偏重屬辭約文的修辭:「微而顯,志而晦,婉而成章」,都屬於曲筆;「盡而不汙」,是直書。換句話說,《春秋》書法,較關注「如何書」之法,尤其側重屬辭方面。於是,從此以後,形成一個屬辭約文、注重修辭的敘事傳統。山東大學的《漢籍與漢學》第八輯,我發表過一篇文章:〈《春秋》屬辭約文與文章修辭——中唐以前之《春秋》詮釋法〉,提到從《左傳》開始,至《公羊傳》、董仲舒(前179-前104)《春秋繁露》、司馬遷(前145-前86?)《史記》、杜預(222-285)《春秋經傳集解》,一路到劉勰(465?-560?)《文心雕龍》,到劉知幾(661-721)《史通》、陸淳(?-805)《春秋集傳纂例》等等,談到《春秋》書法,幾乎都側重屬辭約文,近似後代的修辭學,等於文學的範疇。《左氏傳》既解釋《春秋》經,為什麼研究《春秋左氏傳》,必須涉及到文學課題,這就是一個堅強理由。

　　如何詮釋解讀《春秋》?這是孔子完成《春秋》之後,《春秋》三《傳》不能迴避的課題,更是歷代《春秋》研究者的研究焦點。近七、八年來,我先後發表近三十篇論文,出版三本專著,大多環繞比事屬辭或屬辭比事的角度,來詮釋或解讀《春秋》,或者《春秋》三《傳》。理解這個流傳千年的學術課題,必須先建立三個基本概念:其一,是「筆削取捨」,演變成「書」或「不書」。書,就是筆;不書,就是削。有、無,有就是筆,無就是削,中間有所謂異同或互見的問題,後來變成史家筆法,甚至變成文學性的技法。其二,是「比事措注」,材料善加排比,變成先後、內外、遠近、尊卑、主客、位次、序列、類敘、對敘,種種組織、布局、置位,重視材料的安排措注,接近歷史編纂學,形成所謂敘事義法或藝術。其三,是「約文屬辭」,是修辭手法,傾向文學性的書寫。衍變成虛實、顯晦、曲直、

詳略、重輕、變文、特筆、言外之意、都不說破。所以，當年我的博士論文，題為《《左傳》之文學研究》。一般人的認知，《左傳》是經學，也是史學，但是我研究的視角，選擇《左傳》的文學，進行探討，所以有人認為：這不屬於經學研究的範疇，當時我無言以對。回首來時路，我這樣寫，其實沒有偏差。就整個《左傳》的詮釋系統來說，《《左傳》之文學研究》是「其文」、「屬辭」、「約文」的研究課題，是詮釋《春秋》經不可或缺的文學面向。由於有以上這些背景，我才會提出以下經學研究的各個面向。

首先，談《左傳》經學研究的視角和方法。綜觀《春秋》的研究史，有杜預、孔穎達（574-648）為代表，以章句訓詁為主之解釋學。有程頤（1033-1107）、胡安國（1074-1138）、陳傅良（1137-1203）、趙汸（1319-1369）、張自超（1654-1718）、方苞（1668-1749）、毛奇齡（1623-1716）等為代表，以創造性說經之詮釋學。在文哲所的一個座談會上，劉述先（1934-2016）教授曾經有如上之區別。傅偉勳教授《學問的生命與生命的學問》，談到創造性詮釋有五大層次。這五大層次也是一種詮釋系統：實謂、意謂、蘊謂，這三個層次，屬於解釋學範圍。章句名物訓詁考據之學的漢學系統，就是劉述先教授所說的解釋學層次。我們研究經學，可以從章句訓詁考據名物這個方面去著手，這是一種研究的角度，研究的方法。宋學系統，相當於劉述先教授所說的詮釋學，就是傅偉勳所說的創造性詮釋學。基本上，宋學系統比較講究義理的闡發，以及創意的開拓。創意的詮釋，自然是一種優長。但如果強調言必己出，卻出言無據，而流於望文生意，自說自話，穿鑿附會，互相矛盾，就成了缺失。到了清代乾嘉時期，考據學大盛，解釋學與詮釋學爭衡，變成漢宋之紛爭。《四庫全書總目》〈經部總敘〉稱，二千年來之詁經：「不過漢學宋學兩家，互為勝負。漢學具有根柢，講學者以淺陋輕之，不足服漢儒也。宋學具有精微，

讀書者以空疎薄之，亦不足服宋儒也。」消融門戶之見，各取所長，是謂得之。

　　因此，研究經學，大概就是漢學和宋學兩大系統。漢學系統，比較傾向解釋學的範圍；宋學系統，比較偏重詮釋學範圍。一般來講，研究《公羊傳》、《穀梁傳》，大概都不會參考《左傳》；探討《左傳》，也都無暇借鏡《公羊傳》與《穀梁傳》。但是，遠從鄭玄（127-200）開始，就主張三《傳》必須會通。自中唐陸淳本啖助（724-770）、趙匡之說，雜采三《傳》而不盡信三《傳》，以意去取，作成《春秋集傳纂例》，變專門為通學，《春秋》經學至此又一大變。宋胡安國《春秋傳》〈序〉云：「事按《左氏》，義採《公羊》、《穀梁》之精者。」北宋蘇轍（1039-1112）《春秋集解》：「其說以《左氏》為主。《左氏》之說不可通，乃取《公》、《穀》、啖、趙諸家以足之。」已著先鞭。

　　宋代《春秋》學，主張棄傳從經，有人認為不必看三《傳》就可以解釋《春秋》。唐韓愈（768-824）〈贈盧仝〉詩所謂「《春秋》三《傳》束高閣，獨抱遺經究終始。」差堪比擬。這種以經治經的方式，大概只能夠解決百分之八十五以上的經義，其他百分之十五的《春秋》經文，沒有三《傳》的互通、三《傳》的互相參證，大概沒有辦法解決。所以，我們選擇某一個領域，如《左傳》，不理睬《公羊傳》、《穀梁傳》，操作起來當然較易，但這種單科獨進，存在一些問題。若能同時參考《公羊》、《穀梁》，有助於微辭隱義之考察。譬如，《左傳》擅長敘事，對於解釋《春秋》，往往以歷史敘事方式來解經，謂之以史傳經。《公羊》、《穀梁》固然以義解經，傾向提示「何以」書，其實不盡然。清陳澧（1810-1882）《東塾讀書記》稱：「《公羊》亦甚重記事，但所知之事少。」又云：「《穀梁》敘事尤少。全《傳》述事者，祇二十七條。」《公羊》、《穀梁》二《傳》，存在以歷史敘事解經者，可見二《傳》並非純粹以義解經。前面談到，《左傳》揭示

《春秋》五例，解釋《春秋》經，重視修辭，可見《左傳》釋經，極重視「如何」書。翻閱漢董仲舒《春秋繁露》、清孔廣森（1753-1786）《春秋公羊通義》、莊存與（1719-1788）《春秋正辭》，以及段熙仲（1897-1987）《春秋公羊學講疏》，第三編〈屬辭〉，就可明白《公羊》學對於修辭的重視。藉屬辭約文以見義，甚至勝過《左傳》。換言之，通過文辭，通過敘事，可以表達出指義。所以，我認為：研究《左傳》的敘事或書法，必須參考《公羊傳》和《穀梁傳》的敘說。

所謂傳統，指發生於過去，且持續作用於後世，以及現當代。孔子作《春秋》之記事書法，影響《左傳》、《史記》之編纂學，形成中國敘事傳統。要之，皆濫觴於比事屬辭之《春秋》教。其層面有四：其一，筆削取捨，衍為詳略互見；其二，比事措置，化成先後位次；其三，約文屬辭，派生為虛實、顯晦、曲直、重輕，以及潤色、損益諸修飾手法；其四，原始要終，張本繼末，衍化為疏通知遠，系統而宏觀。中國敘事傳統，胎源於《春秋》，形成於《左傳》，大備於《史記》。至《史記》之敘事，衍生為二：其一，史傳之敘事傳統，其二，小說戲曲之敘事傳統。要之，多歸本於屬辭比事之《春秋》教，及其歷史編纂學。

第二個部分，講講《左傳》的史學研究。《左傳》的史學研究，我們前面談到，就是有筆削，有比事，有屬辭，另外還有一個「終始本末」。終始本末，就是歷史的演變與過程。劉師培（1884-1919）《左盦集》裡談到，「原始要終，本末悉貶」，就是古《春秋》記事的成法。這個終始本末，就是史學的一個要素。我們掌握了史學的終始本末，再來看《左傳》，就會看得較清楚。

孔子筆削魯史記，次成《春秋》；左丘明據《春秋》之大事記，因本事而著為《左氏傳》。自博採、辨偽、筆削、斷事，到編比、屬辭、明義、著作，所謂歷史研究法，實不異歷史編纂之學。論者標榜

國史要義,所謂史原、史權、史統、史聯、史德、史識、史義、史例、史術、史化之倫,與《春秋》之筆削見義、屬辭比事之書法史法,多可以相互發明。

基於上述之認知,論《春秋左氏傳》之史學研究方法,可就下列四大面向探討之:(一)《春秋》筆削與《左傳》之歷史敘事,(二)《左傳》以史傳經與歷史編纂學,(三)《左傳》屬辭比事與傳統敘事學,(四)《左傳》「於敘事中寓論斷」與比事見義。

首先,對於材料的取捨,如果跟《左傳》對照的話,《春秋》刪略的記載;《左傳》可能以歷史敘事方式加以補充。當然,《春秋》「筆而書之」的,《左傳》可能出以歷史敘事闡發之;《春秋》「削而不書」者,《左傳》有可能補經所闕略:有無、筆削、詳略、去取之間,《左傳》的史學,補強了《春秋》的筆削之義。《春秋》筆削取捨之所以然,可以凸顯孔子「竊取之」之義,對照《左傳》之歷史敘事,可以知之。

其二,《左傳》是以歷史敘事的方式,解釋孔子的《春秋》經,後代發展成為歷史編纂學。注重史料的排比,文詞的修飾,透過比事、屬辭,顯示出史學家的旨意、史觀,或者歷史思想、歷史哲學。從歷史編纂學的角度,可以參考何炳松(1890-1946)《歷史研究法》,博採、著述、明義、斷事、編比、著作各章,有比較清楚的論述。余英時(1930-2021)《歷史與思想》〈章實齋與柯靈烏的歷史思想〉,其中,〈史學中言與事之合一〉、〈筆削之義與一家之言〉二文,值得借鏡參考。

徐復觀(1904-1982)《兩漢思想史》〈卷三〉,推崇《左傳》「以史傳經」,有四種形式:(一)以補《春秋》者傳《春秋》;(二)以書法的解釋傳《春秋》;(三)以簡捷的判斷傳《春秋》;(四)以「君子曰」的形式,發表自己的意見。《春秋》經闕如,而《左傳》徵存,

正可以史傳經，此於翼經佐經之功獨大。左氏「以史傳經」，是讓歷史自己講話，保持歷史本來面目。左氏「以史傳經」的方法，發展出一部偉大的史學著作──《左氏傳》，其意義遠在傳經之上。若解構《左氏傳》之史傳，運用歷史編纂學，可以勝任愉快。

其三，談《左傳》屬辭比事與傳統敘事學的關係：

其事、其文、其義，為歷史編纂之三大頂樑柱。屬辭比事、歷史敘事，將如何取捨依違？孔子作《春秋》，晉徐邈曾提示「事仍本史，而辭有損益」二語，可謂點睛警策。錢穆（1895-1990）《中國史學名著》稱：孔子作《春秋》，「所修者主要是其辭，非其事」。史事可以筆削取捨，不容添增改易。筆削所得，初則編次排比，然後屬辭約文，歷史編纂始成。清章學誠（1738-1801）〈上朱大司馬論文〉稱：「古文必推敘事，敘事實出史學，其源本於《春秋》『比事屬辭』。」《春秋》書法、史家筆法、古文義法、敘事藝術，大抵不出乎屬辭比事。

屬辭比事，或稱為比事屬辭，初為《春秋》書法，再變為歷史敘事，三變為史學史筆，四變為古文義法，及後世之歷史編纂學、文學敘事學，甚至小說敘事學。如今之兩岸學界，對於敘事學的研究，方興未艾。但研究進路，往往參考西方的敘事理論，來研究中國古代的學術。不過，既然號稱「傳統」，指發生於過去，持續作用或影響到現當代。中國傳統的敘事學，濫觴於《春秋》，形成於《左傳》，成熟於《史記》。從《春秋》、《左傳》到《史記》，次第形成敘事傳統。其中，「屬辭比事」，為探討敘事傳統之津筏。不管是經學研究、史學研究，或是史傳文學或小說戲曲研究，都可以上下貫通，連成一氣。所以，我認為：傳統敘事學，或偏史學，或重文學，然皆淵源自《春秋》經學。

其四，顧炎武（1613-1682）曾云「古人作史，有不待論斷而於序事之中即見其指者」：

敘事傳人，觸忌犯諱的事情太多，因此，書寫現代、近代、當代時，不管是《史記》或《左傳》，都有一個特色：文辭不可以書見。既然不可以書見，如何著筆？從左丘明《左傳》，到司馬遷《史記》，都運用一個筆法：就是以敘事為論斷。

經過事件的取捨剪裁（筆削），然後排比編次：相近相似的，謂之類比；相反相對者，稱為對比。經由慘澹經營之編排，然後據事直書，不用多作說明。毋需多作解釋，如此敘事傳人，自然見批評，出論斷。排比編次相關事件，借事跡的相類相似，或相反相對，回互激射，是非褒貶，自見於言外。

第三部分，論《左傳》的子學研究：

《左傳》為諸子學的濫觴，可得而言者有九：曰兵家、曰儒家、曰墨家、曰名家、曰法家、曰縱橫家、曰陰陽家、曰讖緯學、曰形法學。詳參拙著《左傳導讀》第六章第三節，〈左傳之諸子學價值〉，此不贅述。

若論《左傳》之流韻，則諸子有功於《左傳》者三：曰善述，曰發明，曰考異。與諸子學之交相反饋，則所以為用者五：或證經義，或息邪說，或匡經論，或補經文，或解經旨。若斯之比，上世紀民國初年，以及五〇、六〇年代，學界業已探討，取得可觀成果。

清曾國藩（1811-1872）論治學途徑有四：義理、辭章、考據之外，尚有經濟（經國濟民之學）。《左傳》經濟事功之學，如兵法謀略與經營管理、兵謀與創造性思維、資鑑史觀與治要理念、辭令應對與語言交際諸研究，不妨列為前沿之探討。

第四部分，論《左傳》的文學研究：

錢鍾書（1910-1998）《管錐編》說：「《春秋》之書法，實即文章之修詞。」《左傳》君子曰，提示《春秋》五例：「《春秋》之稱，微而顯，志而晦，婉而成章，盡而不汙，懲惡而勸善，非聖人誰能脩

之。」前三者為曲筆，盡而不汙為直書，皆示「如何書」之法。懲惡而勸善，則示「何以書」之義。晉杜預〈春秋序〉稱：「《傳》或先《經》以始事，或後《經》以終義，或依《經》以辨理，或錯《經》以合異，隨義而發。」先之、後之、依之、錯之，義以為經，而法緯之，揭示傳統敘事學、古文義法若干法門。

《左傳》的文學價值，劉勰《文心雕龍》、劉知幾《史通》曾贊譽有加；賢達碩彥，亦多所言之：或推其語文之勝，或美其敘事之工，或悅其詞令之妙，或服其修辭之巧，或稱其文體之備，而《左傳》之駢文、古文、詩歌、神話、小說、通俗文學，各有研究之價值。詳拙著《左傳之文學價值》各章。學界或闕而弗論，或雖論之而未精深，有待研發議題，進一步開拓。

有關《春秋左氏傳》的文學研究視角與方法，下列四大方面，值得探討：（一）《左傳》長於敘事與中國敘事傳統；（二）《左傳》約文屬辭與評點學、修辭學研究；（三）《左傳》對話藝術與科白之設計；（四）《東周列國志》改編《左傳》研究——史傳如何改編為小說？

《春秋》五例中，曲筆與直書，是從屬辭約文變來的。屬辭約文之法，就涉及修辭，傾向於文學的寫作技巧，這手法是從《左傳》開始凸顯的。研究《左傳》，對文學有相當了解，進而研究《左傳》之經學，或用《左傳》來解釋《春秋》經，無疑是一項利器。錢鍾書認為《春秋》書法，就是現代所謂的修辭學。黃慶萱（1932-2022）教授以為：修辭學大方向有二：其一、表意方法的調整，其二、優美形式的設計。敘事傳人如果觸忌犯諱，表達方式就有必要講究與調整，這就涉及較高層次的修辭。因此，經學詮釋，離不開文學研究。《左傳》最擅長敘事，承先啟後，是中國敘事傳統的重要經典之一，上接《春秋》，下開《史記》。可見，《左傳》在敘事傳統的地位，非常特別。我最近出版《左傳屬辭與文章義法》一書，是舊著《左傳文章義

法撢微》的增訂,每章最前面加上一節《春秋》屬辭,作為溯源。拙作《左傳之文學價值》第九章為〈敘事文學之軌範〉,揭示《左傳》敘事法三四十種。這些手法,不只出現在《左傳》,也出現在《史記》、《漢書》、《三國志》等史傳,明清的《左傳》、《史記》評點,以及明清的章回小說評點之中。可知《左傳》成為文學的經典,要在評點學興起之後。所以章學誠說:敘事的這個文體最難精工。敘事相較於抒情、論說、描寫,確實如此。《左傳》最擅長於敘事,贏得劉知幾、章學誠、方苞等文史大家交相稱讚。所以,要研究敘事傳統,當以《左傳》的敘事為軸心,往上可以追溯《春秋》,往下可以探究《史記》。尤其是歷史敘事如何演變為文學敘事,其分水嶺、轉捩點,要在於《左傳》。

　　《左傳》的約文屬辭,講究修辭藝術與法式。明清以後,從文學藝術鑑賞的角度來看《左傳》,逐漸變多了。《左傳》的評點學中,有豐富的修辭學、章法學素材,如果深入研究,對於義理的探討,或者經學的解讀,必定有極大的觸發。回顧前文所說「其事」、「其文」、「其義」的元素,彼此依存,相互發明,即可明白。其次,《左傳》敘事傳人,亦擅長賓白對話。錢鍾書《管錐編》認為:「《左傳》記言,而實乃擬言、代言。謂是後世小說、院本中對話、賓白之椎輪草創,未遽過也。」敘事傳人、對白的設計十分重要。《左傳》以史傳經,語敘言敘所佔份量極重。《史通》〈載言〉稱:「左氏為書,不遵古法,言之與事,同在傳中。然而言事相兼,煩省合理,故使讀者尋繹不倦,覽諷忘疲。」〈敘事〉篇,亦提示「因言語而可知」一法。章學誠《文史通義》〈書教上〉稱:「古人事見於言,言以為事,未嘗分事言為二物也。」《左傳》對話相當精彩,說話技巧很有說服力。這些似乎不屬於經學,但《左傳》之記言,錢鍾書提示:往往富於「擬言代言」之性質;故研究《左傳》,言敘的研究,不能跳脫不顧。

《左傳》是史學，或經學，明馮夢龍（1574-1646）原著、清蔡元放改撰的《東周列國志》，算是小說。《東周列國志》的小說，怎麼改編自《左傳》呢？這涉及史傳如何改編為小說的課題。前面所談「屬辭比事」之《春秋》教，演變為《春秋》書法、史家筆法，而後有《左傳》、《史記》諸史傳。溯源可以探索流變，持此以研究史傳如何改編為小說，非常切合實際。推而廣之，包括《三國演義》怎樣改編《三國志》、《三國志注》？《西漢演義》怎樣改編《史記》？《東漢演義》怎麼改編《漢書》？這些課題，都關聯到從經學，到史傳，到小說之流變。這方面的研究，目前還很不夠，值得持續關注。

　　最後，我談談印刷傳媒對於經學研究的深化廣化課題。宋朝開國以後，所謂右文政策，指雕版印刷之運用、科舉取士的舉行。建國伊始，印本圖書與科舉考試，互利共生，連結在一起，應用在知識流通，跟圖書傳播方面，發生很大的影響。錢存訓（1910-2015）《中國紙和印刷文化史》說：「印刷術的普遍運用，被認為是宋代經典研究的復興，及改變學術和著述風尚的一種原因。」錢存訓這個提示，二十多年來，並未引發世界漢學界應有的關注。借此機會，我拋甎引玉，強調這個新方法，值得經學研究者之參考。有關宋代經學典籍的雕版印刷，北京大學張麗娟博士論文《宋代經書注疏刊刻研究》揭示：宋代經書注疏版本，流傳到現在有一〇四種，其中《左傳》流傳下來最多，總共有二十七種，《春秋經傳集解》有二十三種。宋版《春秋》、《左傳》之數量如此眾多，依據傳播、閱讀、接受、反應之傳播學理論：傳播數量多，接受便利，讀者自然就多，影響反應也就顯而易見[1]。如果我們能夠投入印刷文化史的研究，從傳播、閱讀、接受、反應的視角，重新審視歷代經學之研究，可望開啟另外一片天地。

---

[1] 詳參拙作〈宋代印刷傳媒與讀者之接受反應〉，《第十一屆宋代文學國際研討會論文集》（上海：復旦大學出版社，2021年）。

印刷文化史之研究，當然，不只限於《左傳》，其他二《傳》、《易經》、《書經》、《詩經》、三《禮》等經學研究，或者史學研究、義理學、文學研究，都可以作如是觀。不止研究宋代學術，牽涉到印本文化，之後的元、明、清各朝，也都一體適用。在這方面，我已出版《印刷傳媒與宋詩特色》、《《苕溪漁隱叢話》與宋代詩學典範》、《《詩人玉屑》與宋代詩學》系列圖書，可以參看。印本圖書相較於寫本，在傳播圖書，流通知識方面，與傳統寫本競奇爭輝，的確改變了許多文化生態，有人稱為知識革命，堪稱貼切。我認為：印本圖書作為知識傳媒，對於《春秋》宋學的形成，有很大的催生作用。王國維（1877-1927）、陳寅恪（1890-1969）讚歎：華夏文明歷數千年之演進，登峰造極於趙宋之世。我認為：印刷術廣泛運用於圖書傳媒，居功甚偉。印本傳媒的效應，化身千萬，無遠弗屆，影響到域外漢學的傳播：為什麼日本江戶時代的《春秋》學，比較屬於漢學系統？因為由東土流傳到日本的《春秋》學著作，大多是乾嘉考據漢學的論著，依據傳播、閱讀、接受、反應之傳播原理，影響如此，並不意外。藉由東方海上書籍之路，清代漢學的論著，自杭州到長崎，很快流傳到江戶學界。另外，「圖書傳媒、評點學和《左傳》經典之形成」，也不妨當作一個待探主題。我佔用時間過多，就先講到這裡，謝謝大家。

蔣秋華：

　　謝謝張高評老師。張老師是資深的《左傳》學研究者，著作等身，寫了非常多的專書跟論文。今天張老師從經學、史學、子學、文學、傳播接受五個角度來介紹他的研究。前四項，是傳統的，第五項傳播是新穎的角度。各個角度，張老師都有相關的論著，一般人可能沒有看到。我們看到的資料，每一項下都附有參考文獻，如果是根據

這些來看，張老師指引未來如何研究《左傳》，應該是可以深入去瞭解的。謝謝張老師，下面就請劉德明教授來報告。請。

劉德明：

謝謝蔣老師，各位老師大家好。接下來就由我跟各位報告我的一些想法。其實我做的方向好像不完全是《左傳》學，也不完全是《公羊》、《穀梁》學，我做的好像跟這個工作坊所預定的主題有點差距，所以我只能把我最近這幾年一些陸陸續續的想法匯集起來，在今天給各位做個報告。

我的題目是「關於《春秋》學的一點想法」。首先我要跟各位報告，我的報告形式跟張高評老師的方式不太一樣。因為張老師是很有成就的專家，所以他剛剛講的是以指導的方式。但我接下來要講的是，我自己在研究方面所產生的一些疑問，或者一些問題，這些問題我也許隱隱約約有點答案，但是很多疑問其實我也還沒有答案。所以今天想借這個機會，提出來讓各位互相討論，也給我一點指點，或者是成為大家討論的基礎。

首先我要跟大家報告的就是我認為，《春秋》學與三《傳》學其實是有一點點不太一樣的。這個不太一樣的地方在於傳統上我們說「傳」是來解釋「經」的，也就是說「傳」的意義是必須依著「經」的存在而存在，因為「傳」是用來解釋「經」，因此「傳」本身未必有獨立的意義。基本上「經」與「傳」的關係是主從的關係，五經裡面，大部分都是如此。但是在《春秋》學史中，《春秋》跟三《傳》的關係好像不完全是這樣。《春秋》經在很多時候並沒有被視為是一個「獨立」的存在，而三《傳》則反客為主，反而成為一個獨立的典籍。尤其是《左傳》跟《公羊傳》，這兩《傳》可以不用特別依仗著對經文的解釋就有獨立的觀點與價值。比如說張高評老師剛剛介紹裡

面,有很多子類其實都是這種情況。也就是說《左傳》可以完全不管《春秋》,它本身也都很有價值,也可以進行很多的研究。這種所謂的「傳」脫離「經」而獨立有其價值的情況,反映在研究成果上,就是三《傳》的研究成果在數量上遠遠超過單純對《春秋》經的研究成果。這個大概是我們現在看到的情況,我也在幾次的討論會上說,現實上比較多的是三《傳》學成果,而不是所謂的《春秋》學。或《春秋》學其實它的比重遠低於所謂的三《傳》學。這樣的觀察,我們放到一些專門的書籍裡面去看,也的確是這個樣子。譬如說我們觀察趙伯雄的《春秋學史》這一本書的前三章。這三章裡面,比如說「《春秋》的性質」或「孔子與《春秋》的關係」、「《春秋》學的形成」,或者第二章裡面「《春秋》學成為顯學」或者是「漢代《春秋》經傳的社會政治功能」,這勉強算是作為《春秋》經的獨立內容研究的部分。但其他的章節,幾乎都是在研究《公羊傳》、研究《左傳》,或者研究《穀梁傳》,但都不是在研究《春秋》經本身。

　　也就是說,從這些目次裡可以看到,對於《春秋》的討論,通常都只集中在《春秋》經與孔子之間的關係,而對於「《春秋》內容」的討論是必須透過《左傳》或《公羊傳》的內容才能加以討論,所以《春秋》學的議題常常會轉至「《左傳》或《公羊傳》要表達什麼意思」?而非「《春秋》要表達什麼意思」?當然會有這個結果,主要是因為《春秋》經本身的特質,這個我們待會再說。也因為這樣,所以學界對於三《傳》的相關研究,熱度會超過《春秋》的研究熱度。但是從內容來看,我自己覺得「三《傳》學」的重點在於追求三《傳》各自主張的是什麼,而「《春秋》學」則是在探求《春秋》的「原意」。兩者可以是重疊的,但也不一定是完全相同的。這或許就是回應剛剛張高評老師提到的:如果我們單看《左傳》,是否足以解釋《春秋》?這中間譬如張高評老師說百分之八十可以,那有百分之

二十（或更多的比例），可能需要《公羊傳》、《穀梁傳》進來加以輔助，即是類似的意思：《左傳》學跟《春秋》學中間是有差距，縱使它有部分的重疊，但是也有不完全相同的部分。也就是說，三《傳》的獨立研究當然有其價值與意義，而且這些價值和意義其實也是我們現在學界裡做得最多的，也可以說是歷來做得最多的。當然，三《傳》是傳而不是經，但是三《傳》再怎麼說也是一般認為儒學的重要且核心的經典，所以對其進行研究也是重要的。但是，如果轉從五經學的角度來看，也就是說我們認為「經」與「傳」是不一樣的，在傳統說法裡，「經」是直接與孔子相關，而且其間蘊含著孔子體悟到的深刻道理，「經」的意義跟價值也自然不同於其他典籍，那我們對《春秋》經的研究也不應該忽視。其中大概有幾個主要的理由：

第一個理由就是回到剛剛我說的，《春秋》是「經」而三《傳》是「傳」。雖然在現代我們認為經、傳的價值區別並不像古代那麼明顯，但是我們現在還是做經學研究的人，可能應該還是有這樣的預設：經之所謂是經，是因裡面有「常道」的意味，經中具有常道的意義。因為如果不是這樣的話，經的價值、我們為什麼要讀經，以及作經的意義就會被大量消解。因此，「經」不僅是具有「古代典籍之一」的價值，而且更應該是在我們傳統裡面非常少數作為「真理載體」的典籍，因為這種典籍其實是很少的。也就是古代的典籍那麼多，但是作為「真理載體」的典籍其實是稀少的。「經」應該是這個意義上面，它有獨特的價值。因它裡面蘊涵著「常道」，故應該是比其他的典籍有更高的價值。

第二個是從《春秋》學史的眼光來看，就是說如果我們不把《春秋》經的研究跟三《傳》區分開來，或者是有一個大致明確的概念區分的話，那我們在看《春秋》學史的時候，常常會遇到一些困難。這些困難其實我們在一些書裡面，我們就會發現，我等下會舉兩個例

子。從《春秋》學史來看，對於三《傳》的研究固然是大宗，如漢、魏晉南北朝、唐代，還有清代的許多儒者，對於所謂的三《傳》都有很好的研究，也有很好的發揮。但是從唐代的啖助、趙匡、陸淳，以至於到宋、元、明的《春秋》學家，他們不拘於三《傳》各自的傳統，如果用趙伯雄的話來講，就是他們「舍傳求經」，雖然這個語彙我不那麼認同。我覺得林慶彰老師說的語彙比較精準，就是試圖要推動所謂「回歸原典」，探究孔子在《春秋》中的「大義」。在啖助以下的這個研究路向，《春秋》與三《傳》的內容，有重疊也有分別。也就是說我們無法將《春秋》學的研究歸之於三《傳》的研究範圍裡面。

可是很多人在區分的時候，他沒有把這兩者區分開來，所以就會遇到以下我看到的情形。舉兩個例子，一個是沈玉成、劉寧《春秋左傳學史稿》，這個是一本比較早的書。各位可以看它的目錄，因為其書是以《左傳》為主，所以在它的目錄的下編中，是以《左傳》學的角度來論述。在漢魏，在魏晉南北朝，甚至於到隋唐，都是集中焦點在《左傳》學相關。可是一旦到了宋、元、明的時候，就沒有辦法把焦點放在《左傳》，它就開始論述，宋、元、明各個儒者的《春秋》經傳學，他們各自的主張是什麼，這好像就跟《左傳》的關係不是那麼的深。然後一直到了第八章第四節裡面，才回歸跟《左傳》相關的研究，這才又回到《左傳》學。之後到了清代，才有了真正的回到對所謂《春秋左傳》學的概念的說法。也就是說，如果從《左傳》學史的角度，完全以《左傳》學的角度來看，宋、元、明這一段其實不太容易寫。那同樣的困難一樣發生在《公羊》學史。譬如說，曾亦、郭曉東的《春秋公羊學史》，也是類似的情況。他們在前面講漢代，講何休（129-182）等等，脈絡其實是還蠻明顯的。可是到了啖助，然後到了兩宋，然後到了元代等等，他就只能夠就講個別的儒者，譬如孫復（992-1057）、劉敞（1019-1068）、孫覺（1028-1090）等等，他們是怎樣主

張。這時候好像跟《公羊》學就拉開了距離，然後到了清代的時候，他們才又回到對清代《公羊》學的論述。也就是說，如果我們沒有把三《傳》學跟《春秋》學做一個比較明確距離拉開的時候，至少沒有在概念上有一個區分的時候，我覺得就很容易發生剛剛我們看到的那個情況。

第三點我提出來談的是，為什麼三《傳》學的研究成果會超過《春秋》學？這是因為三《傳》學的主張相較明確，而且它的內容無疑，至少在表面文字上，它們的內容比較豐富，所以對於三《傳》學的研究會如此蓬勃。相較之下，要如何研究《春秋》學，困難是比較多的。當然這裡面對於這些問題，歷史上有很多人都做過相關的嘗試了。如第一種比較明確的方法是嘗試透過三《傳》來理解《春秋》，這種方式當然是一個方式，但是我認為這種方式大概會有三《傳》之「義」與《春秋》之「義」混同的風險。譬如說，有些意思我們很難說它是《春秋》的意思，如《公羊傳》裡面有所謂「大一統」或者是「張三世」的說法。可是這個說法，我們很明顯知道是《公羊》學的說法，但是不是《春秋》學的說法？我們也許就要有點遲疑。可能要停下來反省一下，或者仔細想想看。也就是說，如果我們希望說或者我們認為《春秋》學跟三《傳》學應該是有不同的，那這個「不同」要怎麼區分開來。我們可不可能對於所謂的《春秋》學有更「獨立」的研究。這個是一個很核心的問題。

接下來我就要談，如果要對《春秋》學有更「獨立」的研究的話，會牽涉到兩個問題。第一個對是對於《春秋》的解經方法的反省的問題，第二個是對於《春秋》的「義」到底有哪些特別的「義」，《春秋》中所謂「大義」有哪些？第一個問題在座的張高評老師有好多部大作都論及這個核心問題。就我的觀察，詮解《春秋》大約有兩種最常使用的方式：一個就是所謂的歸納《春秋》用字的慣例。此外則是沿用三《傳》的說法來解釋《春秋》。這個我們前面講過。以歸

納《春秋》用字的慣例來解釋《春秋》，例如時月日例、名氏稱謂例等等，其實三《傳》也都有用。這種方法歷來用的人很多，批評他的人也很多。比如說我自己之前曾經注意過的戴君仁（1901-1978）先生，他就批評《春秋》學中的例，他認為《春秋》裡面根本沒有例。批評例所使用的方式，大約就是把前人認為的「例」，將它放回《春秋》的原文去看，是不是真的能夠完全解釋《春秋》的經文。但我覺得反對「例」的方法可以分為兩個層次談：就反對「個別的例」而言，是不難的，只要把「變例」或「違反例」的例子找出，即可「證明」這個「例」並不存在。但是要在「原則上」根本反對《春秋》中有「例」，在方法學上則是困難的，因為我們很難窮盡去駁一切《春秋》中「可能例」──其中包括已有學者提出或尚未提出的。也就是說，我不知道要如何去處理這個方法學上面的問題，就是去證成《春秋》裡根本沒有例。因為你說沒有時日月例，沒有稱謂姓名例等等，但不代表它就不可能沒有其他例。比如說，有些例它藏得比較深，或者它其實會變成文字上所帶有的某些評價意味，如書「弒」或書「即位」。那種例就不太容易一一反駁說它不存在，而且也有未來可能出現各式各樣的「例」。除了「例」之外的第二個解釋《春秋》的方法，則是透過所謂的前後、相關或相類的事跡，然後透過這些事跡、史事的排對、連綴，來推求《春秋》之義。這種方法近似於朱熹（1130-1200）所謂把《春秋》「只如史樣看」的方式。但是我自己覺得這種方式也會衍生出幾個比較困難的問題：第一個是如果《春秋》只是「如史樣看」的話，那《春秋》就會《左傳》化，但是《春秋》一旦《左傳》化之後，就會產生《春秋》經的價值會不如《左傳》的價值，因為《左傳》它非常詳盡，所以我們可以解讀出來更多的內涵，也就是說只有《左傳》就好，而可以不必通過《春秋》經而見義。第二個是經文與「經義」之間的關聯會脫鉤，最近幾年有幾位學

者已經注意到這個問題。也就是說,《春秋》如果只是純粹的記事之文,它從文字上面看不出來所謂的褒貶的時候,那《春秋》經文與《春秋》之「義」的接連就會斷裂。我舉個例子做說明:例如在僖公二十八年,晉文公(前671-前628)打了一個很有名的戰役,即是對楚的城濮之戰。但這個城濮之戰的價值是什麼?或者說《春秋》記載這件事,對它的評價是什麼?其實三《傳》也好,宋代的儒者也好,都各自有不同的解釋。但為什麼會有不同的解釋?我在這裡沒有辦法一一跟各位報告,我簡單的說即是:三《傳》也好,或者是宋代的謝湜、胡安國等人,他們認為這一段史事,在認定上大概都沒有差異。對此戰前後的史事看法都一樣,但是他們對這一段經文的解釋,他們對於褒貶評價的解釋是,明顯不同的。這個我們就可以看得出來:一旦《春秋》的經文跟它的經義斷裂開,沒有以特定的文字連接的時候,就會產生這種情況。在這種情況下,我們要怎麼「客觀」地解釋《春秋》之義,就會變得很困難。

　　第三個我要跟大家報告的是相較其他的經跟其他的典籍,《春秋》學的特點。從孟子開始,就是談說《春秋》裡面有事、有義、有文。當然它的「文」是非常簡略的,但是我認為,文那麼簡略,我們是不是也應該要思考一個問題:就是從荀子(前316?-前235?)開始,都注意到《春秋》的表述方式是「微」,或者是我們常常所說的「微言大義」。可是我們要問的是,為什麼《春秋》要用這種方式來呈現?當然「為求避禍」可能是一個答案,但我認為這只是個消極原因。所謂消極原因是說他沒有辦法給出一個比較積極、正面,有建設性的意義,我們應該思考其是否有更正向及積極的理由,這是一個方向。另一個方向則是,不管是董仲舒也好,司馬遷也罷,他們常常提到《春秋》時,都將「空言」與「行事」對比起來看。就是說,儒家典籍裡面有兩種表述方式:一種是「空言」方式來表述,一種是見之於行事

的方式。那麼我們要問的是：以所謂「微」的方式，以及將「空言」與「行事」兩者對列，第一種表述方式它有沒有什麼正面的意義，或者是它對於培養「士」或者「儒」，有什麼重要性與必要性？第二個如果是依照董仲舒也好，司馬遷也好，這種表述方式真的是比較更深切著明嗎？如果是，那當然很好。可是如果不是呢？也就是說，司馬遷所做的論斷，跟我們閱讀《春秋》經經驗的論斷，如果是有差距的話，那麼我們應該要問，或應該去思考，這個差距是怎麼而來的？

最後我要談的是《春秋》大義的內容。《春秋》大義的內容，當然從孟子以下，都提出《春秋》學是外王之書。司馬遷把它抬得很高，不管是所謂「存亡國」或「繼絕世」，或者是「萬物之散聚」等等，都含在《春秋》裡面。可是問題是，我們看到《春秋》經的文本裡，根本沒有明顯表述出這樣的義。我們觀察到這些義，要嘛來自三《傳》，要嘛來自其他的書。比如說，剛剛我舉的城濮之戰的解釋，許多人其實是用了孟子的架構來解釋城濮之戰。也就是說，他所了解的《春秋》經的道理，其實是「必須」以孟子的道理作為架構。若是如此，那麼《春秋》經的獨立性與必要性何在？也就是說如果像朱熹所講的：「《春秋》大旨，其可見者：誅亂臣，討賊子，內中國，外夷狄，貴王賤伯。」如果這些「大旨」完全可以從其他經典而來，那《春秋》經獨立的意義，或者是在儒學經典裡面特殊的價值跟意義是什麼？朱熹其實對《春秋》經有很複雜的情感在裡面，因為他不太能夠解釋《春秋》的問題，所以他最後常勸人說其他的經典都可以讀，不一定讀《春秋》，因為困難點是高的。我覺得這當然是朱熹的看法，但如果我們要在朱熹的思考再往前一步的話，我們其實也應該要再仔細思考這個問題。

最後的最後，我也要提出一下我自己最近幾年也在思考的另一個問題，就是《春秋》經對於當代以至於未來有什麼意義？因為在我的

想像裡面，對《春秋》學相關的研究有兩個面向：一個是追溯古典、研究古典「本意」的方向，簡單講就是所謂國學的或者是關於以前怎麼理解《春秋》經，或《春秋》學史的面向。可是回到剛開始講的經、傳的區分問題，《春秋》是經，一般我們預設「經」應該是有「常道」在裡面的。這個「常道」不僅在過去適用，也應該適用於現在，甚至未來。可是問題是我們現在在追尋《春秋》經所講的尊王、攘夷等道理，其中不管是諸侯分封或者是尊重周天子，整個政治制度已經是過去了，我們現在理解政治的語彙，或者架構，其實完全已經脫離了中國傳統，而是用西方的政治架構來思考，那麼《春秋》經它作為經，所謂的「常道的載體」，裡面的「常道」應該如何在現代，甚至於未來，給我們一些幫助，又有哪些意義？以上是我的一些疑問，其實很多問題，我目前都沒有辦法提出答案。在此跟各位報告，也跟各位請教，謝謝。

蔣秋華：

謝謝德明的說明。德明長期研究宋、元、明的《春秋》學。當然他的《春秋》學兼跨了三《傳》，他今天的報告比較宏觀地，從《春秋》學的角度上，來看來談一些他所想到的問題，裡頭牽涉到三《傳》，談到有關義、例，經、傳關係等。謝謝德明。下面我們請成功大學的黃聖松教授進行他的報告。聖松，請。

黃聖松：

主持人秋華老師，各位與會師長，大家午安。今天很榮幸受文哲所經學組之邀，擔任會議與談人工作，向各位師長學習。今天想與大家談一談，個人近幾年嘗試以「數位人文」為方法的《左傳》研究。數位人文的研究趨向，其實在國外已行之有年，引進臺灣是近一二十

年之事，很多機構也成立相關單位。例如中研院數位文化中心，臺大也有數位人文研究中心等等。大家可能覺得數位人文研究較適合社會科學或理工領域，與文學院、中文學門關係少一點，其實不然。這幾年中山大學中文系劉文強老師推動數位人文，個人身為劉老師受業弟子，此部分頗受劉老師啟發。我自己從這裡學了一些方法，不知堪不堪用，藉此機會向各位師長報告與分享。

　　我的數位人文研究其實很粗淺，最常用的方式就是資料庫。很多的師長對運用資料庫也很嫻熟，無需我多做說明。在臺灣我們較常用「寒泉」、「中國哲學電子書計劃」、「漢籍電子文獻資料庫」、「小學堂」等資料庫，今日分享「DocuSky 數位人文學術研究平臺」。DocuSky 由臺大數位人文研究中心開發，臺大資工系項潔特聘教授主持。此平臺有項好處，就是能為人文學者量身訂做資料庫。方才提及的「寒泉」、「中國哲學電子書」等等都已建置完成，我們只能透過檢索功能搜尋資料。DocuSky 可配合我們的需要設置選項，有很多工具協助建置個人資料庫。譬如我曾進行比較簡單的工作「文本標記」，透過標記真正需要的內容，可節省很多時間。此項工作相當繁雜，需要處理的數量也多。我個人無法獨自完成，所以委請研究生協助。

　　個人閱讀《左傳》時，感受某些非引用歌謠、諺語或《詩經》的散句裡，也有用韻現象。因此援用清人江有誥（1773-1851）《群經韻讀》〈《左傳》韻讀〉的標準，請同學協助將《左傳》每句末字標記上古音韻部。須說明者為，依江有誥的標準，不是每句末字都視為韻腳。（一）段落文句末字使用助詞，如「焉」、「也」、「矣」、「乎」等不能視為韻腳，須排除語末助詞。（二）連續文句句末使用相同文字，亦不視作用韻。（三）句末使用「曰」、「云」不視為韻腳。（四）連續子句、間隔一至二子句而使用相同或通韻之韻部者，還有段落中使用不同韻部或通韻之韻部者，將其視為用韻。第四種情況，簡言

之，即非句句協韻，有時是間隔押韻。譬如第一句與第三句、第七句使用相同或通韻之韻部，即可算是用韻現象。這種用韻現象不是我們熟知的唐詩偶數句用韻，所以用較寬的方式梳理。將《左傳》全文標記完成後，即可透過電腦協助檢索，如此能精準且快速尋繹所需資料。使用 DocuSky 建置與標記雖也花費不少功夫，不過完成後卻能快速查找。我使用簡單統計方式，目前學者大致將《左傳》分為一六六七則，有用韻現象的段落計四四二則，為全文四分之一強。《左傳》這種用韻比例應非自然現象而是特意修飾，當然學者也會認為散句偶然也有用韻。不過我比較詫異的是，有時整段會用七組韻組交織完成。韻組就是前面所報告，使用通韻方式作為韻腳。如「之」、「職」、「蒸」在《詩經》本有通韻情況，即可算為韻組。幾組韻組在較長的段落裡，好似麻花捲般交錯，居然能達七組之多，似乎是刻意修飾才有此現象。

　　後面這兩篇，可能在座師長曾聽我報告。「外事以剛日」與「內事以柔日」，出自《禮記》〈曲禮上〉，我想是不是能透過《左傳》做驗證？「外事」簡言之即與戰爭有關，「內事」則與祭祀關聯。「剛日」即天干的單數，如甲、丙、戊。「柔日」則反之，是天干的偶數。我使用「寒泉」、「中國哲學書電子化」檢索《左傳》，發現選擇剛日作為對外戰爭的比例不低，佔整體百分之六八點九四。我的解讀是，若春秋時人未刻意選擇發動戰爭的日期，剛日與柔日比例應各為五成，特意選擇剛日才有接近七成的現象。若以國家為對象做梳理，可以發現北方中原諸國──晉、魯、齊、衛、宋、鄭、秦、蔡、吳、虢，及非姬姓之齊、秦、宋三國──平均值高於百分之六八點九四。南方的楚國未特意挑選剛日作為發動戰爭的日期，所以趨近五成。葉國良先生其實已有文章討論柔日的問題，葉先生認為凡與祭祖有關的日期皆用柔日。我這篇小文在葉先生基處上整理，發現除與祭祖有關

的活動選用柔日，還有其他像祭祀與政治的事務也用柔日。祭祀事務包括「告廟」、「郊祭」、「雩祭」、「入殯」四事，四事皆於國都或郊內舉行，屬〈曲禮上〉內事範圍。經統計日期屬性，前三者選用柔日的比例皆為百分之百，且三者證實與祭祀相關。至於入殯選用柔日的比例僅百分之五十，為何如此？文獻未明確記載入殯是否舉行祭奠，因此入殯選用柔日趨近百分之五十。與政治事務有關者如「新君即位」、「冊立」、「朝宗廟」，另有國君與卿大夫之間、卿大夫彼此間的「盟」，還有國君與卿大夫的「出奔」，也會刻意選擇柔日，比例頗高。為何舉行「盟」會選用柔日呢？「盟」時要請神祇見證，仍與祭祀有關。一國之內之「盟」比例高達百分之七二點七三，若是國際間之「盟」就無法選用柔日。此外，出奔選用柔日的比例更高達百分之八二點三五。因為依文獻記載，國君或卿大夫出奔時，須祭奠祖先，仍與祭祀脫不了關係。

　　第三則向各位師長報告，是利用 GIS 與地圖進行研究。GIS 是「地理資訊系統」（Geographic Information System, GIS），或許對中文學門師長而言，GIS 似乎與我們不太相關。《左傳》內容因涉及時空轉換，所以我在閱讀《左傳》時，習慣參看地圖。思考若能透過 GIS 整理，會不會有超越前人的一些心得？GIS 功能強大，有套圖、疊圖的功能，自己藉此進行春秋時代交通方面的研究，後來陸續也寫了幾篇小文。本來宏觀的願望是使用 GIS，可是最後只能放棄，仍用 2D 地圖與衛星圖。因為 GIS 必須導入圖層資料，但在中國大陸圖層資料是國安機密，所以無法取得。我寫的幾篇小文，主要依據譚其驤《中國歷史地圖集》，但若只看《中國歷史地圖集》，會產生點對點的移動就是一條線畫過去的錯覺。然而山川水文絕非一條線即可橫貫或穿越，配合衛星圖即可得知點與點間，有時須牽就丘陵、河谷等地型起伏。交通路線若在丘陵與河谷間，相對較精準，因為道路大致沿河谷行進。春

秋時代的交通路線，基本上與現今中國大陸的鐵公路重疊，可知老祖宗走過的道路至今常維持不變。以上簡單的向各位師長報告與請益，將時間交還給主持人秋華老師。謝謝各位。

蔣秋華：

　　謝謝聖松。聖松今天的報告，是他近年來研究方法的介紹。他主要是從數位人文的角度來研究。他今天介紹了兩種，一個是資料庫，就是所謂的大數據，很多資料，透過資料庫的檢索，在裡頭根據你所需求的，檢索出來，再做分析。另外就是 GIS，GIS 是科技的，有些透過人造衛星來看看，這個當然是從地理上頭來講。因為古書，尤其史書裡頭的一些事跡，與地理也是有關係的。所以透過這個來考查，可能對很多之前不容易掌握的、理解的事物，可以更明確地把握住。這兩個我都覺得相當新穎，的確是比較新的研究方法。謝謝聖松為大家帶來的介紹。下面我們請中興大學中文系蔡妙真教授來報告。請。

蔡妙真：

　　蔣老師、張老師，還有各位《左傳》的同道，大家好，非常感謝文哲所經學文獻組邀請我參加這個盛會。我今天的報告，會集中在清末民初時期，因為這個時代的變動實在太大。我記得有位學者提過，古老的範式可以一代一代沿用，基本上就是體制並沒有太大的變動。清末民初這個時期卻是整個制度都崩解了，《左傳》，或擴大來說《春秋》學也是，無可否認，是比較依附在政治底下被討論而傳承下來的。當背景制度崩解的時候，它怎麼樣繼續謀求新生，就是觀察這個時期的研究方法非常有意思的重點。我自己在教學現場，常覺得面對學生的時候，就跟穿越到一個不熟悉的時空一般，更遑論我必須努力拉著學生穿越到古代──不要說穿越到幾千年前的《左傳》，光是穿

越到我們上課時,口中所稱述的前朝學者或文本的時代,他們其實已很難理解。也就是我們面對的是「文本與學習者」之間有很大的世代落差,所以觀察清末民初這個時期學者的困境,就跟我觀察教育現場的世代差異,有某種雷同。

張高評老師有一篇關於印刷媒介的論文——〈印刷傳媒之崛起與宋詩特色之形成〉,學生回饋說讀張老師此文啟發甚大。大概因為傳統中文系的研究比較少注意到因物質的改變而牽動精神文化層面;事實上,我們知道不少歷史學家,會著眼於物質或氣候等因素,去探究歷史變動,比如香料、航海技術或工業革命這類物質需求或製作方法的改變;甚至氣候的改變,都會造成民族遷徙流動。因物質牽動而造成的影響,其實是比我們想像來得大的。所以今天我想討論的清末民初《左傳》學,聚焦在《國粹》、《國故月刊》、《學衡》這幾個報刊,而且主要是由傳播的角度來看。傳播關係到的,就是使用的媒介不同,送到讀者面前的文本就不盡相同。以現在的社會來說,傳送的速度與閱聽的速度更被重視,連速度的不同也在在影響文本的質與量。以上述《國粹》等刊物而言,印刷傳播的途徑與受眾,有異於傳統士人之間的小眾往來;作者也知道「期許的讀者」已經不同以往了,傳播力度也不一樣了。所以反過來,撰文者自己研究古經典的方法及表述方式,可能就會不一樣。所以整個其實看的就是讀書人面對外來的改變,怎麼對自己的學術有一些說法,這就是我今天的核心議題。我剛才提到,在中國,經學即便被推舉得多麼崇高,說穿了,其實就是詮釋學,甚至政治學,尤其在致用層面上,因此我一直喜歡從致用的角度觀察經學的發展,因為古有明訓「通經」就是要「致用」。每一個人的「用」都是在回應不同的叩問與需求,所以在用的過程,難免就會有一些偏側,可能是質變,可能是量變,或者是焦點及焦距的大小不同。所以我今天要談的是世變時期的經學闡釋,這種急迫崩解時

期,會讓研究方法或是內容焦點有很大的改動。

　　經學的傳播不只在詮釋者之間,不只在傳遞者比如經師之際,更多存在「用經」的人身上。在整個經學傳播過程,經學家著書立說發揮的影響力比較大,還是沒有專門的著作,卻點點滴滴實踐經義者對經學流傳的貢獻大?有些士人在從政現場遵經論政,或如宋代後通過書院私塾傳授經學,甚至某些文學家近乎粗暴的把《左傳》應用到文本,我所謂「粗暴」是指砍頭卡尾偏離原義的斷章取義,他在創作時,不見得會去照顧原文的意義,影響就是後代的讀者未必再去按嚴經典原文,當讀者讀到這位有名文學家的作品後,就接受了文學家裁截過的說法,所以經典可能偏掉的詮釋,就因為這樣而傳遞下去。最有名的例子就是大部分人對三國人物的理解,多來自《三國演義》及其衍生文本而非《三國志》。也就是說,如果以這個角度來看,當我們有時說,某個人的詮釋違背了原典,我們應該怎樣回復原典等等,這種論述,是必然重要的存在嗎?也就是說盲人摸大象,他說大象像扇子,也不完全是錯嘛。當我們多了很多不同人摸出來的結果,那大象的形象,他是扇子、是一面牆或一個柱子,彙整起來,也許比單一詮釋更靠近大象的本質。

　　所以以《春秋》研究來說,我很喜歡看它的致用,如果以 SWOT 探究《左傳》(優勢〔strength〕、劣勢〔weakness〕、機會〔opportunity〕與威脅〔threat〕),它的優勢就是它是全方位的學問。不只是我們前面提到的政治學,也不會是只能用文學美學理解它,《左傳》就是古時候非常重要的文獻資料庫,現在所謂高端資訊科技的人,認為什麼都是大數據分析。什麼都跑大數據,大數據比你更清楚你的興趣是什麼,所以你在網路上掃過什麼東西,它就不斷推播類似的東西給你。經書其實就是古時候的某一種大數據,它其實存著非常多我們需要用的東西。

其次來談《左傳》研究的劣勢與機會，由整個傳播史看得出來，《左傳》研究的政治趨向是挺強的，而只要是跟政治掛勾的東西，詮釋往往越來越任性，甚至比前述文學家的引用與詮解更任性。比如漢代經學的讖緯化，憑什麼那樣的詮解就不是誤讀，而魏晉時代滲入了老、莊之學就叫誤讀？憑什麼漢代讖緯陰陽滲入儒經不算是誤讀，民國時期拿經學跟西學比附就是誤讀？所以說「危機常常就是轉機」，被經學史家痛心疾首的「經學衰弱」時期，正因為學者繁花入眼當時當紅的學術，再回過頭來看《春秋》或者《左傳》等經典，反而可能為經學帶來萌發新枝芽的機會。致用就是「被我所用」，被我所用當然就會有正用跟誤用這樣的爭辯，今文家覺得你們古文家根本背離《春秋》經的意思，古文家又說你們今文家是為政治所奴役。可是當時不論是今文家或者是古文家，他們都在努力要把「古經典有用」的理念闡發出來，你可以說這就是危機，有消鎔「真義」的危險，越說原始意越不見了；但也可能這就是一個融合的轉機，融合的新物種才能產生面對新環境的能力。

最後，《左傳》研究面對的 SWOT 裡的 T（威脅）是什麼？以清末民初時期的學者而言，他們面對的就是洶洶而來的西學。我們回頭以前面提到的傳播角度來看經學詮釋，就會發現，當時這些傳經者當然沒有讀過傳播理論，但可不表示他們不懂傳播的門道與效應，《國粹》諸學者反而深諳善用媒介之道，他知道他透過什麼樣的場域媒介經學，他的聽者可能是什麼樣的人。綜觀經學流變史，經師、士人或文學家，其實都清楚他預期的讀者是誰，所以在魏晉時候，你會看到他們拿《春秋》談論禮制，他們用《左傳》寫辭賦、寫詩歌；又比如阮籍，他總是在隱藏著什麼，可是他又怕別人不知道他其實是一個是有思想而不和稀泥的人，所以他又會在他的詩歌裡頭放入一些《左傳》的典故，眨眼跟懂的人示意。從《三國志》的記載可以看到士人不論

在朝廷爭論什麼，都會把《春秋》拿出來作為自己的靠山、作為自己論述的依據；到唐宋，我們可以看到《左傳》慢慢往文學的角度靠近。正如我剛才提到的，《左傳》在文學裡的闡釋任意性會比嚴肅的經學著作更大一點。到了宋明時期，有理學家的加入闡揚，但另一個場域的流播卻也不容忽視──也許經史學家不想去面對，但顯然存在的事實是，你會發現《左傳》的文學或敘事性質，在科舉考試的需求底下，仍然生機蓬勃被挖掘著，當然這是靠著時文的功利需求，一直大量被傳授跟講授，比如《東萊博議》，其影響可由王夫之（1619-1692）窺見，王氏的書明明是由性理之學討論《左傳》的，與呂祖謙（1137-1181）為諸生課試之作不同，卻依然延續其名曰《續春秋左氏傳博議》，可見呂書傳播之廣、影響之深。因此，我們研究宋明時期的《左傳》研究方法，即使是性理之學大盛的時代，又豈能忽略其實用之資？

到了民國初年，科舉不見了，當經書已經不是必需攀抓往上爬的階梯，我們看到還是有大量評點出來，評點的目的依然是圍繞科舉程文格式的氛圍，但也有某一些士子，像吳闓生（1878-1949）的《左傳微》，他的評點與其他側重文章美學的評點不一樣，他特別強調《左傳》「微」，強調他要闡發微言大義，他觸及的不只是文章美學，就跟剛才張高評老師提到的類似，談的就是屬辭比事《春秋》教也。前面提到的《國粹》與之後諸報刊學者也一樣因應時代做出研究路數的改變，面對西學的衝擊，他們提出「會通」，這是當時非常熱門的論述。如果我們說評點或早期《左傳》選文，是學者努力會通古文與時文，這樣多少可以讓經書依搭著就業市場的便車，傳播更廣。《國粹》這些清末民初的士子面對西學的時候，他們也很努力會通《左傳》、《春秋》與西學。也就是撇開早期那種去打擊、去抗衡、去排斥西學的心態，他必須變成「我高超你一步」、我「涵納萬有」，所以可

以把你吸納進來。我好比是航空母艦，我是可以容納你們這些小飛機進來的。那到了現代呢，比較常見的是透過文學選文去發掘《左傳》的敘事特質，比如張高評老師有一部《左傳英華》，但是部分學者會覺得《左傳》是經，你怎麼可以往低處走，談論文學美的東西。這是對敘事研究方法存在認知誤區，尚以經、史、子、集階級分區來看待經典，就會誤解對《左傳》的敘事研究法是只談敘事美學技巧，而此舉豈非把經降到「集」的層次？對這樣的意見，實在必須辯解，敘事學本身其實就是一種詮釋學，比如張素卿老師的碩士論文就是辨證《左傳》的敘事就是一種解經的方式。

　　回來談清末民初這些《左傳》學者，他們的核心理念就是「六經皆史」，用這個核心概念來迎戰今文學家的攻擊，與面對西學不斷洶湧而來的浪潮。大約十年前，我參與中研院計畫而研究《國粹學報》，當時還沒有黃聖松老師說的經學數位化，所以我記得在政大的社會資料中心翻找《國粹學報》，積灰藏霉的報刊，伴著大量的壁癌，翻得我噴涕連連。可是我剛完成論文沒多久，《國粹學報》文本就已數位化了，插這一段話是要呼應前面提到的物質改變也會牽動歷史以及研究方法的變異；數位化當然也會改變研究方法，造成研究範式的轉變，更何況其進程一日千里，是我們現在談經學研究方法時，不可不注意的「未來」。

　　總之，《國粹學報》為了弘揚國粹，已理解「打擊西學」不是好對策，因為西學叩關已勢不可擋，無差別地頑抗，人家就說你是老古板。所以他就學會把西學納進來，聲稱其實西學所言，我們本來就有了，何必外求呢？所以他就會說西方琅琅上口的民權思想、民主思想或愛民等等，我們在《左傳》裡本來就有了。然後甚至對其他經書，也主張《左傳》裡頭也早就提到其他經書的思想了；之後乾脆把史學也納進來，把子學也帶進來。我們也由此窺知，當時子史之學也逐漸

冒出頭，有瓜分經學研究主角之勢。《國粹學報》這種方式就是把敵人化為自己的屬下，但還不是朋友。它的危機、弱勢就是帶起來後代的會通思潮，經學的確失去了唯一至尊的學術地位。但是新生命就是我們學會用新式的學科分科角度去探究舊學。的確，為什麼二三千年前的東西就一定不合時用，也許只是語彙不同，如果看它的角度稍微不一樣，你也會看到它沒有不同。

這三個報刊面對不同的時代需求，因而就有不同的時代性。比如《國粹學報》很明顯就是革命報，為了推翻滿清而存在。到了《學衡》的時候，面對五四時期認為國學完全沒有用而全面擁抱西學的思潮，他們同樣持著六經皆史的主張，同樣會通的論述，但針對的讀者與力圖扳回的對象不太一樣。《國粹學報》裡還是有今古文之爭，而且也一直在防堵康有為（1858-1927）以孔子為神、模仿西方一神的結構。到了《國故月刊》，刻意擴大六經為先王典禮，也就是一個舊時代廢除了，新時代建立的時代，六經更有利於協助建立新的典章制度。到了《學衡》的時候，他會說，我們的國學非常博大精深，這「博大精深」的特質也就是我們剛才所說的 SWOT 的 S（優勢），《學衡》鼓吹：「經學內容真的很多東西欸，不是它不存在，而是你不知道怎麼去挖掘，如果你願意思考探賾，就會看到了。」

最後附帶談兩本民初《左傳》學著作與背後的研究範式轉移。一位是吳闓生，他不只是讀書人，更有家學奠基，會寫《左傳微》乃理所當然之事，但前面已提及，他的評點與其他側重文章美學的評點不一樣，他特別強調《左傳》「微」，強調他要闡發微言大義，這就是時代與對象促使作者研究方法轉變的好例子；另一位是馮玉祥（1882-1948），聞名馬上讓人升起「一介武夫」的輕蔑，你一個沒受啥教育的軍閥，怎麼也跟人家談《左傳》。馮玉祥這本《讀春秋左傳札記》以學術角度來看，好像不值一哂，但他倒是有抓到經學的致用主觀性。整

本書其實像他個人的臉書平臺，以《左傳》故事拿來諷刺時局。當然他的格局很小，他把整本《左傳》變成兩個人設，一個是我馮玉祥，我是正大光明而愛民的，另一個是壞人蔣中正，他浮華奢蕩、不愛國、不抗日等等。《左傳》成了他和蔣中正（1887-1975）兩個人跳探戈的舞場。撇開這些個人恩恩怨怨、借經書擔憤不談，他的現實比附，其實很像現代許多有名的專欄作家，當他們評論時事的時候，最喜歡用的公式結構就是先談一段古時候的歷史，然後再說現在什麼什麼事情，其實就像那個樣子等等。我的意思是說，很多人不會去讀專欄提到的歷史，我們可能不讀希臘歷史，不讀羅馬歷史，可是我們點滴知道希臘、羅馬歷史中的一點痕跡，可能就只是從這些專欄中取得。也就是說，回到今天我的提問，在經學的推廣中，現在的媒介使得人人都可以進入經學領域擔任詮釋者的時候，就可能是經學的擴展，但同時也帶來經學容易被誤詮的危機。人人都可以去引用，都可以去誤讀，所以新的研究方法或所謂誤讀、非誤讀，可能要更宏觀的看待，畢竟，數位時代網路世界，是全民解構、全民重構的時代，經書也無法避開這樣的浪潮，就如同清末民初經學家無法不處理西學叩關一樣。

蔣秋華：

好，謝謝蔡妙真教授。蔡教授今天的報告是從《國粹學報》清末民初的期刊來談，在當時已經西學進來了，在現代學術裡頭，《左傳》跟其他典籍，不止跟《春秋》三《傳》，還甚至跟當時社會等等，都要想辦法去會通。這個是她的研究，就是比較近代的，這個是新的材料，她特別去注意。當然她也說當時很辛苦的去找資料，不像現在有一些資料庫，比較方便多了。這個觀點也是蠻新穎的。最後，我們請嘉義大學馮曉庭教授來報告。曉庭，請。

馮曉庭：

謝謝蔣老師。張老師、蔣老師、楊老師，以及今天所有的引言人，還有來參加這個會議的老師跟同學，今天講的是我的一點最近的閱讀心得。我先把這個檔案放上去，請問有看見嗎？（有）好，謝謝。會做這個題目也是機緣巧合。各位看這個人就知道，絕對跟金培懿有關係。她從日本回來之後，就積極提倡日本漢學。她大概也希望我們跟她一起做這個探討。因為我們畢竟對日本的理解都比較粗淺，甚至都不太了解，所以這個工夫就拖了好一陣子。這幾年來，我一直因為根本沒什麼見識，一直想做《公羊疏》的校勘。有一次金培懿就突然問我說，《公羊疏》什麼時候可以校完。我說我真的不知道，它有三十卷，可能要校三十年吧。她一聽到就說你這樣子不得了，你人天生就懶惰，三十年能做得完一件事。她跟我說龜井南冥（1743-1814）的書你也一直在看，那是不是你再把它拿起來看一看，把它做一個基礎的研究工作。我聽了她的指導之後，就想說把這個書拿起來看一看，慢慢就整理了一些相關的資料，不能說我的看法，我想就這個來跟各位老師，還有各位同學分享。這個不是我的看法，大概都是一些資料的累積。我記得當時，我去日本的時候，就常常看到那個佛像，都是藥師佛，我就問了很多日本人，為什麼日本那麼多藥師佛，他們就說他們需要，因為日本醫學不發達，所以靠藥師佛來保護身體。後來我就問說，經書、漢詩、散文、中國的學術你們有需要嗎？他們想個半天也想不出個所以然。這個一直沒有得到答案。後來，我在看這個資料的時候，慢慢發現，也許需要不見得是這個學問流入日本的最重要原因。這個是我粗淺的看法。剛剛幾位老師都提到，這個通經致用，這個經學在社會上的致用，在文化上的意義。我看了這個書，就常常在思考，這些經書對日本人有什麼意義。我記得有次林老師跟我說，東京大學就要完蛋了，東京大學沒有一個做經學的。那事實上，沒有

需要，就沒有學習，也不會有成果。我是從這個角度來看，我就想到一件事，之前讀《清史稿》戴震（1724-1777）的列傳的時候，把戴震的著作分成三種：第一個是小學，第二個是測算天文，第三個叫做典章制度。那我就很好奇，戴震講典章制度，結果一看，《毛詩》、《左傳》、《周禮》，基本上就是這些經書的注解，他把它當成典章制度。我就試著從這個角度來看看龜井南冥，他似乎也就把它當作改革日本社會典章制度的依據。所以碰了很多壁之後，又把它回到文獻學的角度上，試著跟大家分享。

我們先來看我所列的參考文獻。為什麼，因為我從裡面看到一些事實。我們理解日本的典章制度，基本上，早期的典章制度，就是所謂的令節，就是國家基本法典。有一個叫做《大寶令》，是西元七零一年制定的，它是學習唐高宗（628-683）的《永徽令》，另一個叫做《養老令》，是七八一年制定的。《大寶令》大概是奈良時代，就是唐朝的前期那個時候的法令，《養老令》就後期，實行時間非常的久，名義上一直到明治天皇（1852-1912）推動維新，也就是一八六八年，它實行了一千一百五十年。那為什麼講這個呢？因為它有一些這樣的記載，等一下我們會說，它有關於經書在日本流傳跟學習的記載。我給有興趣研究日本經學的同學一個建議，這兩本書可以找來看一下，他們都是漢字。

第二個就是所謂的《日本國見在書目錄》。它詳實的記載，是在八九一年完成的，日本平安時代前期漢籍的佚存狀況，這個很重要，這可以看得出來日本人當時看的什麼書，有哪些書受重視，有哪些書進入日本開始流傳的。

第三個就是如果研究日本《左傳》的話，當然就要參考上野賢知（1927-2012）撰寫的《日本左傳研究著述年表》。這本書的好處在哪裡呢？第一個，他把日本《左傳》的，他能夠考證到《左傳》的研究

發展的步驟，按照年代，把它排完。什麼年什麼人出生，寫出什麼書，什麼時候亡故。接下來他再把他能夠找到的，至少在昭和三十年以前，就是一九五〇年代以前，日本人寫的相關《春秋》的書、《左傳》的書，把它作一個表列，資料相當豐富、清楚。我們看這個年表，可以看得出來，到底三《傳》的書哪一個受歡迎，那著作的狀況是怎麼樣。之後先在東京大學，後來到二松學舍大學去教學的戶川芳郎老師，編了一本《江戶漢學書目》。他的《左傳》的部分、《春秋》的部分，就跟上野賢知的這個有極大的重複。我覺得不能說是抄襲，那個書就那麼多，做目錄的時候就收進去了。

接著要跟各位介紹龜井南冥這個系統，我們當然是要看龜井南冥的《春秋左傳考義》、龜井昭陽（1773-1836）的《左傳纂考》，還有龜井昭陽寫的《家學小言》，記載他們家的學術基本認知。還有竹添光鴻（1842-1917），這個沒有問題，他是江戶時代《左傳》學的總結。楊伯峻（1909-1992）的書，基本上，我覺得有很多是學習他的。這個書非常的重要，再來我等一下會提到一些明代人跟清代人的著作。邵寶（1460-1527）、陸粲（1494-1552）、傅遜、顧炎武當然重要，還有宋代林堯叟、明代的楊慎（1488-1559），跟清代的馮李驊、陸浩寫的《左繡》。這些書等一下都會提到，都有它的意義在。還有一個就是日本人的專著，岡白駒，我為什麼要列這一些呢？因為龜井南冥在他的書裡面提到了這一些人，他有一些不能說是暗示，就是一些可以作為佐證的說明。

根據這些資料，做了一個整理，各位可以看一下這邊。《左傳》什麼時候傳到日本呢？《日本書記》寫說日本的繼體天皇（450-531）青年的時候，西元五一三年，從百濟傳來五經，就是我們認知的那個五經。他說那個記載非常的飄渺，我們要決定說這個經書確實在日本有傳遞，有輸入，有學習，應該就要看這一個東西。那《大寶令》早就

亡佚了，它剩下的文字很少。主要是我們看到的《養老令》。《養老令》有兩個解釋，一個叫《令義解》，一個叫《令集解》。《令義解》是官方的作品，《令集解》是私人作品。這些都不影響到他們文字的存在。各位可以看一下，這些經書在西元七百多年，就已經是這個樣貌了。各位可以看，經書的重點，《周易》、《尚書》、《周禮》、《儀禮》、《禮記》、《毛詩》、《春秋左氏傳》，《公羊》、《穀梁》沒有記載，這個很有趣，跟我們看到中國的資料很像，《尚書》是什麼什麼，《左傳》就是服虔跟杜預，《公羊》、《穀梁》也沒有。那請各位看一下這個地方，這個就是比《養老令》早一點的《大寶令》：「教授正業，《左傳》，服虔、杜預注。」好，《公羊》、《穀梁》沒有提到，那後來呢，還有一些。

在這個地方，他提到有一些遣唐使到了唐朝去，到了中國來，按照中國的方式學習，他們也學了《穀梁》跟《公羊》。這邊，延曆十七年，《公羊》、《穀梁》也列為一經。也就是說《左傳》已經成立很久了，這個回來，學回來之後，也教授。那教授有沒有成立呢？它沒有講，它只說有老師有教授。好，但是《左傳》還是佔了上風，《公羊》跟《穀梁》學習的人很少。這是它顯示出來的一個粗淺的面貌。那如果看這個令不太理解的話，我們可以看這個部分，這個《日本國見在書目》，它一共著錄了《春秋》類的書有三十三種，那我把它粗略統計一下，它沒有分什麼《左傳》、《公羊》、《穀梁》，就這樣寫下來，《左傳》有十三種，有三種我覺得存疑，不見得是《左傳》，就這三個。《公羊傳》也不少，九種。《穀梁傳》就兩種。那我是一直覺得從這個地方看來就會知道，這個學科應該就是比較弱勢了。這個的話，可能好像還有存在的空間，這個《穀梁傳》真的就比較弱勢，跟中國的狀況好像很像。這個可不可信呢？他們跟中國的聯繫是不是那麼完整呢？看這個，覺得因為多少讀過這幾個人的書，我就覺得很有

趣。唐人晚期的《春秋》學的幾個很有名的學者，他們的書也出現。我是覺得有可能就是他們跟唐朝時期的往來，流行什麼，他們就拿了什麼回來。只是有沒有受到重視，有沒有被官方留存。這些就是官方留存的，從這個比例上來看，《左傳》跟《公羊》還沒有差很多，《穀梁》當然就是比較有問題了。那新的《春秋》學的理解有沒有存在，也有。有沒有影響日本人，那就不知道了。

再來看《左傳研究著述年表》。他就寫得比較清楚。他說《太寶學令》就是七○一年的學令，那個時候《春秋》只有《左傳》。他自己設了一個論題，他說《左傳》為什麼受到日本人歡迎？第一個，《左傳》講君臣父子大義，非常的明確。第二個，《公羊》有革命思想，日本是天皇萬世一系，這個革命思想，開玩笑，這個絕對不能夠接受。就跟澀澤榮一（1840-1931）講的一樣，孔子也不主張革命。他認為孔子不主張革命，所以《論語》非常適合日本人讀，因為日本人從來沒有要把天皇革替掉的想法。第三個，他講到那時候，漢代就是唐代，中國《公羊》跟《穀梁》沒有人讀了。他設了這三個問答，可是他最後都推翻。為什麼呢？因為他看了《唐會要》，看了那些資料之後，他發現，其實即使再怎麼不好，還是有人讀《公羊》，有人讀《穀梁》，唐代政府也獎勵讀《公羊》，讀《穀梁》，《左傳》因為是大經，讀得比較少，他們也獎勵。他舉了很多的例子，最後舉的例子是說，白居易（772-846）的《白氏文集》曾經在日本盛極一時，為什麼盛極一時，原因就是唐朝非常流行白居易的文集，所以日本人受到唐朝風氣的影響，模仿他。所以全部把他拿來廣為流傳。他從這個角度來看，《左傳》學在日本之所以興盛，《公羊》跟《穀梁》在日本之所以沒有辦法發展，因為唐朝人就是那樣的風氣。我基本上看了這麼久之後，覺得這個有道理，這個應該是最重要的道理。並不是《左傳》講什麼君臣大義，《公羊》講什麼革命，只有受歡迎、不受歡迎。他們

完全都承襲唐人，唐朝人不喜歡讀《公羊》、《穀梁》，所以《公羊》、《穀梁》就沒有。這個其實我覺得到最後把他保留下來，可以放到那個龜井南冥身上，放到後來日本研究《左傳》學者的身上。各位看《源氏物語》，這邊，五經就是這個，這個在中國幾乎不會出現的，《左傳》變成《春秋》的代名詞，它把它取代掉了。那當然可能概念是一樣的，但是他就用這個方式寫，可見《左傳》在那時候，有多麼的興盛。附帶講一個好像我們都比較少想到，就是杜預的《春秋經傳集解》為什麼不叫《春秋左傳集解》，而叫「經傳集解」，他認為是這個樣子。我不知道各位老師中國人是不是也有人這個樣子講的。他說杜預那樣的命名，他認為《左傳》就是《春秋》的正傳，其他都不要講了。這個就是正宗，其他就是，不能說附屬，那是別傳，那是另外一種要不要參考都沒有關係的東西。當然實際上的狀況不是這樣子，杜預心裡的想法，著作者的想法也是一種。再來可能那個時候的學術氛圍就是那個樣子。所以他認為「經傳集解」四個字很有意義，是不是也是這樣打動了日本人，影響了日本人，這個就不得而知了。

接下來我把他這個拿來看一下，做一個簡單的述說，《左傳》，標明明確的是《左傳》，其他龐雜的不算，專著有一八五種，相對中國來講不多，畢竟這是域外學問。《公羊》只有四種，《穀梁》三種。各位會很好奇，這個基本上就是江戶時期的經學的著作，《春秋》學的著作。各位會很好奇，朱子學縱橫了江戶兩百多年，宋人的《春秋》學怎麼樣。各位看一下，種種看了以後，覺得非常的驚訝，他們為什麼對這個這麼的漠視。這個數量比起來，就知道不管時代怎麼變遷，《左傳》就是日本人閱讀《春秋》，進行《春秋》研究的絕對唯一的經典，它就是唯一的標準。那各位可以看一下這個年代。一六〇三年，大概就是從那個時候開始，就是這種狀況了。其實一直到現在，還是這個狀況。雖然中間有林羅山（1583-1657）會點《公羊傳》、

《穀梁傳》、《胡安國傳》，好像有要學習跟提倡，但是也只是少數。我講到這邊，其實要跟各位講的是，今天如果我們要到日本去研究《春秋》學，他們的經學什麼的，那《公羊》跟《穀梁》，還有這個，其實它都已經不但不是主流，可能它的深度也沒有那麼高。那是不是值得研究，就值得斟酌了。

再來看這個龜井家，從龜井家開始看，比較容易注意到的是竹添光鴻，剛才講過的《左氏會箋》，這本和楊伯峻很有關係的書。那時候他用了這麼多的書，還有這麼多的人的書話，他都有標注。基本上他有一個地方很好玩，就是他遇到龜井家的說法的時候，他都不說明。這個岡村繁（1922-2014）先生說，因為他這個書沒有出版，都是手寫本。竹添光鴻就偷他的東西，後來我問了金培懿，金培懿說這樣對竹添光鴻傷害太大了。她的意思是說，他們有個習慣，老師的學問，引用了，我可以不要交代。就是說我們門派的學問就在這邊，可以不把它標列出來，我就是學問的繼承人。這個可能也是我們在看這個資料的時候，要小心的地方。

講了這個之後，再看一些例子。我舉幾個例子，各位可以參考這個最典型的例子，就是鄭莊公（前757-前701）寤生。竹添光鴻說《風俗通》講了那個小孩子生下來就能夠張開眼睛看東西，這個是絕對違背科學常識的，我問過好多生過小孩的人說小孩生下會不會眼睛張開，我都被嘲笑。這個是不可能，但是他就用了。為什麼用？因為龜井昭陽這樣寫。為什麼他這樣寫，因為他的爸爸龜井南冥這樣寫：「此說明了，今從之。」但跟杜預的不一樣。這個就是典型的，這樣用了他。這邊看得出來，其實可以從這邊切入。這兩個人其實蠻重要的。他給了一個最終的學術基礎。這是我的看法。他在龜井家，因為日本長期歷史以來，就是以《左傳》為中心。他當然在研讀《春秋》的時候，會有一個這樣的心態。他也是以《左傳》為主，所以他就舉

了，他就在注解這個《左傳》，採取這個，在伸張《左傳》、伸張《春秋》的意義的時候，不能說大義，解釋這些的時候，他就用了很強烈的態度來罵杜預。這個也可以理解，杜預最貼近《左傳》，他為了要讓《左傳》可以正確的解釋。然後《左傳》又可以正確地解釋《春秋》。他必需把錯誤的地方修正過來。其實跟啖助、趙匡他們是一樣的。這個例子就非常明顯，這邊先不多贅述。大家主要看這句話：「少時讀《左傳》，遵奉杜《註》。」訊息量很大。他一開始從杜《注》，「以為金科玉條」，這個是日本人，可能幾百年、上千年的學者都是這樣的。後來他能夠明辨出錯誤，就覺得杜《注》常常會有問題。這個例子對不對呢？我覺得很有趣。剛剛劉德明老師說《春秋》到底有沒有例，我看了一下，這個龜井南冥的說法，他還真的有例。譬如說都邑山川都不會講一個地名，都不會有國名的。所以《春秋》就講到紀，什麼什麼三個，那杜預把它講成紀國的三個地方，後來龜井南冥說這都不對，從來就沒有這樣的，你去找都沒有這個例子。其實他是什麼，紀就是所謂的，就好像孟子見梁惠王（前400-前319）這樣子，他是魏國，但是稱大梁、梁國，因為他的首都在梁。這個紀呢，其實就是他的首都，還有其他三個邑，講的是四個地方。然後還有一個宋國的，他的地方就叫宋南里，杜預又把它讀錯了。他就從這邊看出，杜預有大問題。那這個對不對，我覺得倒還蠻對，真的去查，沒有一個國家的國名是放在地名的前面的。他講的有道理。這個龜井南冥講的有道理。那也暗示一個事情，就是杜《注》不見得都可以相信。如果你真的想要弄清楚《左傳》的話，日本人看出來了，是這個。

看出來是為什麼呢？很多人的說法是，因為他是古文辭學派的傳人。他接受了前後七子的想法：文必秦漢，詩必盛唐。《左傳》、《史記》、五經就是重點，不能說回顧原典運動。就是五經的原典，客觀然後歸納他的爭議，當我們要超越他的時候，當我們要回到這

個爭議的時候，就得去超越很多障礙。所以這邊完全遵從《左傳》，再來障礙之一就是這個，完全遵從《左傳》。杜預對《左傳》有傷害，障礙之二就是杜預的注解，我們可以看到他參考了很多東西，尤其是明代，剛剛介紹，參考明代人的第一個是邵寶、陸粲、傅遜，都是針對《左傳》做辨析的。林堯叟的《左傳杜林合注》是清代人編的，是將《左傳》的注跟林堯叟的注編在一起，以林的注補充杜注。他也用，杜注有錯，他就看他的，把他解決。《左繡》也是。對杜《注》都進行綜理，他就用這個東西。我的理解是，因為以前林老師常跟我們說，這種學風跟明朝人很像，他的證據到底在哪裡。當初沒看書，現在看到了就很多，傅遜、陸貞山都是，他用了明代很多人的說法。這個很有趣。那更有趣的是，他大概只看了傅遜的，因為傅遜會把陸粲的放進去，只要傅遜書上有說的，有引到他的，會講出來，那沒有引到的呢，抱歉就沒有了。所以他看的書也有限吧。就好像他也會講《公羊》跟《穀梁》，他沒有辦法絕對遵從《左傳》。他也會講到，但他看到的《公羊》跟《穀梁》，就通常都是從《春秋正義》上看到的，各位可以看他怎麼遵從《左傳》，這個前面就不看了。他說這個「王人子突」的說法，這個「子突」到底是名呢，還是字，《穀梁》跟杜預都有不同的說法。他說你現在根據杜預的說法，那這個不成立，根據《穀梁》的說法，「子突」這個名字很奇怪，所以他做了一個總結。《左傳》沒有講就不用講了。我不知道劉德明老師同不同意，《左傳》沒講我們就不要講了。因為《左傳》不講就表示這句話沒有什麼重點。它不是什麼重要的義理。這個也是，「衛侯朔入于衛」，為什麼會寫他的爵位，說他入衛。他說根據所有的經書的記載，都沒有這樣子的，只有兩個特殊的「鄭伯突入于櫟」、「衛侯入于夷儀」，他說他們入的都不是國名，這是地名。所以他們有寫這個爵位，那其他像這個的呢？這是一個很特殊的例子。他說這樣子也弄不清

楚，這樣子到底解釋怎麼樣。他說，雖然弄不清楚，有很多的疑問。但是《左傳》沒有講的，我們也不要講。這個絕對的遵從，我個人覺得很有意思。

我總結一下，如果我們今天要看日本江戶時期的《左傳》學，比較有必要的是了解它的源流。就是說他有什麼態度，是不是跟我們以前一樣，從南朝到唐代都非常的重視《左傳》，所以就是一個什麼樣的學術風貌。然後到了宋代有所改變，接下來又回到漢、唐的經學去，這個可能跟日本的想法不一樣。他們從一開始到最後，就是《左傳》擅長，這個是第一個。第二個，明朝人的想法跟說法。可能當時江戶幕府看到的，還是大量的明朝的著作。所以對他們而言，明朝的影響比較大。清代的著作的流入是比較後期。這影響到竹添光鴻這一輩的人，在之前，可能就比較少。也許這樣討論下來，會比較有意思。那他到底講得好不好，我覺得也可以從這個角度來看。像這個地方「州吁阻兵而安忍」，杜預講這個，我覺得他把它講通了。他說「阻」是險的意思。險就是有那個關卡，所謂的「險阻」，就是比較難攻克，有阻礙的作用。所以可以拿來躲避災害，「自恃避害也」。所以他有這個意思。這個是文字的，字義的引伸。然後他舉了〈秦本紀〉有一句話「阻法度之威，以督責於下」，這個「阻」，一般的訓解都不好，「阻」把它解釋成「阻止」，但是都解不通。那他就說你看，如果把它解釋成「恃」的話，就是把持、仗著，也就是拿雞毛當令箭。我覺得如果各位同學真的有興趣的話，龜井南冥跟他的兒子龜井昭陽，他們的經學真的有可取之處。看了覺得很有趣，他把很多《左傳》講不通的地方講通，還把很多義例講通了，比杜預還要清楚。我想他一直攻擊杜預，一千八百一十七條，杜預的注解還有很多，他也有承認他的，大部分也是承認他，不見得杜預都錯。他一直在修正這些錯誤的經說，要回到正確的《左傳》，正確的《春秋》，我

覺得這是他的心態。但是我最想理解的是，回到這個之後呢？這個人不是沒有經世濟民的想法，他也會幫老百姓看病，他也學醫，他也想要發揮他的所長。讀這些書對日本人來說，它的意義是什麼？即使是在那個時代，時代還沒有這麼進步，它的意義是什麼，也是我們應該思考的吧。我就籠統的講到這，不好意思耽誤時間了，謝謝。

蔣秋華：

謝謝曉庭。曉庭他的報告，涉及域外的《左傳》學，他介紹的是龜井南冥，也是現代可以比較容易取得的國外資料，因此這些研究的領域可擴大。他今天的報告，讓我們對龜井的《左傳》學有些初步的認識，也可引領有興趣的年輕學者們，或許可以往這個路數去發展。

以上幾位都已經做了很好的報告，後面應該還有還蠻長的時間，現在接近四點，預計四點半結束，可以進入討論階段。前面部分是讓五位引言人，你們彼此之間是不是有一些問題，可以互相先提出來，先做討論。之後，我們開放讓所有在線上的參與者，也都可以加入討論。我們先看看五位彼此之間有沒有問題要交流，或自己要補充的，或有一些問題可以提出來。也許我先問一下，聖松，那個 GIS 現在除了你們做，劉老師還有他的學生之外，有沒有其他人在做？

綜合討論

黃聖松：

報告老師，剛才報告說到，GIS 沒有辦法取得大陸的圖層，那個數據沒有辦法取得，所以沒有辦法真正用 GIS 落實。剛才報告的呈現，只能用 GOOGLE MAP 的衛星圖，所以他只能呈現出 2D。我原來的想法是說，電腦運算可以推估相對合理行徑的路徑。所以最後也

就沒有辦法這麼做,只能退而求其次,用 2D 的衛星圖。

蔣秋華:

這相當可惜,如果能夠結合起來的話,對很多《左傳》學文本上的問題,或許可以進一步解決。

黃聖松:

此外,現在還有碰到比較大的問題,就是水文。山脈的走向、地貌不容改變,但水文的變化卻相當大,如黃河大改道七次,小改道不計其數,春秋時代的河道,過了現在洛陽以東,河道就完全不一樣,都湮沒了。包括還有一些比較重要的像濟水,現在也都不一樣了。所以有一些水文的問題更麻煩。真的用 GIS 把大陸的圖層資訊放進去,在河川上面,也是不容易還原的。

張文朝:

補充一下,文哲所的劉苑如老師也在做 GIS 的研究,也許可以聯絡看看。

蔣秋華:

可能她比較是文學方面,但做下來,其他方面也可以有。不過我想同樣的情況,涉及大陸他們那邊的考量,大概不太會開放給大家用。的確,軍事上頭,他們要顧慮到。

黃聖松:

我想請教一下馮公。剛剛提到對說《春秋》的例,地名的前面不帶國名,這讓我一下子感到蠻驚訝。我很快翻一下,我目前翻到僖

公，其中有一條「魯濟」，應該是莊公三十年，還是三十一年，就是那個「魯濟」的話，我們可以理解那個魯濟為了要區隔齊國境內的濟水的河段，所以他有不得不加上魯的要求，否則的話，濟水很長。如果不冠上國名，就難以知道他講的是哪一個河段。如果說這一條我們把他放進來考慮的話，是不是也可以當作一個剛剛馮公提到的，可能是一個例外嗎？

馮曉庭：

當然，這個真相是什麼，還可以討論，但是龜井南冥按照他的思考看的話，的確沒錯。他常講一句話，反正當時記載的心態跟史實是什麼不知道，但是他看到這個規律。那宋南里的確是個錯誤，他講的那個紀國更精彩，連首都都給你弄進去。我覺得有道理。他強化他們遷移，他也去講，每次遇到就講一次。他認為這是杜預最大的錯誤。他沒有否認有例子，像他提到幾個國君，不是入國，是入一個地方，稱呼就不一樣。好像是真的這個樣子，沒有錯，尤是他在講到人名跟字的時候，的確講得比杜預清楚。不知道聖公知不知道，千古以來迷糊一片，我覺得他有比較清楚，這是他的長項。

楊晉龍：

我覺得大家談這個例的時候，是有一個誤區。因為我覺得談例的話，你不能要百分之百都一樣。如果談例的話，把它從統計學的意義上來看，實際上能夠成立的大概是百分之多少。從這個角度來看這個例的話，就不會好像大家都覺得例就是百分之百正確，那是不太可能的，因為總是有例外。所以我覺得談《左傳》的例，從這個統計學的意義來討論，可能會比較好一點。另外，我還有一個問題就是說，我們究竟是做經學的研究，還是做現代的學術研究。這個不太一樣，如

果是做經學的研究,首先要對經學作定義,什麼是經學?我們一般了解經學就是通經致用。最大的目的就是要用,所以把經書當成是一個古代流傳下來的歷史文獻,還是單從古代作為一個指導政治或是處事的基本規範而存在。如果你把經書當成是指導治國跟處事的規範的話,那麼我們在討論的時候,討論三《傳》的時候,可能就要注意到《春秋》。如果你沒有注意到《春秋》,就跟經學其實並無密切關係。當然我們今天所謂的經學,可能只是一個經書之學。就是討論一本經書,你可以從他所謂的技巧,他們的寫作技巧,那個寫什麼之類,即內在學術寫作,敘述的技巧,或者敘述的方式來討論它。這樣子的話,算不算是經學研究?如果用我們今天來說,也許還算是經學研究。但用一種比較嚴格的角度來看的話,這不算傳統經學研究。我覺得我的想法是這樣,因為我們一般來講談經學,似乎沒有把經書定義清楚,對經學本身定義清楚。我們從一個很含混的大概念來討論經學,當然也可以。從今天學術分科的角度來看,你從文學的角度、史學的角度,從各種不同的角度來討論經學,都是能夠成立。可是如果是要討論經學,那就是先定義什麼叫經學,經書在經學意義之下,它是一個什麼樣性質的文本。在這個意義之下,再來討論所謂經學,應該會比較 OK,我覺得是這樣。我的想法也許跟德明比較接近。我就提供這樣的想法。

馮曉庭:

楊老師跟黃老師,例這個東西,好像我初步把那個弒君的,基本上全部寫弒君,但是襄公二十九年那個就寫弒吳子,這個很有趣。我不知道劉老師是怎麼看,這個就是唯一的例外。吳子沒錯吧,應該就是吳國國君,這應該沒有錯吧,襄公二十九年那個。我想劉老師講的,很值得思考,他就有一個例外。但是到底為什麼是例外,都沒有

說解。就是不符合《春秋》嘛。那就是因舊史什麼沒有改，但是也沒有褒貶，什麼都沒有講，這個就很有趣。

劉德明：

因為張高評老師寫了很多《春秋》例的問題，所以可能待會請張高評老師再指點。我想是這樣子。就是剛楊晉龍老師講的，第一個是關於例的問題。如果我們用統計比例來看，當然是可以的，就是說有哪些是弒君？剛剛曉庭老師說的，弒君之例通常中間有例外，所以他的比例可能有多少百分比是通例，如八十、九十，甚至九十五。然後有少數例外。我的理解是：在《春秋》學裡面，其實學者們在想的時候，大概也是從這個方向講，就是所謂的正例變例。宋、元《春秋》學家講的，就是正例一般是怎麼記載，如果有變例的話，他就講出另外一個意思。如果例只有正例、變例的話，這在解釋上算是比較好解釋。可是我們有時候又發現，在正例、變例之外，還有變例的變例，而這個變例的變例其正如正例般的書記，會在解釋的時候，有比較複雜的情況。即會是同樣一個表述的方式，但可能表示不同的意思。此外，有些看似不同的表述方式，但有些《春秋》學家，會認為是表述同樣的意思。於是乎問題就在我們要怎麼去解釋它的存在。正例的存在可以統計出一定的比例，或一定的分佈，這個比較客觀，也比較容易去找到。但比較難的部分就是，我要怎麼去理解，或者解釋說為什麼大部分是這樣子，小部分不能這樣子？而小部分是不是代表更特殊的意義？這個更特殊的意義要怎麼看得出？這是關於例的部分。至於剛剛晉龍老師說的部分，關於經學的定義問題，即是我今天報告的最主要核心點，我的著重點也在這裡：我們其實應該要重新思考一下，就是所謂的「經學」是什麼？如果我們認為「經學」的定義只是「經書之學」，那麼「經書」是什麼意思呢？若經書指的只是我們常講的

一般古籍,那經書好像跟其他的古籍就沒有區別了。譬如說經書跟《楚辭》,或者是跟《史記》都一樣是古代典籍,那麼「經」與「古典」就沒有分別了。我們知道在以前是有分別的,可是我們現在要不要堅持這種分別?要不要延續這種分別?如果不要,那就我們不管是三《傳》或者《春秋》經,或者是《詩經》也好,它們就會跟其他典籍類似,沒有說哪個應該更受重視,或者哪一個更有價值。或者說,所有的書都有其價值,只是不同方向的價值。我聽說大陸有些學者,開始重新評選、組織或組裝一套所謂新的經書群,即是這樣的一個概念。這種概念,當然跟傳統不一樣。可是如果堅持傳統的概念或經學的概念的時候,可能我們就必需要講,這些經它到底有什麼特殊的價值?或者它代表哪些特殊的意義?當然我對經學的範圍不是想弄得很窄,認為一定只是要研究治國處世之學才是經學,研究文字,或者它的表述方式,也應是經學的範圍。只不過這些研究內容,包括它的組織方式,或行文方式,最終總是要回到最核心的經義的部分。因為經義大概是它的最核心的東西。可是這個東西,如果我們今天要再重新講,或我們還要在未來講,還要告訴人家讀經典有必要或有意義,我覺得可能需要更完整的論述才行。因為我們面對的世界,跟古代面對的世界已經大不相同了。以上,謝謝。

蔡妙真:

我可以插個話嗎?謝謝蔣老師。楊老師好久不見,看到您發言很高興。我順著劉老師的話,觀察清代《左傳》學常會興起感慨,就是早些時候對《左傳》身份的爭執,爭執點往往在於它跟《春秋》有沒有關係。如果把《左傳》當成一個人來看,他的生命就必需掛勾在《春秋》關係之上,如此他才有存在的價值。可是近現代以來,就如剛才劉德明老師還有張高評老師提到的,大家開始獨立看待《左傳》

本身,可以撇開它跟《春秋》經的關係,探究《左傳》本身的敘事學、《左傳》本身釋放的價值等等。所以我常常有個感慨,從清末《國粹學報》這些會通概念來看,會通好像很偉大,什麼都有;可是從另一個角度來看,如果他跟子跟史甚至跟西學都一樣,這樣並沒有高於其他的學術,反而是讓史子集層級與經平起平坐,崇經的目的反而被削去了,如同劉德明老師所提到的這樣的現象。

張高評:

有關「例」的問題,德明教授指名我表示意見。宋程頤《春秋傳》提示:「《春秋》大率所書事同則辭同,後人因謂之例。然有事同而異者,蓋各有義,非可例拘也。」胡安國《春秋傳》〈明類例〉,亦有近似的觀點。編書,有編輯體例;寫論文,有寫作大綱,作為方向與指引。歷史學家編纂史書,有一定的史書體例。這個體例,可能師徒相授,或父子相傳,作為筆削取捨、敘事傳人的指導原則。經學的「義例」、「凡例」,輾轉相傳,往往與時俱進,不拘一格,其中雖有因革損益,大抵萬變不離其宗。像《論語》注本,有梁皇侃《論語義疏》、魏何晏(196-249)《論語集解》、宋邢昺(932-1010)《論語正義》、清劉寶楠(1791-1855)《論語正義》,較諸上述諸家論說,又有發明,要皆與時俱進,自成一家。各家《論語》解讀不同,自是情理之中。所謂經例的問題,亦然。研治《春秋》之例,解釋不通,就說是變例。一部書編纂撰寫完成,回顧原先設定的編輯體例,必定有些出入。就像寫論文,設定一個寫作大綱,用來指引大方向。一旦完稿,回頭檢視,只能大致不差。就接受反應而言,每一個時代都會注入一些元素。一千個讀者,就會生發一千個哈姆雷特,彼此間,或出或入,自是情理之中。義例不可能全合,或緣於先天,或出於後天,不可能全合。

何者稱為經？是有心人賦予的雅號與尊稱。其價值，如日月經天，經久永恆。《左傳》、《禮記》，唐代稱為大經，《詩》、《周禮》、《儀禮》為中經，《易》、《尚書》、《公羊傳》、《穀梁傳》為小經。宋代有《七經》、《九經》、《十三經》之倫，其實都富於時代色彩，賦予它是高尚的經典。高雄師大設經學研究所，所謂經學，不全是傳統十三經之類目，也不完全是《四庫總目》傳統經部的觀念，連老子（前571-前470）、莊子（前369-前286），佛教，都包括在經學之內。我認為，這些可以稱為經典，不能與約定俗成的經學相混淆。什麼是經書？什麼叫做經學？最好依循傳統。在古代的時空中，傳統的經學，跟政治倫理的關係非常密切，每個朝代的經學，都各有其顯學，譬如宋代，經學有兩大顯學：一是尊王攘夷的《春秋》學，二是憂患之學的《周易》。而且，《春秋》比《易經》還要來得熱絡：尊王，是北宋《春秋》學的主潮；攘夷，是南宋《春秋》學的重心。當時的政治氛圍，造成兩部經典特別的受到愛護。

　　孔子作《春秋》，本來就是持政治倫理的觀念，作為褒貶勸懲的權衡標準。這種歷史哲學，十分投合歷代君王的需求，歷代史學家亦樂於應用推廣，以之解讀詮釋經學，所謂通經致用、《春秋》決獄者是。其後士人君子讀《春秋左氏傳》，既不以之決獄，又不致力於內聖外王，改以純粹美感鑑賞，於是而有明人之《左傳》評點。文學美感鑑賞，似與經學無關，然有助於理解經籍的約文屬辭。好比《史記》是史學，但是古文辭章非常優美，所以又是唐宋八大家、清代桐城古文效法的榜樣。既然尊為典範來學習，那就是文學經典。凡是傳世不朽的經典，構成的元素都錯綜複雜，誠不可以一方體物。經學與其他學科的分際，如何釐清出楚河漢界？這是個難題，大家不妨集思廣益再想想。

楊晉龍：

　　就今天的研究來看，我以為《左傳》的研究，必然要涉及到「傳統經世意義」的「經學」與「現代學科意義」的「經學」之間，不同定義認知的判別。首先就傳統社會的現實功能來說，「經學」乃是「利祿」之學，這可以從《漢書》〈儒林傳贊〉「祿利之路然也」之評論得到證明。從現代學術研究的角度來看，「經學」就其研究範圍而論，可以是研究「經部整體」、可以研究「十三經」，更可以研究「單一經書」。就其研究內容而論，可以研究的至少有：宗旨、義理、實踐、版本、目錄、斠讎、輯佚、傳統小學的探討、現代學術的分析等等；就研究性質而論，既可以是「狹隘的經學研究」，也可以是包括「史學研究」、「文學研究」等在內「寬鬆的經學研究」。就狹隘性質的「通經致用」之「經學」意義的研究而論，首先必須先將經書定位為「具有指導治國與處世方向與行動的規範性文本」，並以此為前提而進行相關的研究，我將此類研究定義為「傳統性的經學研究」。至於寬鬆性質的「經學研究」，主要是將經書定位為「古代遺留下來的文獻資料」後進行研究，我將此種類型的研究稱之為「現代性的經書研究」。從前述狹隘與寬鬆「經學研究」的定義區分來看三《傳》的研究，首先自然需要先定位三《傳》是脫離《春秋》而獨立存在的文本，還是輔助《春秋》而依附存在的文本。依據這個定義進行研究，可以是「有《春秋》」的「傳統性的經學研究」，此即「規範指導性的分析」（義理分析）的研究，此類型研究必須要能說明和《春秋》的關係。也可以是「去《春秋》」而納入文學、史學或社會學等等學科的「現代性的經書研究」，此即「文本技巧性的分析」（解經方式）的研究，此種類型研究可以不用討論和《春秋》的關係。另外，關於《春秋》之「義例」，到底是孔子「編輯」之際即已「先定的凡例」，還是後人「閱讀」之際引發的「後設的歸納」，至今依然無法確定。不過涉及

「義例」的研究，我以為與其從「求備」的理想角度要求，因而不得不提出所謂「變例」等等「辯解」性質的說明，不如從統計學的角度思考，觀察各種「義例」實際的表現情況，從而區分各類「義例」正確率的高低，然後再根據正確率高低，分析論證各種「義例」在《春秋》上的定位及其在《春秋》研究上的價值，或者更具有實證性的研究意義。提供大家參考。另外，我想再問一下，大家讀到《左傳》裡講到「人盡夫也，父一而已」，還有「非我族類，其心必異」，請問這是我們經學的內在傳統嗎？因為我在臺北大學跟陽明大學開了「經學與現代人生」，其中有一個是傳統婚姻與現代婚姻，還有一個是現代政治跟古代政治。我不知道大家讀到這個的時候，會不會覺得那是經學的傳統意義嗎？因為那是非常血緣主義、父權主義、種族主義的立場。如果拿這些到現代來講的話，看起來是蠻可怕的東西。怎麼解釋這個問題？因為有學生就會問到這個問題。

張高評：

我認為：經學的動能，在與時俱進。經學在每一個時代，都追求現代化，這是經學的特質。它會主動調整步調，以便獲得重視。如果它的頻率、節奏，都跟時代脫節，都不相融，就會被遺棄淘汰。《左傳》的諸子學，似乎跟經學無關。但是《左傳》的現代化接受，可以能量無窮。譬如《左傳》工於敘戰，戰爭成敗取決於兵法謀略之高下。以今日之策略管理學觀之，兵法謀略，出於創意發想者，往往為解決問題的好點子。指揮官在前線作戰，出謀劃策，最好是匪夷所思，不可思議，判斷精確，不能讓敵人猜得到。公司的總經理、CEO，要投資，要經營，可以借鏡。《孫子兵法》跟企業管理、《三國演義》跟現代管理的書籍，向來很有銷路。兵法謀略結合實用化、現代化，才有市場。只要去看 IMBA 的網上課程，必須繳費才能看。其中傳授

的，就是《孫子兵法》、《三國演義》那一套。兵法謀略，通常都屬於創造性思維。如果創意不足，敵人「臆則屢中」，那還打什麼仗？

其實，人文學科的文本，不乏創造性的思維。中文系的課程設計，如果能結合市場需求，進行創意化、實用化、現代化，學術生態才可能改變。如果課程設計能夠和管理學院、企業經營、創意設計結合，和 IMBA、EMBA 班系際合作，你講《孫子兵法》與企業管理，我講授《左傳》兵法、《史記》的謀略，一定讓他們耳目一新。最近，我們成大中文系教師，組織一個團隊，接受至善基金會委託，繼《群書治要》之後，梳理九部史書，繼唐代魏徵（580-643）之後，續編一部標榜「治要」的典籍。高懸九十餘目經營管理的理念，作為文獻取捨之依據，提煉出近三十萬字的文本。這部新書，自始至終，企圖跟經營管理學作緊密結合，希望進一步能勾勒出「華人管理學」來。同理，經學一定要現代化。否則，不跟實用市場結合，就算學得屠龍之技，無龍可屠，只能坐困愁城。

經學研究要有明天，看到遠景，應該走向民間，走向功利，走向實用，發揮創意，這是經學如何現代化的課題。同樣一部經書，每個時代，為什麼解讀不同？二十一世紀中文系的老師，如果都還執著古典，不肯生活化、現代化、創意化，那麼，經學研究，必然死於句下；所謂經典傳播，將會是一灘又一灘的死水。經學的創意化、實用化、現代化，應當是我們的責任。

楊晉龍：

我非常贊成。如果學長來注解《左傳》，應該很精彩。學長寫那麼多書，怎麼不注解一部《左傳》，一定跟別人不一樣。

張高評：

沒有出版社要出，而且寫得好，還可能會被盜版。

蔡妙真：

看到楊老師開這麼新鮮的課程，那也是一種推廣經學的努力。事實上，張高評老師出了《左傳英華》，已經類似楊老師這樣的期許。對於「人盡可夫」，我提供一點上課時的感想。我覺得後人在引古書的時候，喜歡斷章取義，我最有感的就是子產（？-前522）論鬼，這段話子產說得非常反諷，卻常常被後人擷取認定子產正面肯定當時的鬼觀念。至於「人盡可夫」，我常跟學生說，你要想想，這個人去問的是她媽媽，開玩笑，我若是媽媽，我當然會跟她說：「人盡可夫，但爸爸只有一個啊。」反過來說，若是媳婦來問我，我可能說：「開玩笑，老公才是一輩子陪著你的人，你最好頭腦給我想清楚一點。」以這個笑談，權充跟楊老師像在實體會議上的閒聊。其實，我覺得楊老師提這個議題，是西方詮釋學最重要的一個議題。譬如我們看《聖經》，它有非常多「名言」，不要說合不合時宜，其實是任何時代讀來都很嚇人的言論。譬如耶穌說：「你們不要以為我來是帶給地上和平，我來並不是帶來和平，而是刀劍。因為我來是要叫：『人與父親對立，女兒與母親對立，媳婦與婆婆對立。人的仇敵就是自己家裡的人。』」「你們以為我來，是叫地上太平嗎？我告訴你們，不是，乃是叫人紛爭。從今以後，一家五個人將要紛爭：三個人和兩個人相爭，兩個人和三個人相爭。」單獨把這些段落擷下來是超級可怕的；還有，比如神說：「人要離開父母，與妻子連合，二人成為一體。」卻被以神為名總結為：「結成夫婦必須要一男一女才能成婚姻。」像這些個「神聖的指示」要你們去打殺，我也很想知道詮解《聖經》者，他們怎麼去面對這樣子的段落。

楊晋龍：

我解釋一下，「人盡夫也，父一而已」跟學生的解釋是說，如果一個女生在沒有結婚之前，她本來就是所有人都是她可以選擇作為丈夫的對象。對不對？可是如果在婚後這樣講，那就跟我們那個《禮記》所謂的從一而終有衝突了。所以像剛剛在某一種特定的環境之下去說。我當然沒有你說的這麼的詳盡，我只是跟他們說要放在什麼情況之下。因為「人盡夫也」沒有錯，所有的男生女生都一樣，在你在結婚之前就是這樣。我會這樣解釋它，大概是這樣。

蔣秋華：

在聊天室裡頭，有人提到，對於出土文獻這方面，大家剛才好像沒有提到。他們想要了解出土文獻跟《左傳》或《春秋》學，有沒有一些新的發展。聖松，清不清楚？

黃聖松：

我對出土文獻並沒有特別的專注，但是約略有看到一些相關的文章。跟《左傳》最有關係的應該還是《清華簡》裡面的〈繫年〉。然後《清華簡六》裡有些像《鄭文公問太伯》，訂名為《子產》，也有一篇是《鄭武夫人歸孺子》，大概就是鄭國史料為主，有這樣幾篇。因為我沒有特別的深入去研究，只有約略了解而已，所以不敢多發言。這個馮公在聊天室提到，炫瑋也有用考古來做研究，然後包括政大的鄭老師也有做這個禮方面，也用了一些出土的材料。我認為這都是服膺王國維的二重證據法，對我們的了解春秋時代的背景，《春秋》跟《左傳》兩個文本，都提供一個新的視角。

蔣秋華：

　　出土文獻直接與《春秋》、《左傳》有關的，比較沒有。但是利用其他文獻，《郭店簡》、《上博簡》裡頭談的東西，可以應用來研究《左傳》學，有時候也是可以互相幫助。剛剛提到陳炫瑋老師，他就是從很多地方，利用一些考古挖掘的東西，他來談，有文獻的，有考古挖掘的。或談這個宮室，或制度的，他也有運用，這方面寫了蠻多文章。好像後來也出書了。

張高評：

　　臺大的李隆獻，也有這方面的研究。

黃聖松：

　　還有隆獻老師的高足蔡瑩瑩老師，她也利用一些出土的文本來談《左傳》的形塑的過程，也可以跟大家來做推薦。

蔣秋華：

　　聊天室也有人在問，對於楊伯峻、沈玉成他們的《左傳》譯注。他們的優缺點，是不是可以稍微提一下。

張高評：

　　香港大學單周堯老師，組織一個團隊，研究「楊伯峻《春秋左傳注》」的計畫。聖松參與其中，能不能說明一下，他們對楊伯峻的注做了那些斠正。

黃聖松：

　　跟各位簡單報告一下。前兩年香港的單周堯老師申請香港政府的

一個研究案,主要針對楊伯峻《春秋左傳注》的一些內容來作修訂或增補。單公那邊也處理了蠻多的材料。在聊天室裡面是有提到兩部翻譯的文本,是不是還可以有再精進的空間。肯定有。因為如果要吸收近現代學者對於《左傳》文句的解釋、字詞的闡發,如果能重新做通盤的檢討,我想譯注改善的空間,還有很大的發展。

馮曉庭:

因為我最近這幾年在看他的《左傳譯文》,沈玉成(1932-1995)的書有個問題,關鍵字他是翻不出來,他很口語化。像有一個我一直印象很深刻,僖公十一年有一個「王賜之命,而惰於受瑞」,他就把它翻成很懶惰,怎麼說都不通啊。後來我查《說文解字》,那個「惰」是不恭敬的意思,那就可以通。這就是沈玉成最大的問題,有一些字的訓詁,他沒有理解,所以他的翻譯有時候到了很關鍵的部分,沒有說清楚,讓我們初學者沒辦法掌握那個文字,我發現他有這個問題。所以同學看的時候,要參考一下比較古老的注解,可能會好一點。

張高評:

沈玉成先生,中國社科院文學所研究員。他生前,我曾經和他通過幾封信。信中反應說:「大作《左傳譯文》的語譯,有些不是很妥當。」他很客氣回信說:「確實有一些。不然,我們合作,一起來修訂《左傳譯文》。」這封信之後,再也沒有消息。後來才曉得,他已不幸往生了。所以,以《左傳譯文》為基礎,挑出不妥的地方,再做調整修飾,有勞在座的老師們了。或許,我們組織一個團隊,進行責任分工,可以做得理想一些。《左傳》這部書,比較艱深難懂。語譯本,可以提供初學入門,登堂入室的階梯,自然有其必要性。

黃聖松：

　　剛剛馮公提到僖公十一年「惰」，楊伯峻也提到類似的句子在《國語》〈周語上〉也講卑，所以惰跟卑，楊伯峻解釋成低下，因此就被人家批判說以後如何如何，所以那個惰肯定不會是懶惰。如果按楊先生的意思，是受玉位的置放過低。所以回應剛剛線上的師友，楊先生《春秋左傳注》還是一本重要的入門書，再配合幾本譯注的書籍，可以交叉來對讀，我覺得都是初入學《左傳》的一個好的門徑。

蔣秋華：

　　線上，吳智雄老師有在嗎？有人希望你來說幾句話，能不能談一點你的看法。

吳智雄：

　　謝謝主持人點名。我就剛剛所聽德明兄的分享，他裡面舉了沈玉成《春秋學史稿》，《公羊》學史當中好像寫到哪個朝代，它就變成跑到《春秋》學去了。其實我聽了這個之後，自己蠻有同感，因為我自己做《穀梁》學史，也遇到這個問題，尤其到了魏晉到明這一段時間，一些文獻亡佚的問題，好像就變成沒辦法去專門做《穀梁》學的研究。但是我也想到說，你也不應該把它轉向到《春秋》學。所以剛剛德明老師講的，我蠻有同感的。這也促使我轉向輯佚文獻，也許是我下禮拜會分享的話題。就簡單分享到這邊，謝謝。

車行健：

　　我想要提一個意見。我記得曉庭兄說對日本的《左傳》學研究，是非常投入。像你在龜井南冥，還有竹添光鴻，都下了很多工夫。剛才張高評老師有說什麼組織學者來做翻譯等等，我倒是覺得可以考慮

把龜井或竹添的《左傳》的書，把它點校出來，我覺得這可能對學界幫助也會蠻大的。不曉得曉庭兄你的想法是如何。

張高評：

研究經學史、經學的朋友，到目前為止，好像都各自做各自的事，一直沒有團隊合作的機會。資深老成，又逐漸凋謝。應該趁這個時候，集思廣益，群策群力，密切合作，做一些有意義的事情。誠如剛才車行健老師所說，那些還沒有標點的，尚待整理的，組織團隊，大家一起來做。這樣，可以成就臺灣經學界的一個成績。團隊合作，就像民國六十八年時，河洛圖書公司號召學者一起來翻譯《史記》一樣。《左傳》譯文工作、整理斷句日本《左傳》學的著作，有為者，亦若是！相信我們也可以。我贊成這個提議。

馮曉庭：

車公，我現在做的工作是把他這個舊說跟龜井南冥的比較，因為這個書比較小，做好了，各位就參考看看。至於龜井昭陽，因為他那個是抄本，就比較難做。好像宋惠如有在整理吧。我是覺得可以一起試試看，竹添光鴻那個書的確應該做個電子檔，他裡面有很多點句（點斷句讀），已經很多人在研究。日本也有一個做杜預的點句，那個書也很好，其實是作翻譯。我先提供一下這個意見給各位參考，看看後續要如何處理。謝謝。

蔣秋華：

大陸有出版《日本左傳文獻集刊》，有四十多冊，大約四十幾種日本學者有關《左傳》方面的著作。文哲所已經買了，如果要找日本的這些材料的話，或許在這裡，我相信應該是有一些可以去參考的，

就是日本方面的。當然有興趣進一步去把它一本一本點校出來,那就可以提供更多人參考。

楊晉龍:

韓國的《左傳》學研究,我們好像都沒有注意到它的存在。可是中韓兩國的學術關係,應該比日本還密切。因為我沒有注意到這個問題,剛才聽到大家提到日本,我就想到這個問題。不知道曉庭有沒有注意到。

馮曉庭:

張曉生學長,近幾年都在做這個。他今天沒辦法來,不然就能夠分享。

蔣秋華:

成均館有《經書集成》,裡頭也有《春秋》學的部分,國內除中研院外,有幾個圖書館或許也有。一般人做韓國比較麻煩,只能看一手資料。二手資料大概很少人能夠應用。畢竟韓文研究的人很少,只能看印出來用漢字寫的一手還比較好用。如果是韓國人用韓文寫的,好像就不容易。在臺灣好像政大,還是哪裡,有一位韓國學者寫的韓國《春秋》學的論文。不曉得有沒有注意到。那個學位論文,至少他應該會介紹一下吧,韓國有關《春秋》方面,古書裡有哪一些,或許可以試著上博碩士期刊網去查詢一下。

張高評:

韓國朝鮮李震相(1818-1886),著有《春秋集傳》。自序文尾署「崇禎紀元後二百三十二年乙亥」,那時已是清朝同治、光緒年間,明

朝已經滅亡二百多年了，但是他的《春秋集傳》出版，最後一行還是寫上明朝紀年，這就是《春秋》學「繼絕存亡」的精神。這部書的經學價值，絕不輸給清代或者明代的學者。卷前，徵引明人、清人《春秋》學的論點。書中多引三《傳》及《胡氏傳》之敘說，時時斷以己意，很有自己的見解。由此觀之，韓國《春秋》學值得關注研究。

蔣秋華：

聊天室有人提到書名是《韓國經學資料集成》，政大的學位論文《韓國春秋學研究》是金榮奇寫的，完成於一九九五年。另外，好像越南有關《春秋》學方面的也有一部。

張高評：

位於越南河內的漢喃研究院，二〇〇六年左右，我曾經進入書庫參觀。庋藏圖書，有一些是越南學者自己撰寫的經學著作，並非漢籍直接流傳到越南。漢籍流傳到日本，稱為漢籍。日本翻印漢籍版本，稱為準漢籍。出版日本學者撰著的經學著作，稱為和刻本。越南學者撰著的經學印本，猶如和刻本。作者的名字很陌生，越南學者的研究，當有藏書目錄。我記得有《詩經》，好像沒有《春秋左傳》？印象已模糊。只記得：看到越南學者撰寫的經學著作，大約十幾種。

蔣秋華：

吳時任（1746-1803）《春秋管見》，臺大出版中心的是抄本的影印本。北京大學《儒藏》有標點本。越南我們曾經有合作過計畫。越南我們比較不容易去，我們能夠取得的也少，好像從書目上來看也不多。越南方面，一方面他們本身保存的情況可能也不那麼理想，東西也不多，要開展出來，是有他的困難性。因為資料不多，就幾本書，

談來談去，有些書特殊性當然有，但是越南人寫，拿過來跟中國學者比的話，有時候不一定有更突出的見解，但也有很多是參考中國學者的著作。

張高評：

我到早稻田大學參訪，到圖書館網路上可以下載。我看到有本《春秋》學的書，為清朝同治壬申重刊，玉成堂藏板，劉沅（1768-1855）《春秋恆解》八卷。該書目，未見於大陸圖書館著錄。如何飄洋過海，抵達東瀛，不得而知。我把它整本列印裝訂成書。劉沅《春秋》學，見解不凡，可取者多。（蔣：大陸已經印出來）像這本書，並非準漢籍，應是經由海上書籍之路，將漢籍直接流傳到日本去的。

劉德明：

蔣老師，我可以請問一下聖松主任嗎？剛剛我聽到聖松主任講關於數位人文的資料庫的匯入跟應用的部分，可不可以請聖松主任跟我們分享一下，我們一般研究者對於數位人文研究的工具要怎麼運用？如果要找助理來一起幫忙使用，這個助理需要怎麼樣的能力？他是不是一定要有資工的或其他的背景等等。請聖松主任分享，因為您已經開始做了這個工作，是不是有什麼經驗可以跟我們說。

黃聖松：

我那時候是直接聯繫數位人文中心，項老師也很幫忙，說可以派人下來教我們的助理。他們可以直接的來指導。助理不用資工背景，其實設計很完備。只是我們自己進去，自己按 SOP 流程慢慢摸，當然也行。但是現場有人來導引，一般中文系同學也可以按表操課，可以告訴我們什麼小工具放在什麼地方，然後可以慢慢就會學上了。當

然有很多運用的部分，他們了解我的需求，針對我的需求，大概一個下午，兩三個小時就搞定。車馬費由我來付，所以現在我不知道他們業務忙不忙。如果不忙的話，也許可以去學校服務。反過來也可以請我們的助理到研究中心去，跟他們的助理來學習。

蔣秋華：

聊天室有人提到，張高評老師剛才提到管理學致用的視角，有人提問說是否有考慮過經學跟政治哲學對話的研究方案。

張高評：

申小龍有一本書，叫做《語文的闡釋》，是復旦大學的博士論文。書中提到：孔子《春秋》這部書，是拿政治倫理來看待人世的褒貶勸懲。所以，實際上是一種政治倫理學。現代的人觀看過往歷史，以是非善惡為視角，實際上就很接近政治倫理學。什麼尊卑啦、貴賤啦，王位繼位法啦，就是那個時代的政治倫理學。所以從這個角度來看，那就會更加精確，更加明白，而且經學也比較能夠現代化。這是一點。剛才講的就是說，從政治倫理學的角度來看。那麼孔子根據魯國的歷史，進行筆削，孔子所看到古代的歷史，因為已經亡佚了，不知道有多少，我想魯《春秋》流傳下來二百多年，可能十幾萬字，經過筆削，經過編纂，是一種編纂學，當然也是這個《春秋》創作論。剛才我提到，這個我稍微說明一下，《禮記》說「屬辭比事，《春秋》教也」，這個是站在讀者的角度看，因為一部《春秋》完成後，我們看到它的文辭，透過文辭所描述的事件，可以知道孔子所要表現的義，叫做屬辭比事。但是回到孔子筆削魯《春秋》，成孔子《春秋》的時候，是先筆削，後排比，我從三十個魯國的史事，選取五件我要來寫的。五件之中，有的在前，有的在後，有的在中間，所以不是按

照順序排的。排完之後叫做「比事」，文辭把它串連起來叫「屬辭」。我們小時候寫作也是這樣啊。所以如果從作者的寫作觀念來講，應該要叫「比事屬辭」。因此，清朝章學誠、方苞也都用「比事屬辭」，一般用「比事屬辭」，大概從宋朝開始，朱熹的學生張洽（1160-1237）開始。我再說明一下，這兩個看起來是一樣，一個是創作論、一個是閱讀論。

蔡妙真：

我補充一下，政大很早期的外交所、法律所論文，有不少是研究《春秋》的法律與政治。剛才提到沈玉成，劉寧是他繼女，她在北師大任教，很久之前在中研院研討會發表的文章，就是《春秋》與法律，後來我也讀到相關延伸論文，不是我們以法律定律法，而是以法律學來研究，所以多少跟政治打到擦邊球。

張高評：

劉寧後來改研究文學。在清華大學辦了幾次會，她知道我跟沈玉成有書信來往。她現在在中國社科院。

劉德明：

蔣老師，我方便講幾句話嗎？剛剛講到《春秋》跟政治學的問題，我在發言稿的最後面，有想過要不要寫這個東西。因為我自己在思考，譬如說在宋代，整個《春秋》學史裡常提到幾個重要主張，例如尊王攘夷，或者關於所謂的義例，要不要會盟等概念。這些可不可能跟我們現在的世界做一些對比或者來做一些延伸。我想比如說攘夷這件事情，其實我之前讀過的，清末的時候就有儒者對這個概念做一些重新的反省。比如說如何重新區辨夷夏？在春秋時候的夷夏，可

能是帶有血緣包括文化的本位的區分。我們現在夷夏的區分，是用進步／落後，漢族／非漢族來區別嗎？又如尊王，現在我們整個社會、政治上面已經沒有所謂的傳統的王了。如果是這樣子，我們在《春秋》學裡尊王的主張，如何能在現在的政治學、國際社會中產生對話？除了剛剛張高評、蔡妙真兩位老師提到的書之外，我最近也有注意到，也有一些大陸學者在討論，春秋時候的諸侯國是不是一個獨立的國家？這個問法，我覺得就是一個很現代的問法。我們現在所謂國際上面獨立主權的國家，跟春秋時代的諸侯國，處境是類似的嗎？如果不是的話，我們現在轉用《春秋》學，包括剛剛好幾位老師講到的通經致用，我們可以任意去比附？還是說有一定的學術脈絡跟一定的思考脈絡去做一些探討？以上是我大概的觀察。

車行健：

　　蔣老師我想回應一下，就是剛才三位老師從張高評老師到蔡妙真老師，還有劉德明老師三位所講的，我有一些想法。首先就講一下蔡老師說的劉寧用法學研究《春秋》。我想我們在臺灣，政大法律系剛退休的黃源盛老師，早年的中興大學法律學研究所碩士論文，就寫《漢代春秋折獄之研究》。我以前修林老師經學史課的時候，有講到這本書。因為當時黃源盛在東吳兼課，好像說林老師跟他搭校車的時候有聊到，黃源盛就送他一本。他就是法學的背景，我當時看了，也是蠻受到啟發的。後來黃源盛從事中國法律史這方面的研究，我想在法律史方面，研究《春秋》折獄，蠻多的。我想這不像劉德明講的通經致用，已經落實到法律的層面。就跟剛才曉庭講的日本的《大寶令》，已經落實到整個律法制度裡面，我想這個方面的研究大有可為，只是這個需要跨領域，現在法制史主要是法律系、歷史系。像臺大高明慎教授以前就有個團隊，研究《唐律義疏》，好像這個方面，

獨獨欠缺中文系,有點可惜。像剛才張高評老師所講的,可以跟其他的領域來做一些對話。我想張高評老師以前也做了很多。以前我記得我在唸研究所的時候,當時王邦雄老師研究道家、研究法家的,好像常常都會跟管理或企管有談法家的管理哲學之類。我覺得當時還有這樣的風氣。現在好像就比較少了。早年政大的一些法政的學位論文,常常都會跟中國古典有關。現在基本上已經沒有,因為整個學術轉型,西化,關於中國經典這個方面,研究的人很少,就變成很萎縮的情況。所以我是很悲觀。至少在臺灣,我們想要跟他們對話,也沒有人跟你對話。人家根本不感興趣,或不研究這些。至於剛才劉德明講到國際法,我之前私底下有跟張曉生校長談過,其實他也蠻有興趣,現在國際政治,中美爭霸,就好像春秋時代吳楚爭霸,類似的情況。事實上,晚清民初的時候,的確是學者們對這方面還比較熱衷,雷海宗(1902-1962)也寫過《古代中國的外交》,何炳松(1890-1946)《中國古代的國際法》,像這一類的思考,在早年還比較多,現在好像就比較少。我想我們那些學國際政治的、外交的,很少會有興趣去談《春秋》這些外交。但是我倒是覺得,從我們中文系,從研究這些經典的學者來講,我們是不是也可以從中發展出自己一套怎麼樣去對比後來的國際公法。在國際架構之下,反過來討論《春秋》裡的,不管是會盟,或者這些諸侯國的外交關係。我覺得也是蠻有可為的方向。這是我的想法,謹提供大家參考。

張高評:

我提供過去的經驗如下,也許有些觸發。深深自覺,人文學科,是弱勢的系、院,必需要主動出擊,爭取曝光,展示能量,才能扭轉局勢,贏得尊重。回想我擔任成大文學院院長期間,管理學院院長吳萬益,和我閒聊《孫子兵法》、《左傳》兵謀,引發吳院長的興趣,請

我到企業管理系 EMBA 班開課。我規劃中文系三四位老師，開授「傳統文化與經營管理」的課程，前後兩個學期。我開授「《左傳》兵法與經營管理」，陳昌明開「儒家思想與經營管理」，江建俊開「道家思想與經營管理」，林金泉開「《周易》思想與經營管理」，林朝成開「禪宗創意與經營管理」。學生高興得很啊，下課立刻打電話給在舊金山的新加坡朋友，分享老師上課所談，關於兵法謀略可以用在企業經營的創意思維。前後開課兩個學期，選課學員，來自臺南、嘉義當地中小企業的經理、主任，執業醫生、律師，學校主管。這就是主動出擊。如果不發威，人家永遠把你當病貓。中文系傳統，就是保守的，必須主動出擊。

二〇〇八年十月，應成大醫學院宋瑞珍前院長之命，前往新設立的老年學研究所，演講「古代的養生要領」。研究生聽眾，大多是本科畢業的醫學院學生，當然也有醫院的臨牀醫師。聽講反應，既新奇，又鼓舞，深得師生肯定。二〇一二年七月，再得成大醫學院邀請，前往外科部，面對醫學院教師，發表演講。講題是「漫談創造性思維」。當下交流，十分熱絡。那些外科醫生、外科教授，提出諸多切身問題，我都能應答如流。談創意嘛，哪個系不需要呢？創意的管理、創意的開藥、創意的開刀等等，對這些專業醫師，正是切身需要的。

所以剛剛車行健老師談到，二十一世紀的現在，跟春秋時代很相似，不能說相同。春秋時代那些小小的國家，小小的城邦，雖然不具現代國家的特點，但有很多類似點，都必須為生存發展而努力。像鄭國雖小弱，但有公孫僑（子產），在外交上的折衝尊俎，往往能化干戈為玉帛，變戾氣而致祥和，啟發了弱國也有外交的可能。歷史不可能重演，但值得借鏡。

剛才談到的《春秋》學，古代叫做「華夷」或「夷夏」，到了晚清，變《公羊》學的「內外」，成為「中外」，從此不太談「夷夏」。古

今中外，現在變成熟語常言。其實，中外就是夷夏，概念換置而已。談內外遠近，是《公羊》學的術語。現在人常說「內地」、「內外」等等，這些都是《春秋》學的術語，大家民生日用而不知而已。經學與人文學，如何發揚光大？不要只在學院裡面教學生，希望能夠找機會，主動出擊，去扶輪社、獅子會，跟他們談兵法謀略與經營管理。經營管理的書，我看過四五十本，其實不難懂。因為臺灣的中小企業很多，老闆、經理，不見得是管理學院畢業的。所以臺灣管理學的教授很貼心，撰寫許多經營管理的書，有的翻譯自日本，有的翻譯歐美。如臺北天下文化、遠見雜誌、商周出版等等。閱讀容易，理解不難。然後，連結到古書，就有許多啟示。誠如蘋果創辦人賈伯斯所說：「創意，有兩個關鍵詞：借用與連結。大前提是：知道別人做了什麼。」

　　漢代、唐代那麼大的一個帝國，政府怎麼管理？自有他的一套內在理路。梳理提煉這方面的文獻，可以自成華人的管理學，媲美西方的管理學。我們不妨結合志同道合的同好，跟管理學院合作。二十一世紀，是一個功利的社會，實用導向的世界。中文系很不幸，向來不管市場需求，也無視社會脈動。所以學得屠龍之技，卻無龍可屠。具備之學養，既不實用，又不功利，自然就弱勢，就被邊緣化。跟強勢的系院作連結，我們不妨嘗試看看。我想，他們也需要我們啊。果真如此，經學就有現代化、實用化的可能。我一直認為：經學要與時俱進。不必刻舟求劍，執著於宋代的經學、唐朝的經學，什麼漢學、宋學的。每個時代都注入新的元素，經學才會繼續流傳。

蔡妙真：

　　留言區有人問「《左傳》能不能用新聞寫作，從新聞倫理角度去看」。我覺得非常可以，這就是張高評老師一直在講的屬辭比事。我自己現在上《左傳》課也有不少敘事是從這個角度去談。比如我會跟學

生提到為什麼《左傳》看不到齊桓公的蠱流記載，看不見伍子胥掘墓鞭屍等等。如果你從新聞倫理的角度，你會知道《左傳》考慮到很多的暴力效應等現代新聞倫理在討論的議題。我推薦王德威老師《歷史暴力學》一書，剛好就是可以連結《左傳》跟新聞寫作之間的會通。

蔣秋華：

好，我們時間約略超過一點，如果沒有什麼問題的話，我們今天就到這裡結束，謝謝各位引言人的參與。

《公羊》、《穀梁》的研究方法

主持人：蔣秋華（中央研究院中國文哲研究所）
發表人：
   吳智雄（國立臺灣海洋大學共同教育中心語文教育組）
   宋惠如（國立金門大學華語文學系）
   楊濟襄（國立中山大學中國文學系）
   簡逸光（福建師範大學文學院經學研究所）
整理人：黃昱銘（國立彰化師範大學國文學系碩士生）

蔣秋華：

  所有的線上貴賓們大家好，今天是我們的「經學研究方法」討論會，《公羊》學跟《穀梁》學的場次，我們很榮幸的邀請到四位這方面的專家，這方面的人相對於上一場次較少。上一場的是《左傳》學，滿多人的，就相當熱鬧，這個《公羊》跟《穀梁》是有點小眾，但這幾位都是相當專精的學者。

  我先簡單做一個介紹，首先是吳智雄教授，吳教授是海洋大學共同教育中心的老師；第二位是宋惠如教授，宋老師是金門大學華語文學系的老師；第三位楊濟襄教授，楊老師是中山大學中文系的老師；第四位是簡逸光教授，簡老師是福建師範大學文學院經學研究所的老師。待會我們報告的順序先請楊濟襄老師第一個報告，接著是宋惠如老師，這兩位是談《公羊》學，妳們兩位先報告。接著就請吳智雄教授、簡逸光教授來報告《穀梁》學。

先請楊濟襄老師開始報告，請！

楊濟襄：
　　今天實在非常榮幸，剛剛在會議前跟文朝兄還有蔣公，這幾位前輩，開聊了一下，非常感謝有這個機會，讓我們這個比較相對小眾的《春秋》今文學《公羊》、《穀梁》，我們這些同好親友們，大家終於能夠有這個平臺，可以上來暢所欲言。
　　平常我們這個領域彼此大概都很熟悉，我自己，大家都知道我是從《公羊》入手，然後這幾年走兼採三《傳》。今天奉命來講《公羊》學的研究方法，我覺得這個課題非常好，事實上我自己在進入《公羊》學的第一步，就是思考這個問題，後來在教學上，要帶研究生入門的時候，一定會先談到要怎麼樣研究這個《春秋》今文學，特別是《公羊》、《穀梁》。
　　這裡就先跟大家分享我的部分。一開始是多年前就談過，之前在《經學研究期刊》，高師大經學研究所的創刊號，那已經十幾年前了，發表了一篇，題目不是這樣，不是《公羊傳》的研究方法，題目我記得是〈《春秋》書法的常與變〉，就是從董仲舒（前179-前104）跟何休（129-182），在解經的方式上面，方法論有所不同來切入，從那個時候開始，我大概每年的科技部計畫，就逐家一步一步在《公羊》學史、或者經學史、或者在學術史，從西漢、東漢一路到清代。談到董仲舒跟何休這兩條《公羊》學裡頭不同的解經脈絡，後來他們各有擁護者，這中間看起來相似而事實上又不同，因此造就了《公羊》學非常精彩的地方，當然也引來許多人對《公羊》學不了解，產生的一些比較嚴厲的批評。所以今天一開始，我前面十分鐘，會很快帶一下董仲舒、何休。剛剛提到的他們兩位分別是代表西漢、東漢，在進入《公羊春秋》這個領域裡頭，他們解經產生的差異以及產生的

結果,最後大概我會利用後半段的時間,稍微講一下,我所看到的清代的經學史,以清代的《公羊》學為例,談到餘波盪漾的董、何,一直到清代的《公羊》學、清代的經學史上面,產生了哪些的大家談論不休、彼此論戰一直到今天。我的安排是這樣。

首先提到董仲舒,《經學研究期刊》的創刊號,有一篇文章〈《春秋》書法的常與變〉,講到「常辭」、講到「達變」,大家現在在 PPT 就可以看到。我這裡講的非常扼要,因為時間實在很短。剛剛提到,如果大家有興趣對我指正,非常歡迎,也希望大家能參考一下,雖然是以前的舊文章,但是基本上,我一路走來是這個立場。雖然有些微調整,但是方向是一致的。董仲舒對《春秋》書法的主張到底是什麼呢?他主張「有常辭,無達辭」,大家當然會第一個提問什麼是「常辭」?什麼是「達辭」?我記得上個禮拜在《左傳》場,好多前輩專家學者都在談「條例」對不對?《左傳》的文例怎麼樣,在這裡以董仲舒的說法,這個「條例」到底歸於哪一個?「常辭」還是「達辭」?首先

一、董仲舒對《春秋》書法的主張:
《春秋》有常辭,無達辭

董氏所謂「《春秋》常辭」,指的是《春秋》尋常的書寫原則、筆法,而非《春秋》經文用字遣辭之條例。(非經文書寫用字之凡例)
由《春秋》經文之用字,歸納為「條例」(如何休之《文諡例》),再循「條例」去推求「事件原委」,這種「條例」,並非董氏所云之「常辭」。

二、《春秋》無達辭:
不任其辭,可與適道

《春秋》理百物,辨品類,別嫌微,修本末者也。是故星墜謂之隕,螽墜謂之雨,其所發之處不同,或降於天,或發於地,其辭不可同也。今四者俱為變禮也同,而其所發亦不同。或發於男,或發於女,其辭不可同也。是或達於常,或達於變也。」(《繁露·玉英》)

來了解其實董仲舒說的「常辭」不是「條例」，他講的是《春秋》經文書寫的用心、原則、筆法，不是指經文書寫用字的凡例，也就是說，敘事的原則跟用字的凡例，基本上是兩回事。

這個常辭來自於史料的筆法，不是《春秋》義法來的，這個董仲舒是承認的，但是他說，以達辭來解經恐怕是有問題，大家可以看到在《春秋繁露》〈玉英〉，他一直在強調《春秋》無達辭，只有「不任其辭，可與適道」。大家應該隱隱約約嗅到他對這種在文辭上面打轉的解經方式，是不置可否的。可以看到他認為《春秋》是在「別嫌微，或達於常，或達於變」，所以如果只是抓著這個條例、經文用字，如何達於變呢？能達於常，但是在達變、權變的這個部分，就幾乎沒辦法。所以在這裡可以看到董氏西漢《公羊春秋》學這個部分：

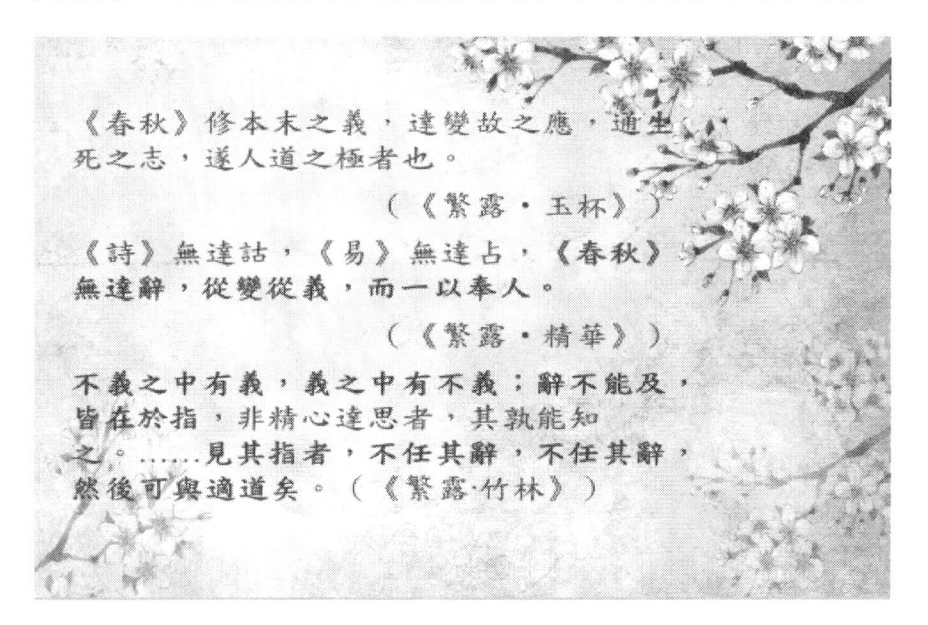

> 《春秋》修本末之義，達變故之應，通生死之志，遂人道之極者也。
> （《繁露・玉杯》）
>
> 《詩》無達詁，《易》無達占，《春秋》無達辭，從變從義，而一以奉人。
> （《繁露・精華》）
>
> 不義之中有義，義之中有不義；辭不能及，皆在於指，非精心達思者，其孰能知之。……見其指者，不任其辭，不任其辭，然後可與適道矣。（《繁露・竹林》）

他一再強調從變從義，中心原則是在仁道、王道、仁道——奉仁，「遂人道之極，達變故之應」，所以只有「不任其辭，才可以適道，只有不任其辭，才能夠通義，才能夠見其所指」，這個「指」是

主旨,所以這個主旨是辭所不能及的。

接下來談何休,大家都知道東漢何休,當然他現在的《文諡例》,我們是透過阮刊本的徐彥疏的部分去了解何休的《解詁》。在《解詁》裡頭,我們可以發現他是以「例」為「繩墨」的解經途徑,這種解經的途徑也因為這個刊本流傳,何休的文例,一直到清代都被當作是解《公羊傳》的一個「大纛」,大旗子,幾乎大家公認的都是這樣,最有名的就是劉逢祿(1776-1829)等人。可是這中間有沒有問題呢?大家可以看一下我在畫面上面列的。

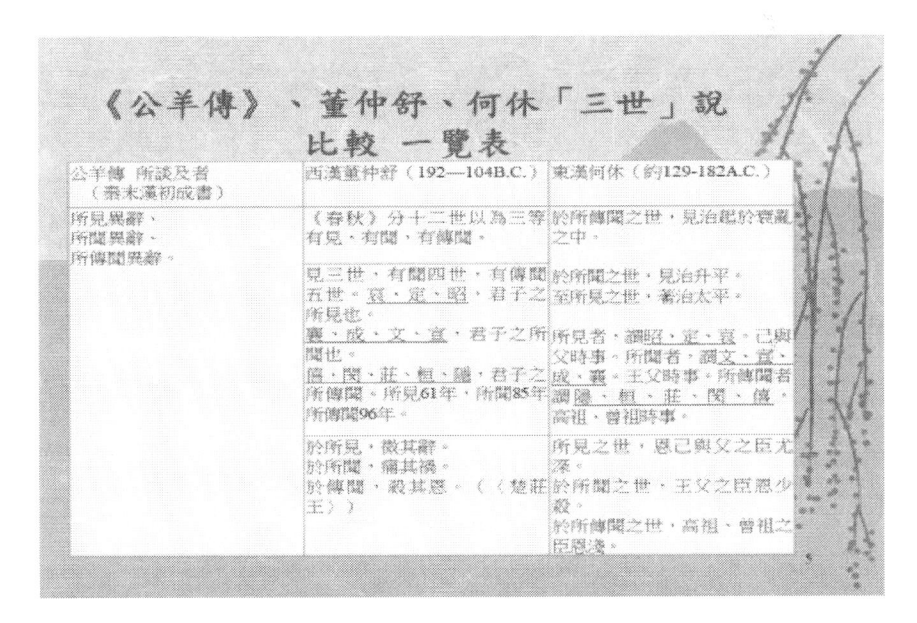

《公羊傳》、董仲舒、何休「三世」說 比較 一覽表

公羊傳 所談及者 (春末漢初成書)	西漢董仲舒 (192—104B.C.)	東漢何休 (約129-182A.C.)
所見異辭、 所聞異辭、 所傳聞異辭。	《春秋》分十二世以為三等 有見、有聞、有傳聞。	於所傳聞之世,見治起於衰亂之中。
	見三世、有聞四世、有傳聞五世。哀、定、昭,君子之所見也。 襄、成、文、宣,君子之所聞也。 僖、閔、莊、桓、隱,君子之所傳聞。所見61年,所聞85年,所傳聞96年。	於所聞之世,見治升平。 至所見之世,著治太平。 所見者:謂昭、定、哀,己與父時事。所聞者:謂文、宣、成、襄,王父時事。所傳聞者:謂隱、桓、莊、閔、僖,高祖、曾祖時事。
於所見,微其辭。 於所聞,痛其禍。 於傳聞,殺其恩。(《楚莊王》)	所見之世,恩己與父之臣尤深。 於所聞之世,王父之臣恩少殺。 於所傳聞之世,高祖、曾祖之臣恩殺。

事實上,在學術史上面,它是一個原典。我常喜歡說像同心圓漣漪這樣層層的遞出去,以《公羊傳》為核心,當然《公羊傳》離不開經,上個禮拜雖然《左傳》的同好們,非常的鼓勵我們說傳可以離開經,可是事實上對於《公羊》、《穀梁》恐怕有點困難。《公羊》、《穀梁》是有自己的價值,那個是在詮釋結果,在解經的成果上面。我們也許可以在經文之外,有很多的發揮,可是就文體的內容,就我們原典的

內容來講,《公》、《穀》它本身是問答題,它是依附經文的書寫文字而發的,所以我們真的離不開經,在經文以外,先來談所謂的《公羊》學。從《公羊傳》這個原典、這個同心圓出發,然後往外擴散,可以看到三世異辭,《公羊傳》只談到這個,然後到西漢董仲舒加了這些東西,我就不唸了,可是到東漢何休加了更多,包含社會的「升平世、太平世、亂世」,這些都是《公羊傳》董仲舒沒提到的,那我們再往下面看。

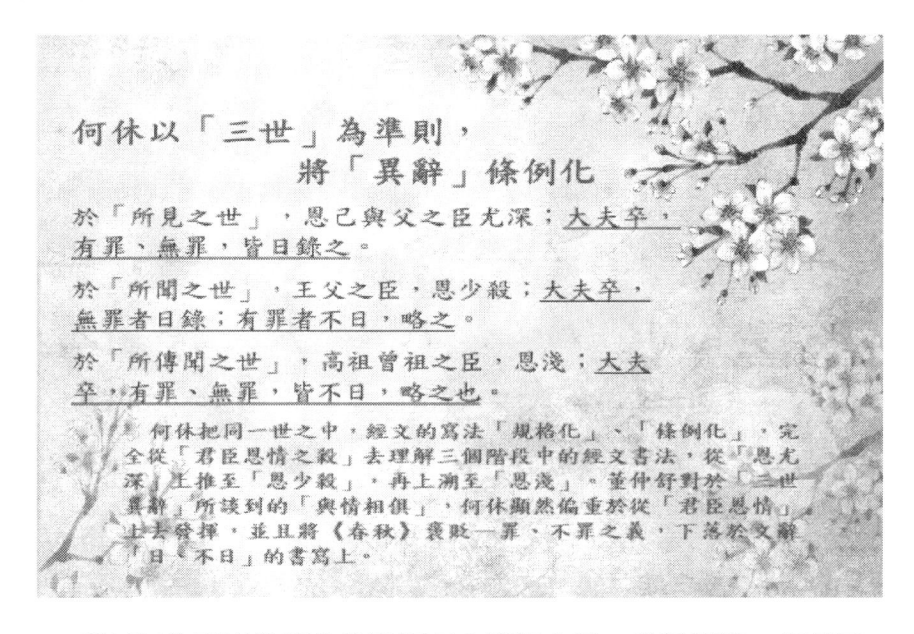

> **何休以「三世」為準則,將「異辭」條例化**
>
> 於「所見之世」,恩己與父之臣尤深;<u>大夫卒,有罪、無罪,皆日錄之</u>。
>
> 於「所聞之世」,王父之臣,恩少殺;<u>大夫卒,無罪者日錄;有罪者不日,略之</u>。
>
> 於「所傳聞之世」,高祖曾祖之臣,恩淺;<u>大夫卒,有罪、無罪,皆不日,略之也</u>。
>
> 何休把同一世之中,經文的寫法「規格化」、「條例化」,完全從「君臣恩情之殺」去理解三個階段中的經文書法,從「恩尤深」上推至「恩少殺」,再上溯至「恩淺」。董仲舒對於「三世異辭」所談到的「與情相俱」,何休顯然偏重於從「君臣恩情」上去發揮,並且將《春秋》褒貶一罪、不罪之義,下落於文辭「日、不日」的書寫上。

所以何休到底做哪些的發揮呢?簡單來講,我這裡舉一個例子:

> 於「所見之世」,恩己與父之臣尤深;大夫卒,有罪、無罪,皆日錄之。
>
> 於「所聞之世」,王父之臣,恩少殺;大夫卒,無罪者日錄;有罪者不日,略之。

於「所傳聞之世」,高祖曾祖之臣,恩淺;大夫卒,有罪、無罪,皆不日,略之也。

他把「三世」作為「異辭」的條例化,《公羊傳》本身不是有三世異辭嗎?就是「所見異辭」、「所聞異辭」、「所傳聞異辭」,何休就直接講「三世異辭」了,而且我在這裡劃了一個重點,他的「三世」裡頭,他同一個條例「大夫卒,有罪、無罪」的書寫,到底寫日期?不寫日期?變成是一個變化,也就是說事實上同一世裡頭,何休認為應該是規格化的,然後在不同世裡頭是有變化,而且這個變化還配上「亂世、升平、太平」,那這個東西大家就會發現了,何休講的是真的嗎?這個條例到底準確不準確?到底是哪裡有一些是出例?我們看下來,在這裡我就再引剛剛那個例子,當然這些例子遍布經文,我在這裡只舉隱公元年的這一條:

大家可以看到,在他所歸類的何休文例是這樣:「所見」、「所聞」、「所傳聞」,特定的變化,當然這個「三世」跟這個時代、年代:

何休「『大夫卒』,經文書『日』與否」之行文條例

三世	所見	所聞	所傳聞
年代	昭、定、哀	文、宣、成、襄	隱、桓、莊、閔、僖
恩殺	恩己與父之臣尤深	王父之臣,恩少殺	高祖、曾祖之臣,恩淺
經文書法條例	大夫卒,有罪、無罪,皆日錄之。	大夫卒,無罪者日錄,有罪者不日,略之。	大夫卒,有罪、無罪,皆不日,略之也。
舉證	丙申,季孫隱如卒。	叔孫得臣卒。	公子益師、無駭卒。

「昭、定、哀」；「文、宣、成、襄」是從董仲舒而來的沒問題，可是下面的這個「恩殺」跟這個條例，跟何休的舉證絕對符合，可是他所沒有舉的就不符合，所以他也很聰明，他舉的這個例子都符合。可是在經文二四二年裡頭的三世及他的例子，如果在他的例子以外去看，可能問題就很大，所以我們往下繼續看，就會去思考一個問題了，就是這個「文例」到底能不能用來解釋《春秋》書法裡頭的「常」跟「變」？就是回到董仲舒前面提的，因為別忘了何休是在董仲舒的基礎上面往前發揮，在董仲舒的核心關鍵──「常」跟「變」這個部分，「達辭」跟「常辭」這個部分，「文例」能夠圈得住他嗎？這個答案顯然是否定的。我在這裡就舉了三點：首先「君恩之殺」這個部分是何休的發明，再來「三世」產生三個階段的變化，我們發現這種三段式變化只有符合部分的個案，無法在經文中成為條例，那麼在這裡大家可以看到，我列出來的：

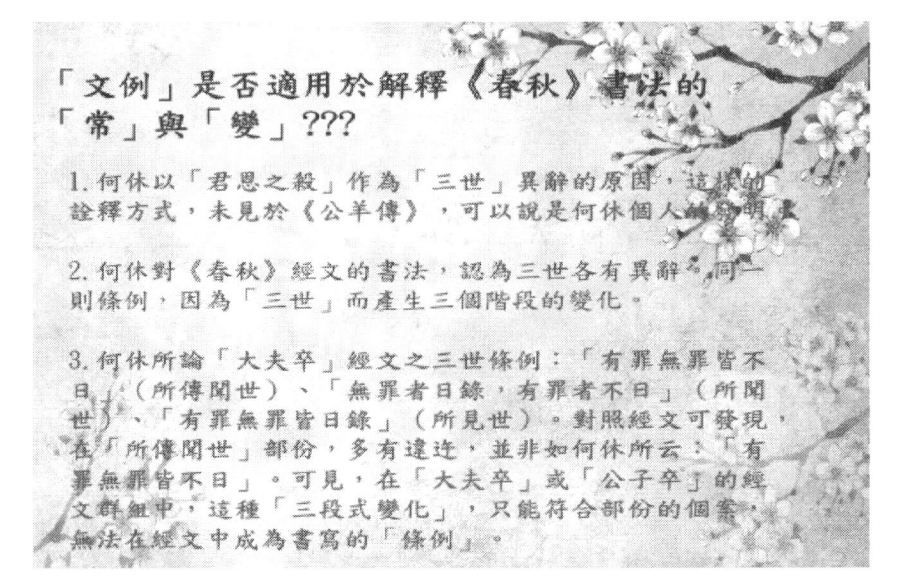

> 「文例」是否適用於解釋《春秋》書法的「常」與「變」？？？
>
> 1. 何休以「君恩之殺」作為「三世」異辭的原因，這樣的詮釋方式，未見於《公羊傳》，可以說是何休個人的發明。
>
> 2. 何休對《春秋》經文的書法，認為三世各有異辭，同一則條例，因為「三世」而產生三個階段的變化。
>
> 3. 何休所論「大夫卒」經文之三世條例：「有罪無罪皆不日」（所傳聞世）、「無罪者日錄，有罪者不日」（所聞世）、「有罪無罪皆日錄」（所見世）。對照經文可發現，在「所傳聞世」部份，多有違迕，並非如何休所云：「有罪無罪皆不日」。可見，在「大夫卒」或「公子卒」的經文群組中，這種「三段式變化」，只能符合部份的個案，無法在經文中成為書寫的「條例」。

何休《解詁》之「大夫卒『三世』條例」分析表：
（「所傳聞世」已證實為「不合例」，故不論）

三世	所見世	所聞世	
君恩之殺	恩已與父之臣尤深	王父之臣，恩少殺	
三世條例	大夫卒，有罪、無罪，皆曰錄之。	大夫卒，無罪者曰錄；有罪者不曰。	
何休舉證	丙申，季孫隱如卒（曰錄，故合例）	叔孫得臣卒（有罪，故合例）	
經文書寫實況		不曰	曰
	癸未，季孫宿卒。癸丑，叔鞅卒。戊辰，叔孫舍卒。丙申，季孫隱如卒。壬子，叔孫不敢卒。丙子，季孫斯卒。	叔孫得臣卒。仲遂卒于垂。	甲申，公孫敖卒。壬申，公孫嬰齊卒。辛未，季孫行父卒。丙辰，仲孫蔑卒。辛酉，叔老卒。己卯，仲孫貜卒。己亥，仲孫羯卒。
根據傳文查證罪狀	君恩深，無論罪不罪皆「曰錄」。	據《公羊》傳文所記或來看，確實有罪	是否皆「無罪」？傳文無發論，故無法證實

「所見世」的「有罪無罪皆曰錄」，無法成為通貫全經的條例。
在「所聞世」之中，同時出現了「曰」、「不曰」二種書法。
「所見世」的「有罪無罪皆曰錄」與經文的書寫模式顯然不相符。
和「所傳聞世」「有罪、無罪皆不曰」條例無法得證的情況相同，所傳聞世的經文，亦同時有「曰」、「不曰」二種書寫的模式。
如此一來，能夠成為全書「公子卒」或「大夫卒」書寫條例的，只剩「所聞世」的「無罪曰錄，有罪不曰」了。

請大家看我列出的表格最下面一行，我們可以發現有寫日期，沒有寫日期，事實上是有爭議的，並非全如何休所說的，大家可以從這一頁的表格看到我打了幾個問號：

公羊「三世」與何休「三世異辭」條例一覽表
依隱公元年《公羊解詁》所列
表格說明：何休所論有未及者，以「？」闕之。

公羊傳董仲舒	三世	所見世	所聞世	所傳聞世
	年代	昭、定、哀	文、宣、成、襄	隱、桓、莊、閔、僖
何休	君恩之殺	恩已與父之臣尤深	王父之臣，恩少殺	高祖、曾祖之臣，恩浅
	治世進化	治太平（用心尤深而詳）	治升平	起於衰亂（用心尚麤糙）
	內外書法	夷狄進至於爵天下遠近、小大若一	內諸夏而外諸狄	內其國而外諸夏先詳內而後治外。
				錄人略小，內小惡書，外小惡不書。
		？	小國有大夫	大國有「大夫」，小國略稱「人」。
		？	壽外離會	內離會書，外離會不書
	經文事例	譏二名：譏仁義『蕭歎雙多，仲孫何忌愈也』	宣11：「秋，晉侯會狄於欑函」襄23：「邾婁鼻我來奔」	？ ？

這個問號主要是何休他自己不符合的,他就不講了,他講的、舉的例子是符合的,所以大家就發現,我打的問號是何休沒有講,這個部分是有爭議的。那麼看下來我們在這裡就可以發現,從西漢到東漢,從董仲舒到何休,而最後是何休的這個版本流傳,我在很多的文章裡頭談到,我個人認為這個跟《繁露》是說經體,那何休現在見於世的《解詁》,是章句體,就是注經,所以這個版式的流傳,上禮拜高評老師有談到「印刷」對於傳經的影響力,這個我百分之百同意,所以後來我們在理解《公羊》內容的時候,「三世異辭」就變成是一個很主要的釋經途徑條例。我們從剛剛很短的時間,各位可以看到的確是可議,從書寫用詞來講,《春秋》經文並不是像何休那樣的規則性書寫。再來「世衰道微」到底這個三世是不是「升平」跟「太平」,實在很難服人。大家都知道,特別是在亂世,時局越亂的時候,《公羊》學越昌盛,大家對於求「變」的需求越強,你在這時候談「升平」、「太平」,大家大概就只能把它當成是一個「烏托邦」。如果像何休所論的,這是「《春秋》託新王所受命之作」,那麼主要是在一個理想王道的實現,可是所論到最後,變成在文例上面孜孜矻矻的、隻字片語的鑽研,這個不就是跟他的整個總體目標脫節嗎?這裡是我對何休所提出來的質疑,我在很多篇文章都講了。

　　下面我大概剩下一點點時間,我很快的帶一下董、何之間的糾結。在清代《公羊》學可以看到兩種學術面貌,大家知道我們對於清代《公羊》學大概都很容易理解有哪些人,可是大家對他們大概都只能講說因為變法時勢所致,因為議論時政,可是真的是這樣嗎?我們現在在談方法論的時候,不同的解經途徑會對於經典的,包含到底能不能致用,還有最傳統的詮釋,經典到底在講什麼,都會產生天壤之別。我舉了現在的兩種體現,這兩位都是董氏學的熱愛者,他們對於何休的文例都是不以為然,而且批評很多。第一位是孔廣森(1752-

1786），他提出了新「三科九旨」，所以我認為孔廣森提出新「三科九旨」是言之有據的，他的《公羊通義》裡頭，對何休有很多很多的撻伐。另外大家可以發現，重「義」不重「事」，我們當然知道《禮記》〈經解〉講到「屬辭比事以見義」，「辭」，文辭；「義法」，大義，可是對剛剛我們談到的董仲舒來說，他認為「遂人道之極」，他認為要「達變」達於變，而所謂「權變」的這個核心，其實就是在「義法」。到孔廣森他就在《通義》裡頭不斷的引用「董仲舒言」、「董仲舒說」，重點在強調「重義」。所謂的「重事」，事情的事，他是不看重的。這個不看重就會變成事實的真偽就不是《公羊》家的重心了，他要探求的是「大義」在哪裡。我常舉例說這就好像我們現在在問「三隻小豬」，我們的教育部長說它是個典故，那麼有人會去考證「三隻小豬」是真的嗎？當然不會，豬怎麼會講話，還蓋房子，還有勤勞跟懶惰，當然不會，它是寓言，但是寓言有沒有它的大義？有的，它要強調的是「巧弊」、「勤勞」，然後大哥、二哥那樣子是不行的，所以即便事情是假的，可是「義法」是真的，那麼這一點影響到清代許多的學者。比如說王闓運（1833-1916），甚至就認為《莊子》的寓言最接近《春秋》，都是在這個底子上面出發。孔廣森談到新「三科九旨」，重義不重事這是一個；另外一位，當然這兩個我都寫書了，大家可以參考。另外一個就是康有為（1858-1927），他的「新的世界觀」，當然大家會覺得你們《公羊》學都胡說八道，其實不是胡說八道，是因為我們不在文辭條例上面，我們不在事情的考證上面去在意、去鑽研，我們所在意的是「義法」是什麼，然後到底我們《春秋》的重點在哪裡？以這個重點去看我們這個時代，有什麼致用的途徑。康有為就是這樣的提出來，因為世界不一樣了，是萬國的世界。再來他看到，對於儒學能不能像歐美國家他們基督教的效用，我們來立儒教為國教，我個人認為這個跟日本明治維新的「神道設教」，

立國教有關。總而言之，康有為提倡新的「歐美萬國」，儒教為國教，梁啟超（1873-1929）、錢穆（1895-1990）先生的《中國近三百年學術史》其實都已經談到了何休在清代的重要性，當然也提到了，在不守何休文例的幾個不乖的、不守《公羊》家法的異議份子。這裡大家就可以看到，我舉的例子是孔廣森《公羊通義》：

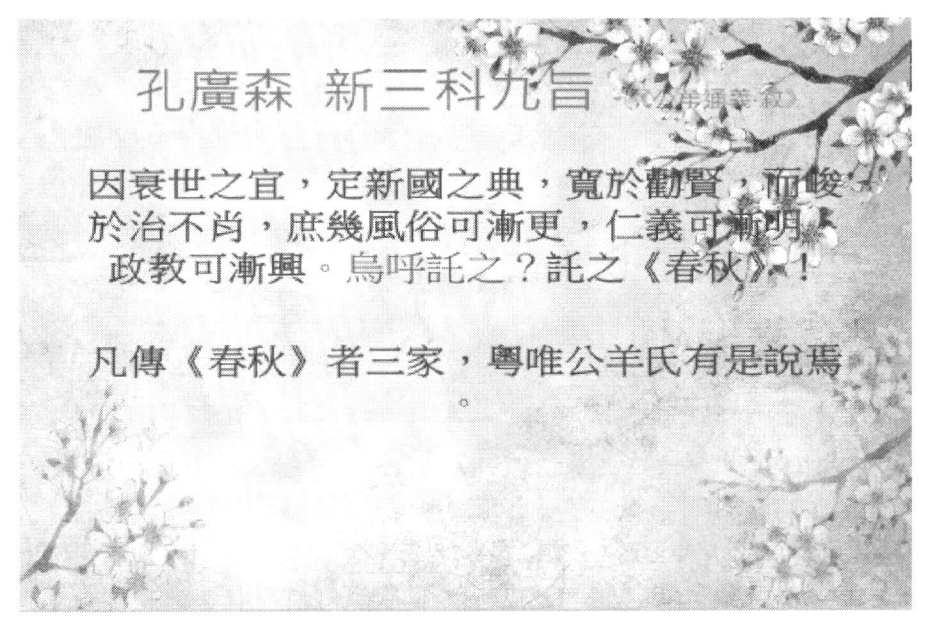

> 孔廣森 新三科先旨
>
> 因衰世之宜，定新國之典，寬於勸賢，而峻於治不肖，庶幾風俗可漸更，仁義可漸明，政教可漸興。烏呼託之？託之《春秋》！
>
> 凡傳《春秋》者三家，粵唯公羊氏有是說焉

很快掃過，因為來不及細講。那只有《公羊》家可以做到，孔廣森就講「仁義可以漸明，風俗可漸更」，跟康有為的那個儒教義法很像。然後康有為談到，稍微緩和一下，沒有那麼討厭何休，因為他認為「據亂」到「升平」到「太平」其實還是可以講得通的，「驗之萬國，莫不同風」，他認為「三世」不是像何休那樣切三段，康有為認為是每一世之中可以分為三世，這有點像陰陽家層層遞演。然後他說，我們同樣在地球萬國的這些國家，比如說像土耳其、波斯、印度，大家都在求進化，可是為什麼像，尤其印度，文明那麼好，可是生活那麼地差。然後美國的文明為什麼能夠那麼好？也就是說他發現，所謂

的「亂世」、「升平」、「太平」，不是進化的，是同時存在於一個空間，同時存在此時此刻的地球萬國，這個是新的「三世」的衍義。為什麼能夠同時存在？康有為提到的「義法」的核心就在於「仁」，那麼我必須強調這個其實是來自於董仲舒的「仁義法」。《春秋》談義法，實際裡頭，〈十二諸侯年表〉談到義法，可是在《春秋繁露》裡是談「仁義法」。康有為他談仁，回到「仁」這個部分來講，他就以這個地球萬國，同樣這個時間空間，哪個地區能落實孔子的「仁」，以人民為主，它就越進化，所以「每變一世，愈近於『仁』」，因此對於仁的強調，就產生了你是「太平」，還是「升平」，或是「亂世」。

還是講完了，講得非常快，也許不清不楚，在這邊還是就教於大家，謝謝大家。

蔣秋華：

謝謝濟襄，楊老師以她多年的研究經驗總結，先是談到《公羊》學早期有兩個路線，就是董仲舒跟何休，他們彼此之間有些不同，她做了很仔細的分析，進而談到清代。

清代的話，舉了孔廣森、康有為，他們也有些變化，尤其康有為的變化，因為他的時代進到近代之後，可能受到世界觀的影響，他這樣來談，跟傳統裡頭有些是不一樣的，當然他基本上立論還是在《公羊》學的要旨之下，來詮釋他所要面對的這個世界。謝謝濟襄，下面就請宋惠如老師接著報告。

宋惠如：

謝謝蔣老師。蔣老師還有在座各位《春秋》學專家以及線上各位同好，各位好。很感謝文哲所經學組的邀請。歷年來我研究的多是《左傳》學，雖然也做過幾篇董仲舒《春秋》學的文章，但是離《公

羊》學的專門研究還是有一段距離。不過文哲所經學組設定的課題探討「研究經典的方法」，是我們做經學研究，一定要面對且應該要不斷省察的，剛好《公羊》學的研究現況很適合這樣的觀察。相對於《左傳》學的研究，《公羊》學的研究成果其實算少的。雖然如此，我們觀察近現代研究的課題目錄，還是可以看到《公羊》學的研究相當多元，具有豐富的現代思維。

從《兩漢諸子研究論著目錄》來看，董仲舒的相關研究，大概一一一八條。從網路搜尋會更多，大概會有一三四四條。我們再以《公羊》當作關鍵詞，大約四百條左右，其中還沒有去除董仲舒《春秋》學的部分。也就是談《公羊》學，董仲舒的《春秋》學一定不可或缺，但是董仲舒的研究，牽涉非常的廣泛，所以本篇報告先排除董仲舒《春秋》學部分，這樣我們才能夠更清楚地看到傳統《公羊》學研究和近代《公羊》學的延續、改進或者是開創。在進入《公羊》學的說明之前，我們先探討經典「研究方法」的問題。我個人有一個觀察，研究經典的方法，首先可分為一般方法或者是特殊方法。

所謂一般方法，如清代考據學研治經典的方法，包括文字、聲韻、訓詁，甚至是文獻學的研究方法，版本、目錄、校讎、辨偽。當然還有一般很常使用的文獻分析法、歷史研究法、年代法、系譜學、四重證據法，還有如楊晉龍老師、張高評老師，談到關於傳播的問題，這些可以說是一般方法，也就是任何典籍都可以採行的方法。另外就是所謂的「特殊方法」，也就是隨著經典的體例、文字的書寫特質而形成的，如《春秋》學中的義例學，《詩經》學在《詩序》上討論，還有《易》學的象數、義理解經的討論。

再者，在研究視角上，至少可以有兩個思考。一個是所謂的「經典的超越性」，也就是建立在經典原典的理解上。比如就《公羊》學來說，基本上至少掌握《公羊傳》語言文字，透過《公羊傳》的說解

掌握《春秋》說了些什麼。但是在《公羊》學研究當中，我們可以看到，基本上是透過傳注的權威說解，作為我們理解《公羊傳》以及《公羊傳》怎麼解《春秋》的起點。比如後人通過董仲舒大一統說、經權說，何休三科九旨說理解《公羊》傳等，也就是說，事實上專門以《公羊》解《春秋》的這一個部分，如周予同、日本的狩野直喜（1868-1947）都曾談到，不涉及後世注疏之說，《公羊傳》本身究竟如何解釋《春秋》？是我們應該要深加關注的，可是這個層面的關注好像不如我們對董仲舒、何休《春秋》學的關注來得多。這是經典超越性的視角。

　　第二個部分是所謂「解讀者的歷史性」。「解讀者的歷史性」是說每一個朝代，或是說每一個時期，《公羊》學的研究者或研究群體的時代背景、時代關懷，其實影響到他們關注的議題與思維方式，他們如何透過經典去解決當代的困境等等。這樣的思維是來自於黃俊傑先生有一篇文章特別講到「解讀者的歷史性」的問題。經典解釋者本身也是歷史性的存在，在這樣歷史性的具體存在當中，解讀者有自己的情境和記憶，以及思想系統。因此在經典研讀過程中，不免會把解讀者自身的「歷史性」代入到經典的思想世界，然後經由這樣的歷史性，開發他所認知的經典的潛藏性的各種意義。

　　結合一般與特殊的方法論，以及經典超越性與解讀者歷史性兩種研究視角，我們大概可以形成比較全面的研究方法的觀察，掌握《公羊》詮釋史發展的基本論述。我們的解讀視角，以解讀者歷史性為主，還是以經典原典的超越性為主？對於經典的研究，或者偏重在「超越性」，或者偏重在「歷史性」，其實是不一定的，有著視角上的轉換，是很正常的。那麼我們下面從傳統和近現代《公羊》學的的研究主題和方法，試著比對看看，《公羊》學的研究有什麼繼承跟創新。

　　傳統《公羊》學典籍《漢書》〈藝文志〉載錄三種，《隋書》〈經

籍志〉載錄十六種,其中主要研究方式,就是經傳注疏,另外就是對三《傳》的攻防,還有條例方面的關注。(注疏可以說是一般研究法,條例之學則屬於《春秋》學的特殊研究法。)繼之,《舊唐書》〈經籍志〉載錄十三種,《新唐書》裡面也有所載錄,內容大致相同,但增加了另外一種形式,就是對《公羊》的「論難」。到了《宋史》的〈藝文志〉,它著錄了二百四十部《春秋》著作,可是跟《公羊》學相關的只有兩部,一個就是注疏,另外一個也是論難性質的去談《公羊》的得失。《明史》著錄一百三十一部的《春秋》學著作,沒有載錄《公羊》學任何相關的著作。時序到了清代,《四庫全書總目》載錄的不多,總共五部,其中三部是三《傳》同考的,也就是去做三《傳》比對的。《續修四庫全書總目》載錄的就比較多,有十四種。當然我們從這十四種書目,可以看到研究類型擴大了,包含傳統的《公羊》注疏、解詁之外,還有大義的疏解、禮說,以及曆譜學。《清史稿》載錄也有多部,有二十二種。

我們可以綜合來看,傳統《公羊》學的研究議題跟核心,大概有兩點。第一個,怎麼樣詮釋《春秋》大義?歷來比較關注在「經典超越性」部分。第二個部分就是何休《公羊》學,也是歷代相對關注的人物和課題(這些是除開了董氏《春秋》學以外的觀察)。此外,清代《公羊》學的禮說,則是清代發展的一個比較特別的課題,如果再進入到近現代《公羊》學的研究課題跟方式,我們大概可以看到,經典研究的一個核心,是從原典的解釋擴大到原典內容相關論題的各項專門研究,這些課題怎麼呈現,其實就意味著我們「研究方法」的不同,甚至是視角的擴大跟變異。最不同以前的,從最大的角度來看,可以說就是主題式的研究方式。這樣的研究方式可以深入論析更細節的《公羊》學各項議題,透過不同議題的掌握,形成不同的研究進路、研究視角,還有研究方法。

從總論來看，部分專書研究《公羊》學的性質和內涵。如果從經義來看，三科九旨討論最多，三科九旨當中，談夷夏論為多。當中課題又包括讓論、經權、正名、政治哲學、倫理哲學、歷史哲學、災異、復仇觀。這些篇章好像看起來類目很多，但事實上研究的文章數並不多。

　　另外一個研究進路就是經典的比對。我們可以看到的研究篇章包括：《公羊》跟《左傳》的比對，有談到禮制的，或是談《春秋》筆法的。此外還有《公羊》跟《穀梁》的比對，義理上面的比對，會談到霸者、褒善跟親親的問題。也有《公羊》跟其他經典的比對，目前看到的就是《史記》跟《公羊》的比對。同時，大家特別關注的還有一個，就是《公羊》解經方法的問題。在「例」上面的討論特別多，大概綜合起來可以看到十四篇。讓我比較意外的，對於探討解經方法的原理原則問題，例如借事明義是一般常被提到的說法，可是真正的去完整討論它，僅有一篇胡楚生老師的文章。另外也有從敘事的視角、文學的視角、語言文字、文獻等等，當中很有趣的一點是，許多日本學者談《公羊》，會研究《公羊》成書，這樣的文章至少有五篇以上。再進一步，我們可以看到《公羊》學議題當中，被關注很多的就是義理問題，在這些義理問題當中，其實像現代學者牟宗三（1909-1995）先生的研究，朱東潤（1896-1988）先生、阮芝生先生、李新霖先生的研究，其實都有他們的特殊見解和議論。如果我們從民國經學視域下的課題來看，再結合如前面所說的一般方法或特殊方法的研究進路的話，兩相聚焦之下，可以獲得很多研究的新方向跟課題。

　　另外，我們從解讀者歷史性的角度來談民國以來的《公羊》學研究，這個部分可以分時代來看。漢代的部分，探討漢代學術演變的文章是比較多的，談到災異，對何休的關注就特別多，至少有四本專書，八篇論文。在唐代，討論的比較多是徐彥，專書有兩本，篇章有

十一篇。然而，對宋明時期的研究相對較少。到清代的討論又開始增多，清代總論的部分就有四本博碩士論文或專書，而且對清末關注也很多。另外一個從臺灣開始，後來擴散到大陸的常州學。其次，個論的部分，清末《公羊》學者的研究是非常多的。其中被關注最多的研究者是孔廣森（1753-1786）、劉逢祿和康有為，研究專書最多。孔廣森的研究路向，比較傾向於董仲舒，劉逢祿的研究路向繼承何休，因此可以看到大家對這兩個路向的研究都很有興趣。

　　在理解、掌握一個近代的研究大要之後，最後我想跟大家做一個簡單的總結，就是說如果我們從經典的超越性研究來看的話，當然我們這個部分的關注度不能算多，包括傳統課題的延伸、方法的延伸，那麼對於《春秋公羊》學的總論，包括其內涵跟性質的討論，未來必定是一直持續的。另外就是注疏學的現代研究雖然不多，但是仍有學者進行。如果說就我們比前人更有研究資源，那麼經典的比較研究，其實是我們可以關注的，比較範圍可以從三《傳》擴大到諸子跟史傳。在研究方法上，我自己覺得很有意思的是數位人文的方法。「數位人文」，當中有所謂「文字標記」研究法，事實上，在還不知道「文字標記」這個名稱的時候，很多學者其實已經在做關於「字詞用法」的比對，其實也是傳統中所謂「引得」的方法。舉例來說，凡例／義例／條例的用法對《公羊》學是特別重要的解經方式，透過比對《公羊》本身，或者三《傳》當中的某些字例，再擴大到比對先秦兩漢典籍當中的用詞方式，透過數字的表現跟統計，我們進行相關的解讀。利用數位人文，比對很快出來，主要在解讀的工夫，這個方法熟練了，可以處理很多課題。

　　再者，我們從解讀者的歷史性來看，還有很多可以研究的課題：清以前《公羊》學者的個論研究，民國以來《公羊》學者的個論研究，當然還可以再持續探究。還有一個也很有趣的，就是進行學者間

的比較研究，像剛剛楊老師處理董仲舒跟何休的比較，其實可以讓我們更了解《公羊》學內部的分派跟發展脈絡。除此之外，從學術史角度，研究《公羊》學的發展脈絡，目前有一些《公羊》學史的著作，只是我們對於個論的學者研究，如果還不足，去談《公羊》學史的總體發展，相對比較不完整，而這個部分還有努力的空間。其次，解經方法的討論、解經原理、義例跟借事明義等問題，現代研究其實不多，還有很大的研究空間。再來，就是義理的部分，包括制度、世變、致用種種的課題，這個部分也還有很大的討論空間。

我個人對於經學研究發展的一些想法，如同上次張高評老師所說的，經學的研究正在不斷的發展中。如果我們看到經學研究目錄的種種，再加以分析，其實應該對經學研究懷抱很大的信心，各項的課題研究真的非常豐富。換個視角來看，如果我們從所謂的「解讀者的歷史性」角度來看的話，每個時代都有它的時代課題，一直都會出現新的研究視角、研究方法，值得肯定跟關注。另一個層面，在不同時代，共同為學者所關注的「經典的超越性」，也就是經典義理的追求、原典的回歸，是經學研究的永恆課題，這兩個層面的問題都是我們在推進現代經學研究時的主要關注。特別是我認為，經典重要的內涵和價值，如何把它們轉譯為現代語言，提出我們這個世代的創造性詮釋跟說明，是我們經學研究者永恆的工作。以上報告，謝謝。

蔣秋華：

謝謝惠如，宋老師剛剛先介紹一些相關的研究方法，還有學者的方法，之後又根據了歷代的書志、書目，來看《公羊》學有哪些著作，有某些的時代是相當沉寂的。後面又整理了現代研究的成果，然後做了一個很詳細的分類，並且加以介紹。從她的介紹可以發現近代的研究趨向，焦點可能是在哪些部分。她應該下了相當大的功夫，對

於這個材料的掌握，應該是相當多，非常的完備。下面我們就進入到《穀梁》學，先請吳智雄老師，吳教授開始。

吳智雄：

首先謝謝文哲所經學組的邀請，讓我們這個小眾團體，有機會在線上跟大家分享自己的讀書心得。繼前面《公羊傳》的小眾之後，現在進入更小眾，應該說是微眾的《穀梁傳》。今天跟大家報告的內容，分成四個面向。除了前言之外，另外三個面向是參考文哲所給的座談會報告重點。

前言部分大概有兩個重點，第一個是先介紹自己研究《穀梁傳》的緣起，另外是從學界研究成果的數據狀況，大概說明目前《春秋》三《傳》的研究現況。

首先，我想引章學誠（1738-1801）《文史通義》的這一段話：

> 通古今之變，而成一家之言者，必有詳人之所略，異人之所同，重人之所輕，而忽人之所謹。

我記得第一次聽到這段話的時候，大概是在碩二時修鮑國順（1947-2013）老師的「清代學術專題討論」，但那時候就只是覺得這句話聽起來好像還滿酷的，沒有特別的想法，所以也就是聽一聽就過去了。後來閱讀了幾篇張高評老師關於論文的研究選題，或是《春秋》經傳研究現況與未來發展的文章時，發現張高評老師也好幾次引用了這段話，才促使我回想過去關於《穀梁傳》的研究過程，似乎就是這樣的想法。不過，我當初在找論文題目的時候，其實並沒有這麼深義的考量，那時候只有兩個標準，就是「看起來有點重要，但實際上好像又沒那麼重要」。「看起來有點重要」這點，應該不難理解，因為《穀梁

傳》名列十三經,又是《春秋》三《傳》之一,應該不會被忽略它本身既有的重要性,所以「看起來有點重要」。至於「實際上好像又沒那麼重要」這點,就牽涉到目前學界關於《穀梁傳》的研究成果數量了。

關於《穀梁傳》的研究數量,這邊引用兩位前輩師長的數據來說明。首先是張高評老師,他這篇文章發表在二〇〇四年,說的是當時近五十年的《春秋》學研究現況。因時間有限,我就只講重點:

> 以《經義考》著錄言,歷代《穀梁》學專著僅有二十四種。若合《二傳》、《三傳》、《四傳》、《五傳》言之,亦不過五十餘種,冷寂情況可以想見。
>
> 《春秋》經傳之研究,《穀梁》學向來較冷清。無論歷代論著、博士碩士學位論文,或當代學者專書,要皆如此。學報、期刊等單篇論文,亦反映此種現象。五十年來,臺灣學界發表《穀梁》學單篇論文,只有三十二篇。

張老師講到《經義考》中的著錄,歷代《穀梁》學專著只有二十四種,五十年來只發表了三十二篇,這篇論文中的五十年是二〇〇四年往前推五十年。而在另外一篇文章〈《春秋》經傳研究之未來展望〉（2003年）中,提到的《左傳》學研究成果最為豐碩,總數大概是四百篇左右,《春秋》學大概是一百六十多篇,《公羊》學四十五篇,《穀梁》學不過三十二篇,《左傳》跟《公羊》、《穀梁》的研究數量大概是十比一。由此可以看出,學術研究的冷熱趨避,其實是蠻明顯的。接著,再來參考林慶彰老師主編的「經學研究論著目錄資料庫」,從一九一二年到二〇〇二年,當中大概有九十年的時間。如果我們在關鍵字中輸入「左傳」,大概可以得到一七七七筆（佔百分之七十一）；輸入「公羊」,大概有五百五十筆（佔百分之二十二）；輸入「穀梁」,

大概得到一八一筆（佔百分之七）。《春秋》三《傳》的整體比例，大概就是七比二比一，其中的《穀梁傳》甚至連一成都不到。

如果把這兩個數據拿來比較的話：《左傳》從近九十年的百分之七十一到近五十年的百分之八十五，趨勢基本上是成長的。《公羊傳》從近九十年的百分之二十二掉到近五十年的百分之九點四，趨勢是下降的。至於《穀梁傳》呢？從近九十年的百分之七到近五十年的百分之六點七，冷寂的趨勢基本上沒什麼改變，也就是一路走來，始終如一的一路躺平。如果從這個角度來看，《穀梁傳》其實還滿有「現代性」的，蠻符合現代人容易躺平的時代特色。

關於《穀梁傳》這樣的研究現象，就我自己的角度來看，其實是憂喜參半的。先講憂的部分，大概就是受學界重視的程度極低，沒幾個人願意投入，對學術研究的平衡發展，或是對《穀梁傳》的未來研究，當然是憂。至於喜的部分，其實是就我個人來說，《穀梁傳》沒什麼人研究，表示它沒那麼重要，也就不會有什麼人來跟我競爭，這對資質不足、讀書不精、用功不勤的我來說，當然是喜，當然也就符合當初選碩士論文題目的標準──看起來有點重要，但實際上好像又沒那麼重要。所以，我個人對《穀梁傳》研究冷寂的現象，其實是憂喜參半的想法。

接下來進入到第二個報告的面向。其實剛開始在接到文哲所經學組的邀請時，老實講我不太知道要講什麼，也不知道能講什麼，因為覺得自己好像也沒什麼特別的研究方法可以分享。後來參考了文哲所提供的三個座談重點，發現這三個重點，我好像都有用過，所以就照著這三個方向來跟大家報告。

第一種方法是「傳統研究法」。所謂的「傳統研究方法」，在一些前輩學人的著作裡，其實都有提到，我不能掠美，所以先整理了兩位前輩學者關於《穀梁傳》的研究方法，再加上一點古籍的記載來說明。

首先是王熙元（1935-1996）老師，王老師是臺灣研究《穀梁》學的先驅，他在〈春秋穀梁傳述要〉這篇論文中，提到研究《穀梁傳》有五種方法：約取法、博觀法、分析法、比較法、融通法，各方法的簡要說明請大家參看：

　　約取法（約取范注、楊疏之說）
　　博觀法（博觀清代以來著述）
　　分析法（分析《穀梁》書法、《春秋》記事之例）
　　比較法（比較《公》、《穀》同異）
　　融通法（融通《左》、《公》二傳）

另外一位是大陸學者謝金良，他在《穀梁傳漫談》這本書裡，也提到了五種研究方法：通觀全經、綜覽三《傳》、推校史實、從源溯流、有的放矢。這五種研究方法，前面四種大家可能比較容易從字面上理解，最後一種我自己光看標題，實在有點不太能理解，所以在這裡大概說明一下。謝金良認為，可以在熟悉《春秋》大義的基礎上，選擇一種研究視角，或從注疏考證訓詁，或從文化思想的角度入手等等，如果從他的解釋來講，可能比較偏向是選題的一種方法。
　　除了這兩位民國時期前輩學者的方法歸納之外，我大概再舉幾位古代《穀梁》學家的說法。
　　比如范甯（339?-401?）在《春秋穀梁傳集解》〈序〉中提到：「凡傳以通經為主，經以必當為理。夫至當無二，而三《傳》殊說，庸得不棄其所滯，擇善而從乎？」說的是要辨別三《傳》說法異同的研究方法。另外，在東晉徐邈（171-249）《春秋穀梁傳注義》有提到：「《春秋》皆變常文而示所謹，非徒足以見時事之實，亦知安危監戒云耳。」「事仍本史而辭有損益，所以成詳略之例，起褒貶之意。

若夫可以寄微旨而通王道者，存乎精義窮理，不在記事少多，此蓋脩《春秋》之本旨。師資辯說日用之常義，故穀梁子可不復發文而體例自舉矣。」「《春秋》雖為親尊者諱，然亦不沒其實，故納鼎于廟，躋僖逆祀，及王室之亂，昭公之孫，皆指事而書。」「禮以飾情，情疏則禮略，《春秋》所以略文乎。又吳札不書氏，以成尊于上也。宋之盟，叔孫豹不書氏，以著其能恭。此皆因事而為義。」等等，這比較是屬於「屬辭比事」的研究方法。

而在清代柳興恩（1795-1880）《穀梁大義述》中的阮元（1764-1849）〈序〉：「善經則以屬辭比事為據，事與辭則以《春秋》日月等名例定之。」一樣很明確的提出「屬辭比事」的研究方法。此外，柯劭忞（1850-1933）《春秋穀梁傳注》提出「兼通三《傳》」的方法。戴增元〈穀梁學通論〉也是有「善治三《傳》者，勿附會，勿淺嘗，常各明其學說之原委，還其本來之面目，而後《春秋》之為《春秋》」的說法。

類似這種文獻研究法的主張，年代比較接近的，比如王靜芝（1916-2002）先生在《經學通論》裡，有提到「研究《穀梁傳》的方向，應該把它看作與《公羊傳》同性質的解釋《春秋》的參考書；應該把《公羊》所解釋的，與《穀梁》對照研究，互相參考，求其得當的議論」。或者是拿《左傳》來參考，或是偏向於比較《穀梁》與《公羊》的異同，這是比較的研究法。還有一種是兼通三《傳》的方法，也在《春秋》文獻研究法當中，例如莊雅州老師在《經學入門》這本書中也提到三《傳》相互配合的研究方法，莊老師說：「《穀梁》有許多特殊的說法，足以與《公羊》互相配合，互相參看，也是不可偏廢的。其實不僅《公》、《穀》如此，即以三《傳》而言，也都各有其優劣，必須會通而觀之，才能對《春秋》有較完整而正確的看法。」

歸納前面這幾位前輩學者的傳統研究方法，我們大概可以將它分

成這幾個大面向：一個是文獻研究法（歷代著述、融通三《傳》、屬辭比事），一個是歸納分析法（書法義例），一個是比較研究法（《公》、《穀》異同、三《傳》異同），一個是歷史研究法（推校《左傳》），這些是《穀梁傳》傳統研究方法中，可以提出來跟大家報告的。

第三個面向是西方的研究方法，它可能比較偏向於一種「視角」，也就是說研究《穀梁傳》，可以從這幾個方向切入。比如說，從倫理學探討《穀梁傳》的倫理思想、道德抉擇；從社會學探討《穀梁傳》的秩序論；從政治學探討《穀梁傳》的民本觀、治國觀跟政治應用；或者是從法理學去看《穀梁傳》的政權正當性，或是跨域到《公羊傳》中的《春秋》斷獄。

這幾種研究方法，讓我想到司馬談（？-前110）〈論六家要旨〉、《淮南子》〈氾論訓〉跟《漢書》〈儒林傳〉，都有提到的一個共通性，就是不管是六家或者是六藝，在漢朝人的眼光看來，它都是「務為治」、「務於治」或者「致至治」的主張。這樣的主張，其實是蠻能夠採用西方的倫理學、社會學、政治學、法理學的角度來研究《穀梁傳》；而這樣的看法，其實是跟周代的禮崩樂壞，或者是牟宗三先生「周文疲弊」的說法相對應。

講到這邊，我就想到在寫碩士論文時，在決定研究看起來有點重要但實際上又沒那麼重要的《穀梁傳》後，當時我的指導教授王金凌（1948-2012）老師就叫我先讀在當時我覺得八竿子都打不著的書，比如說羅爾斯（John Rawls, 1921-2002）的《正義論》、韋伯（Max Weber, 1864-1920）的社會學《支配的類型》，或是博登海默（Bodenheimer, 1908-1991）的《法理學》。《正義論》、《法理學》或是《支配的類型》，當時的我會覺得，這些書跟《穀梁傳》有什麼關係，但是後來才逐漸了解到，原來老師是想把我引導到用西方的方法來研究。果然，後來撰寫碩士論文時，基本上就是採取了社會學跟政治學的角

度,然後再搭配范甯注或是楊士勛疏的傳統注疏著作,再加上《左傳》的史事記述,終於完成碩士論文的寫作。

除了這些之外,像高評老師在〈《春秋》經傳研究之未來展望〉論文中,也有提到《穀梁傳》的一些研究方法,他在這篇文章中舉了一四四個《春秋》經傳的研究選題,認為這些「研究選題值得開發,而學界多未觸及」,值得「學者專家斟酌損益,齊心投入研究」。當中跟《穀梁傳》有關的,比如說《穀梁傳》的語法(意)學、《穀梁傳》與女性書寫,或是《穀梁傳》的歷史哲學等等;同時在這篇文章最後的結論裡,張老師也提出了蠻多種比較偏向西方的研究法,比如說語言學、經典闡釋學、敘事歷史、歷史哲學等等,如果要參考西方的研究方法,這些都是可以切入的方向。

最後談談自己的新方法,我主要是從輯佚文獻的角度切入。對輯佚文獻的研究,其實不能算是新方法,比如說在《左傳》學的研究中,就有前輩學者從輯佚文獻切入,但如果以《穀梁傳》來講,到目前為止,似乎都還沒有,所以大概可以勉強算是自己的新方法,這邊舉三個例子來說明。

在很多歷史記載中,一些經學史事件,或者是有姓名記載的《穀梁》學家,他們的著作後來都亡佚了。因為亡佚,沒有全本,所以我們就很難看到它原來的內容,但是若干的輯佚文獻其實可以補上這方面的不足。比如說何休的「三闕」跟鄭玄(127-200)的「三疾」,何休只有小鄭玄兩歲,在當時有「學海」之稱,鄭玄則有「經神」之稱,何休專攻《公羊》,鄭玄兼釋五經,所以兩個人基本上比較不像西漢時期《公》、《穀》二《傳》之爭那麼地水火不容,所以當何休寫了《左氏膏肓》、《公羊墨守》、《穀梁廢疾》之後,鄭玄就寫了「三疾」:《發墨守》、《鍼膏肓》、《起廢疾》。這些文獻現在已經失傳了,但是我們在清人的這幾本輯佚文獻:王謨(1731?-1817)《漢魏遺書鈔》、孔廣

林（1746-1814）《通德遺書所見錄》、王復（1747-1797）《問經堂叢書》、袁鈞（1751-1805）《鄭氏佚書》、黃奭（1809-1853）《黃氏逸書考》，其實是可以看到少部分內容的，尤其《後漢書》〈鄭玄傳〉中有一句蠻重要的話，就是當何休看到鄭玄發、鍼、起《公羊》、《左氏》、《穀梁》後，他說了一句話：「康成入吾室，操吾矛，以伐我乎！」一般來講，如果根據史書的寫法，好像何休在這場筆戰中戰輸了，但事實上真的是這樣嗎？如果從現存的輯佚文獻來看，其實好像未必。何休的這句「入室操戈」，可能有一半是真，有一半是客氣或者是他不想再講了。

再如魏人糜信，他是很重要的《穀梁》學家。他的《穀梁》學在魏晉六朝的百年時間裡，地位其實是相當重要的，但他的著作都已經亡佚了，可是在王謨、黃奭、馬國翰（1784-1857）的輯佚文獻中，都還可以看到一些相關的隻字片語，例如《春秋穀梁傳注》、《春秋說要》、《春秋漢議》。這些隻字片語蒐集起來，就可以來研究糜信《穀梁》學的一些側面，可以多一點大義上的闡述。另外，再比如東晉的徐邈，他也有一些《穀梁》學的著作，可是也都亡佚了，不過在馬國翰的《玉涵山房輯佚書》中其實是有的，而且輯的還不少，共有《春秋穀梁傳注》、《春秋穀梁傳義》、《徐邈答春秋穀梁義》，我記得好像輯了八十九條，是馬國翰所輯的晉朝人注疏中數量最多的，讓我們可以了解徐邈《穀梁》學的大概內容。所以如果從這個角度來看，這些輯佚文獻，到底是「斷簡殘編」、「殘羹冷炙」、「斷爛朝報」，或者是「吉光片羽」？就看研究者自己是如何看待了。

當然了，還有出土文獻，但我的能力、時間有限，暫時還沒有處理到這個部分，之後會再留意，謝謝大家。

蔣秋華：

　　好，謝謝智雄。吳老師他從傳統的研究方法、現代受西方影響的研究方法，以及自己的研究方法，這幾個層面，來談《穀梁》學的研究。傳統的話，就根據一些原有的文獻，另外現代的一些研究的確受到西方影響，運用他們的一些學理，再來談我們的文獻，也有一些新穎的成果。他個人談到了，剛剛他也有參考傳統的、西方的、現代的研究方法。他特別提出來「輯佚」，即從「佚文」這方面，因為《穀梁》相對所留存下來的著作不是那麼的豐富，所以要研究的話，很可能部分佚著被掌握到，就能研究，但也不容易，他特別從「輯佚」，就是清代很多「輯佚」，看起來「零星的資料」，但是就是因為它零散，相對輯佚起來，對於研究者有他的便利。另外最後他講到出土文獻好像是有，但是不太被大家知道，這個部分我不曉得有沒有去留意一下敦煌，敦煌裡頭浙江大學那邊許建平他們有整理一套敦煌的經學文獻，他們那一套書裡頭，或許去查查看，會不會有，這個我也沒去查核，我也不知道。下面我們就請逸光，簡老師。

簡逸光：

　　蔣老師、各位老師大家下午好。今天要跟大家分享《穀梁傳》的研究方法，主要從兩個部分來談，一個是傳統的研究方法，一個是今人的研究方法。傳統的研究方法主要是集中在《穀梁傳》本身的研究，它不見得是可以擴散到其他的經典，後面我想談一下今人的研究方法，個人覺得它的研究方法對象，並不侷限在於《穀梁傳》，也就是說這個研究方法是可以擴及其他經典的。

　　關於《穀梁傳》，大家比較熟悉的是范甯《春秋穀梁傳集解》，裡面有牽涉到關於「義例」的部分，我們一般理解所謂的「義例」，就是以《春秋》或是《穀梁傳》的經文、傳文作為整理的對象，如果是

《春秋》或者是《穀梁傳》裡面提過的，我們就會認為這個是經典裡面所提供出來的《春秋》之例，或是《穀梁》傳例。我們整理范甯注的時候會發現，范甯提到「傳例」多是《穀梁傳》的原文，如范甯注提到「傳例曰『及者，內為志焉爾』」，這就是《穀梁傳》的原文，范甯以此為注，基本上不會有太大的爭議。舉凡經文出現「及」字，都可以用《穀梁傳》「及者，內為志焉爾」去解釋。另外范甯還有進一步整理，比如范甯注說：「君殺大夫例不地。甚鄭伯之殺弟，故謹其地。」這是針對隱公元年「鄭伯克段于鄢」的書法。就是為什麼書地呢？因為謹其地。如果我們讀「鄭伯克段于鄢」，又讀到「鄭殺其大夫申侯」，會發現它們的差異，一個書地，一個不書地。書地與不書地，對《穀梁傳》而言，差異在哪裡？如果從《穀梁傳》的原文去找，能找到的可能就是「謹其地」這樣的說法。范甯說「君殺大夫例不地」，也就是說在普遍的《春秋》經文裡面，國君殺大夫是不書地的，這是一個普遍性的原則，然後在「鄭伯克段于鄢」，它變成一個特別發傳的「傳例」，所以用「謹其地」來解釋，反推過來就可以說「君殺大夫例不地」，這是范甯在他注裡面處理關於《穀梁》「傳例」的部分。

另外一個部分，在楊士勛的疏中引用很多范甯提過的例，比如「范氏《略例》、范《略例》、范例，范氏《別例》、范《別例》、范氏例」，這些用法之間究竟有沒有根本性的差異，要進一步研究才知道，但它們都有一個共同的特性，就是范甯提到「別例」或是「略例」的時候，往往會進行數量上的統計，如「成公元年伐莒，莒潰」，范甯就會歸納整理，在《春秋》跟《穀梁》的經傳裡面提到「潰」字總共幾次，然後發傳幾次，再去辨析其中的同跟異。從「通例」來講「潰者有四」，好像都是一樣，可是范甯會去進一步推敲這四次的發傳，裡面還有一些些微的差異。說明前人注意到不能夠僅依靠《穀梁傳》的傳文就當成是傳例，有些傳例可以透過比較不同之處，而有新的理解。

楊士勛《穀梁疏》繼承很多范甯對義例的觀點，但仍有一些不同的地方，除了「傳例」、「注例」跟「略例」、「別例」，楊士勛另有一些例的稱法。比如「經例」、「常例」、「眾例」，講的就是一般正常情況的例。關於變例，他提到了兩種，一種稱作「變例」，一種稱作「違常例」。另外還有「起例」、「蒙例」。凡是范甯沒有明說或者沒有特別交待的，楊士勛會在這些地方有所補充。

　　另一個部分，我想談一下柯劭忞的《春秋穀梁傳注》，他認為不是只有《公羊傳》重視家法，《穀梁傳》也相當重視。比如他在《穀梁傳》用「時、月、日、天王、天子、王、譏、貶、絕」來解經。如傳文提到「天王、王、天子」，如果沒有特別去注意的話，我們會覺得是指當時的天子或是周王，不會太去注意之間的差異，或者差異背後是不是有不同的意涵。柯劭忞言《穀梁傳》「九旨」，區分「天王、王、天子」，然後解釋「天王、王、天子」究竟有什麼不同。比如他說文公元年稱「天王」，是因為文公是正的。莊元年稱王錫桓公，是因為魯桓公篡弒隱公，所以不稱天。稱「天子」，是因為「宣篡弒，其子不應立」。這樣的解經方法跟范甯或是楊士勛所強調的重點不一樣，他是有意識的利用「九旨」來解經。另外他也強調劉向還有鄭玄的經說，比如莊公三十一年，冬不雨。按《穀梁傳》傳例，僖公三年，不雨是勤雨。還有個解釋是不憂雨，就是無志乎於民。柯劭忞注：「大旱也。其夏旱雩祀，謂之大雩。不傷二穀，謂之不雨。」他的解釋跟范甯、楊士勛不同，他的來源是《漢書》〈五行志〉裡面劉向（前77-前6）提到的這樣一個祭祀，他認為劉向的解釋比較符合《穀梁傳》的意思，遂引用之。另外一個例子就是他引了劉向《說苑》，提到諸侯正寢，有高寢跟入寢的區分，顯然他也不同意范甯跟楊士勛對「高寢」的解釋。范甯說「高寢」是「宮名」，楊士勛說：「高者，大名，嫌是路寢之流，故發傳明之。」楊士勛沒有解釋高寢是什麼，或入寢跟高

寢差別在哪裡，僅說它們有別，至於它們是什麼呢？就沒有進一步講清楚。柯劭忞認為劉向的說法是對的，所以他就直接引用了。

　　下面談一下今人的研究方法，底下舉的今人研究方法，個人覺得它是一種跨經的研究方法，比如郜積意教授有一篇文章，很值得參考──〈今本何休《解詁》通用字辨〉。過去做校勘的時候，會利用不同的版本來比對異同，但往往比對出異同之後，卻不知道何者是對，何者是錯，遇到這種情形該怎麼辦？或在傳本上看到何休注前後用字不同，如果不去深究，通常會用「通假」或者「通用」字來解釋。郜教授這篇文章認為何休在寫《公羊傳解詁》的時候，用字謹慎，沒有「通假」或「通用」的用法。那他如何討論這個問題？他將用字分成「獨用」、「別用」跟「通用」。獨用者，謂二字可通用，但何休只用一字，《解詁》中二字不竝見，如修脩、辟闢、闚窺、据據、早蚤、辭詞之類。別用者，謂二字雖可通用，然何氏分別其義，義既有別，則不得相通用，如饗享、御禦、與予、寧甯、叛畔、饑飢之類。郜教授通過對何休用字的考察，認為這些用字在何休的行文中，是有所區別的。如果看到前後有通用的文例，應是後人在傳抄傳刻時混淆的。

　　雖然還有一些例子是否為後人改易，並無鐵證，如率帥、一壹之類。但是透過前面的研究，郜教授還是傾向於認為這些看起來有「通用」的字例，是後人在傳抄或是刊刻時，不解何休用字之法所產生的訛誤。我自己覺得進行版本校勘時發現的異文，如果無法從版本定是非，那郜教授從何休用字之法來解決版本上的異文，這樣的研究方法很值得參考。

　　我的報告就到這邊，謝謝大家，請多指教。

蔣秋華：

　　謝謝逸光，逸光他近年來很特別，注重「例」的研究，所以他今

天的報告也集中在「例」來說明他怎麼去研究《穀梁傳》。他也分「傳統的研究方法」跟「今人的研究方法」，在傳統裡頭他舉了何休、范甯跟楊士勛說的例，還有柯劭忞的，今人的有鄧積意，鄧積意是認真研究「例」，可能也是為了做「校勘用」，透過文詞的差異，想要去發現他的「例」，這個路線比較少人去從事，可以算是很獨門的學問。他為我們做了這方面的介紹。

四位都已經報告完了，下面四十分鐘裡頭，可以讓幾位引言人彼此之間互相問問題，或是說如果剛才意猶未盡，因為沒有時間讓你們充分說明的話，你們也可以加以補充。那我們就進入第二階段，讓引言人之間看看有沒有要討論的，提問題或者是討論回應。

提問與回應

宋惠如：

謝謝老師。我想請教一下楊濟襄老師，因為其實楊老師做了非常多的專家個論研究，我也讀了楊老師的一些文章，收穫很多，可以看到大概清代孔廣森遙接董仲舒，劉逢祿遙接何休，當然我們也知道晚清有非常多的《公羊》學者，這些《公羊》學者怎麼去面對兩種釋經傳統？楊老師還有研究過康有為和王闓運，所以這個大問題想要請教研究成果相當豐富的楊老師。

第二個問題也是請教《穀梁》的兩位專家學者，三《傳》都各有支持者，各位支持者也都認同，透過《孟子》去解釋《春秋》，甚至透過《孟子》解釋《春秋》的種種言說去構成我們來解釋「《春秋》大義」的基本方向。不曉得在這個部分，《穀梁》的研究是不是透過《孟子》之言，在這方面有沒有承接，像《公羊》是很清楚的接在《孟子》之言的後面，繼續去發展，《穀梁》在這個部分不曉得看法是如何，以上謝謝。

楊濟襄：

　　這兩條《公羊》學史釋經途徑的歸納，是我十餘年來的研究成果，晚清的人並沒有看到我的研究（笑），他們對於自己走的是哪一條釋經路線，實際上並沒有清楚的自覺。他們往往覺得自己所理解的才是孔子（前551-前479）《春秋》的原意，別人所講得可能有問題。正如妳說到，孔廣森跟康有為他們很喜歡引用《春秋繁露》，應該說是，因為他們對董仲舒有偏好，對董學熟稔之下，隱隱會覺得何休所釋好像哪裡不對，但他們並沒有系統的去釐清董、何二人因為釋經方法的不同，乃至治經成果亦有差異的問題。我們今天說的解經途徑，或者我們今天所謂的「方法論」，他們其實並沒有那麼清楚的、有意識的從事方法論的建構，他們只是覺得，自己是為孔聖發聲，為六藝說話，在彼此爭論對經典理解的差異時，也許彼此意見有所不合，然人人都堅持自己所言為真，沒有人會同意自己是對孔聖原典進行「創造性詮釋」。因此，即便「董、何」釋經方法不同，但清儒卻主張「董、何」如出一轍（劉逢祿就是這麼講，劉逢祿覺得「董、何」並沒有什麼差異）。我在自己已經出版的研究孔廣森、龔自珍、康有為等清儒公羊家的三本專書中提到，我自己會挑選這三位，主要是我刻意在清代《公羊》學裡挑選被當代學界認為「躋身《公羊》」有問題的人，在研究後才發現說，原來他們有幾個共同的特色，他們同樣不走何休「文例」解經的途徑；而一再引用《春秋繁露》所指出之「義法」，而且此所謂之「義法」，董仲舒直指其「事同未必辭同」，亦即：事件類似、義法相同，但經文書記之用語未必相同。《繁露》認為：類似的事件，因為當事人的身分或是事件的各種條件因素不同，所以即便義法相同，經文的書記寫法會有不同。這樣一來，與後來何休所歸納的「文例」解經是有衝突的。因為東漢何休是按照經文記事的「文例」來逆推義法。但是西漢董仲舒卻主張：義法相同的事件，用語未必相同（此即所謂的「《春秋》無達辭」）。

不知道我這樣能不能回答惠如老師所提的問題？謝謝。

吳智雄：

謝謝宋老師的提問，請問妳所謂透過《孟子》，是指：「其事則齊桓、晉文，其文則史。孔子曰：『其義則丘竊取之矣。』」這樣的意思嗎？

宋惠如：

對，就是《孟子》，它的論述其實有好幾段，但是主要的可能是這一段，比如還有他把孔子的功業上比周公之類的。

吳智雄：

那就是透過《孟子》去做，就我自己的印象，好像後來的學者沒有特別針對《孟子》，但是他們在解經的時候，其實是有照這樣的路數來的，只是說沒有特別標明是透過《孟子》來解釋。但是如果從內在理路來看的話，其實是可以上溯到《孟子》的路數。

簡逸光：

我的感覺也是，《穀梁》跟《孟子》之間的關係，沒有一個直接的承繼關係，因為《穀梁傳》有它的家法或者它的傳承，跟《孟子》之間的交涉，感覺比較少，這是我的感覺，也不知道對不對，僅供參考。

另外，我請教一下吳老師，之前在看吳老師著作的時候，其中有一個篇章提到《穀梁》跟禮的關係，我現在對這個議題比較感興趣，我覺得吳老師在寫那一章的時候，好像有點意猶未盡，不知道老師最近或是這一段時間以來，關於《穀梁傳》與禮制的部分，有沒有什麼想法，想要請教一下。

吳智雄：

好，謝謝逸光兄。

你講的禮制，是我碩士論文當中的一章。當初會注意到《穀梁傳》跟禮的關係，主要是《穀梁傳》在解釋《春秋》時，提到蠻多「禮制」的，所以當時在寫論文時，老師也有提醒我，說要注意《穀梁傳》中的「禮」，像「禮儀」、「禮制」、「禮物」、「禮情」等等。所以那時候就梳理了《穀梁傳》當中有提到的「禮」，例如「男女之別」、「親疏差異」、「對等關聯」等等。你說我可能有點意猶未盡，可能是我這章寫得比較少的關係。但我後來的研究，就走出《穀梁傳》文，比較著重在歷代《穀梁》學的注疏、專著，所以對《穀梁傳》中的「禮」，還沒有什麼新的看法。

現在我也想請教逸光，你剛剛有提到《穀梁傳》的「三科九旨」。我覺得這個說法很新奇，尤其在你的大作《噶瑪蘭治經學記》當中，就有一篇文章專門寫《穀梁傳》的「三科九旨」。我第一次看到的時候，覺得有點新奇，就是怎麼會有這種說法！因為「三科九旨」主要是《公羊》學的主張，怎麼連結到《穀梁傳》可能也有「三科九旨」。你在文章當中所說的《穀梁傳》「三科九旨」，我大概唸一下，「一科三旨」指的是〈哀公七年〉的「《春秋》有臨天下之言焉，有臨一國之言焉，有臨一家之言焉」，這是「一科三旨」；「二科六旨」指的是〈哀公四年〉傳文提到的「《春秋》有三盜：微殺大夫謂之盜，非所取而取之謂之盜，辟中國之正道以襲利謂之盜」，這是「二科六旨」；「三科九旨」分在三段傳文裡，一個是〈昭公十三年〉的「《春秋》不以嫌代嫌」，一個是〈昭公四年〉的「《春秋》之義：不以亂治亂也」，以及〈文公二年〉的「君子不以親親害尊尊，此《春秋》之義也」，這是「三科九旨」。不知道你是如何把這些傳文連結在一起，並且認為這些就是《穀梁傳》的「三科九旨」。另外，你

所說的《穀梁傳》「三科九旨」，可以視為《穀梁傳》的解經方法，這跟《公羊傳》「三科九旨」比較偏向是「微言大義」的指向性不大一樣，這部分是不是可以請逸光再幫我們說明一下，謝謝。

簡逸光：

不好意思，那文章寫得比較早，不是很成熟。以下的說法不代表是對的，而是說我在求學階段，對於這個議題的思考。請大家批評。我在讀《穀梁傳》的時候，整理過「傳例」，做了一些分類，分類完之後，我想到柯劭忞的《春秋穀梁傳注》，他以「時、月、日、天王、天子、王、譏、貶、絕」去討論《穀梁傳》。也想到《公羊傳》利用「三科九旨」來解經，《穀梁傳》有沒有類似的體系可以去解釋《春秋》。因為「三科九旨」在《公羊傳》裡面也不是在同一段落，我是用這樣的理解去《穀梁傳》裡面尋找，看看有沒有類似一分為三，然後又可以解經的文句。比如說剛才提到的「《春秋》有臨天下之言焉，有臨一國之言焉，有臨一家之言」這個解釋涵蓋面可以很廣，或者是「不以嫌代嫌、不以亂治亂」，還有「親親尊尊」之道，想借用這些傳文來強調《穀梁傳》也有系統解經的模式。當然這個說法就今天來看，很多人不會同意，所以就是說那樣的解釋，可能是在某一個階段，我對於《穀梁傳》有一個比較深層的信仰，我相信它裡面會有一個比較深層的意涵是可以發揮的，所以就把它寫到我的文章裡面去了。

楊濟襄：

不好意思，因為聽到「三科九旨」，我覺得這個我們同好之間可以來討論。逸光老師，你那篇大作，我很慚愧還沒有拜讀，因為剛剛智雄唸了一段，我聽了很有興味，是不是可以跟你索取來。事實上，

我剛剛聽你講這個有意思，這個《穀梁》的三科九旨，我比較沒注意，但是我很有興趣。我來談談我自己剛剛聽你發表的時候，所提到的，何休《解詁》裡頭有，徐彥也引了，就在柯劭忞先生那個裡頭，這裡是不是方便可以分享我整理的「三科九旨」的一個前後，我來分享給大家看一下。

我想提出一個所謂的「三科九旨」，我們來爬梳一下，就是我自己所理解的。「三科九旨」最早的前身，其實是在董仲舒《繁露》裡頭的「科旨」，董仲舒談的是「六科十旨」，也就是那個時候論《春秋》喜歡用科旨，所以到底幾科幾旨，其實並不是有一個定論的。在《春秋繁露》裡頭看到的是「六科十旨」，也就是六個跟十個，那麼後面我們今天會流行「三科九旨」，主要大家可以看到這個畫面，這個在「隱公」何休《解詁》裡頭的《文諡例》。《文諡例》亡佚了，徐彥的疏引保留下來，這個就是何休的，何休所談「三科九旨」是這三個內容，可是三個內容也沒說明就是這個樣子。下一則，就是剛剛逸光老師提到的，事實上，逸光老師提到的，在柯劭忞先生的《穀梁傳》裡，這裡引用的還是在徐彥疏，因為徐彥疏在何休《解詁》裡頭引用了《文諡例》之後，就引用了宋衷（？-219）說，就我現在畫面上的那個，這個是從緯書《春秋說》出來的。大家可以看到，就是剛剛逸光老師提到的《穀梁》派的說法，我記得我自己以前在上周何老師課的時候，大家都知道周何老師是做《穀梁》研究的，我算忝為老師做《公羊》的弟子，可是我自己的老師是做《穀梁》。我聽周何（1932-2003）老師說過，他說其實在整個《穀梁》謹言，《穀梁》的這個部分跟「三科九旨」就是宋衷說的這個部分是可以再發揮的。這就是我剛剛聽到逸光老師寫出來，就非常期待的，來拜讀的原因。我們來看一下，這裡就是剛剛逸光有提到的，大家看第二項這個「九旨」，時、月、日、王、天王、天子，所以剛剛在發表的時候，逸光

已經有舉例子了，就是從王、天王、天子這個部分，在《穀梁》的解讀裡頭，當然我們還要知道這是宋氏對《穀梁》的解讀，我們從原典擴散出來的，我剛剛在這裡發表的時候，談到的孔廣森的新「三科九旨」。這個孔廣森的新「三科九旨」，在文辭上面，我來幫大家轉回來，最早的從寫法內外還有三世，這是何休有關的寫法，遇到魯國怎麼寫，遇到外國怎麼寫，遇到諸夏怎麼寫，這在「文辭條例」，然後在宋氏的也是在「文辭條例」上面，時、月、日、譏、絕、王、天王，可是到了孔廣森的新「三科九旨」，大家會發現文例的味道大幅降低了，他談到的是「天道」、「王法」、「人情」這三個變成三科，然後他的王、天王、天子就變成「尊」、「親」、「賢」，剛剛逸光老師提到的親疏遠近的這個部分，其實就大幅的向「義法」這邊靠過來，所以前面惠如老師問我說清人怎麼去解釋，其實他們在義法跟文例之間一直在糾結、拉扯，可是他們往往自己沒有辦法像我們在方法論上面，把它這麼樣清楚的綱目做分析，所以《穀梁傳》特別在「用字遣辭」，上個禮拜高評老師有提到，說談到修辭學恐怕《左傳》比不上《公羊》、《穀梁》，那我想作為《公羊》、《穀梁》的研究者，我們當然是非常同意這句話，的確在修辭上面，這個修辭是不是等於文例？我想不盡然，但是他會非常去斟酌。今天講這件事情，為什麼要來講這件事情，或者要作為一件故事也好，或者有所寓言來講，那要如何去說人家才懂我到底在講什麼「義法」，這個部分相當程度會因為「義法」來考慮到它的文辭，所以這個部分，其實也沒有什麼問題，就是想回應幾位老師提到的「三科九旨」部分，站在我自己以往比較淺薄的認識上面，提出來我所知道的，以上謝謝。

蔣秋華：

好，還有沒有人要提問？如果沒有，我們就開放線上的嘉賓來提

問。在聊天室裡頭，已經有一、兩位提出問題了。首先一位是：請問四位老師，對於大陸新儒家的蔣慶他們的這些《公羊》學，有沒有什麼樣的看法。兩位《公羊》的先來談一下。蔣慶方面的研究，你們有沒有注意到？

宋惠如：

最近閱讀了一些《公羊》學有關的文章，現在大陸常在討論的，或是一般我們研究《公羊》學的時候，會常常看到蔣慶老師的《公羊學引論》，他的立場基本上是回歸到康有為的政治路線，他想透過政治實現，為我們當代建立某一些政治實現的理論基礎。我個人的看法有兩個層面，第一個就是蔣慶先生談的理論根據是康有為，至於究竟是不是合乎康有為的說法，我覺得這是可以再討論的，這是屬於學術上的問題，但屬於政治實踐上的立論，我覺得是可以學，可以欣賞的。從最大的角度來看，蔣先生想要透過《公羊》學在這個時代有所發揮，我覺得這是《公羊》學在我們現代的創造性的詮釋，也是一種社會實踐，我覺得這都是很可以欣賞的。

楊濟襄：

謝謝宋老師，我剛剛就轉身拿了我最近看到兩本很有意思的書，陳煥章（1880-1933）就是康有為的學生，這是大陸已經出版的《孔教經世法》，還有一本更有趣的，可能很多人都有興趣，因為我們太貧窮了需要人家捐款、donate 的《孔門理財學》，他也是康有為的學生，所以妳問我說蔣慶先生的看法，我覺得說其實樂觀其成，但是不是把它當成對原典的解讀，我想就很不見得要這麼看，也就是說我們看到他寫《孔門理財學》，是不是真的原典就如何，恐怕我們今天在講致用，或儒學現代化，真的就有一批人去做了，可是他做了，是不

是真的就是跟原典一樣,就是為了弘揚原典?恐怕也未必,但是他那個精神是符合的,我覺得這一派如果從我們剛剛講的重「義」不重「事」,就算他的「義」核心價值還是一致的,就是他還是對這個世局存著一個美好的企圖,然後有所圖變,希望在這個變的過程裡,實踐對於王道的實現,這個用心我是肯定的。如果是對於他具體怎麼做,這個可能關係到每個人的遇跟不遇、出不出仕,就是仕途,所以就是很難評論,他可能有他各種,包括我知道的,在大學弘揚國學,有許多的包括漢服,或者是在政治上面更加表態,變成顯學。因為國學,對於民族主義的整個風氣在熱起來,所以我想具體的做法我們很難去評論它,但是我們能夠有這個企圖心,如果回歸到「義法」這個部分是肯定的,只是做法上我們不見得同意。但是他們是不是大陸新儒家,這個我是有點存疑,不曉得其他前輩怎麼看,謝謝。

蔣秋華:

好,謝謝妳的回應,其他兩位有沒有要回應的,沒有的話,下一個題目是「曲阜師範大學的閻春新學友」,他問四位就「日、月、時」例來看,對於《春秋》、《公羊》、《穀梁》它們三者之間有沒有什麼異同,不曉得你們有沒有留意到「日、月、時」這種條例,《春秋》、《公羊》、《穀梁》它們之間的異同。逸光要不要先來說。

簡逸光:

這個問題可以從幾個角度來看,《公羊》、《穀梁》時、月、日例的差異,一個是從《公羊傳》的傳文跟《穀梁傳》的傳文進行比較,只要把它們歸納整理,再加以比較,就可以看出來它們對侵伐書不書日,諸侯卒葬書不書日,或何以書日何以不書日,它們的解釋何處不同。不過范甯有自己的解釋、楊士勛有他的解釋、鍾文烝也有解釋,

何休跟徐彥又別有自己的一套解釋。如果你要談的話，可先針對某一個系統，比如先把《公羊》的某一位討論時日月例的說法弄清楚，至少他的系統你必須完全了解。如果你只是把《公羊》、《穀梁》的解釋放在一起比較，其實它的異跟同，沒有太大的意義。因為義例牽涉整體例的解釋，所以要先把例的體系理解清楚了，接下去再去斟酌誰說得比較有道理，進行異同比較，這是我的看法。

楊濟襄：

我也來說一下好了，這個題目其實是大哉問，因為以「時、月、日」例來講的話，這個是在文字條例上面，我剛剛有舉例說「日不日」有沒有寫時間、「時不時」、「月不月」，在這個部分去看是不是書寫方式上面有所不同，可是事實上剛剛逸光老師也談到做整個《春秋經》文學史，那麼漫長的時間裡頭，《穀梁》學家何其多，《公羊》學家何其多，雖然我們是小眾，但其實也不少，所以其實他們每個人的看法不一定是一致的，我剛剛以董、何，後來又加孔廣森跟康有為，其實他們對於這些條例的看法未必都一樣，所以我們現在來簡單的說這個異同，真的是大哉問。我還有一個看法，也許這位學友可以討論，你說《春秋》跟傳，應該是講經跟傳對不對，那是不是想要問我們說對於傳的立場來看，經文是不是真的有這樣子的一個理解，其實我個人認為無妨，就說以前如果是在「尊聖」的角度上面，認為孔子是聖人，所以我們尊經，每一位傳、注疏家都認為自己是在弘揚聖道，自己是為聖人立說，可是我們今天沒有這個包袱，所以其實《春秋經》是不是真的有這個「時、月、日」例，我想大概不會真的有人去這樣理解，至少我不會這樣，但是站在我們學術研究的立場，我會區別說，在整個經學史，或者在學術史上面，後代的經文學史，《穀梁》學、《公羊》學，對於《春秋》如何闡釋，這是每個時代都有它

的新意，就是它會受到解經者自己的立場、自己的際遇、自己的師門，都會有不同的理解，這個理解其實不必然是等同於原典，我的理解是這樣，謝謝。

宋惠如：

關於這個「時、月、日」例的部分，我補充一下楊老師剛剛的說法，我覺得這個學友的提問，是我們在做《春秋》研究的時候，很基本的疑問。《春秋》本身有很多的經文是讓人很困惑的，本來想透過三《傳》有更清楚的掌握，卻又陷入另外一場更大的混亂和困惑。因為三《傳》有許多的不一致，更不用說支持《公羊》學說、支持《穀梁》學說、支持《左傳》學說的，對於「時、月、日」例的解釋差異又非常大。比如朱熹就認為「時、月、日」例是不合理的。換言之，後人怎樣去看待「時、月、日」例說之前，應要先問一個問題，「時、月、日」有沒有「例」？它本身就是一個應該先被討論的問題。如果說我們接受「時、月、日」是一個「例」，那就要分析各個時代的學者對「時、月、日」例的解說架構如何，以及他們為什麼要透過「時、月、日」例來說明《春秋》，他們背後的意義是什麼？想要討論什麼？比如漢代學者一般都重視「時、月、日」例，何休自己就提出「時、月、日」例，《左傳》的部分，如賈逵也都以「時、月、日」解釋《春秋》，我們可以從現在輯佚的文獻看到，他們有很多的主張，往後對於「時、月、日」例的探討，我們恐怕要花功夫去看，他們探討這些問題的背後，究竟想要談什麼，這部分會涉及詮釋者的歷史性問題。同時，我認為，《春秋》三《傳》，有沒有「時、月、日」例這個問題，可能也要先思考和探討的，而後才能探討各家的說法是什麼。或許《穀梁》是這樣，或許《公羊》是這樣，進一步了解《公羊》、《穀梁》這樣說的時候，才能更進一步說，或許《春

秋》是這樣,之後各家注解「時、月、日」例的說法如何?才能進一步比對。所以我認為「時、月、日例」是個重要的課題,應該從以學術進展作為解決問題的層次,不致眾說紛紜,莫衷一是。謝謝。

吳智雄:

這個題目真的很大,我也簡單說一下我的想法。這就是《公羊》與《穀梁》的研究系統,也就是我們這次所講的研究方法之一。《公》、《穀》二《傳》之間,它們其實有很多的立足點是一樣的,因為解釋的是相同的事情,但是各有不同的說法,所以才會產生《公》、《穀》異同的探討。如果我們聚焦於「時、月、日」例的主題來看,大概就像剛剛三位老師講的,它其實有幾個層次的問題。

第一個是直接研究傳文,在《公》、《穀》的傳文中,光是「時、月、日」例裡就分了非常多,從「書不書正月」就開始講,包括「卒、弒、逃、殺、奔、盟」、災異例,或者是「郊、出、入」、戰、不戰,要不要書日等等,甚至要不要書地,其實都是跟有沒有書日、有沒有書時、有沒有書月有關,當中牽涉的層面真的是蠻廣的,所以光是「時、月、日」例本身就已經牽涉到了很多層面。

第二個就是,你要直接看傳文的例,還是要看後來各朝注疏家都在追問的《公羊》、《穀梁》的例,而這個又變成是《公羊》學或者是《穀梁》學,它們對於《公羊傳》或者是《穀梁傳》「時、月、日」例的解釋是什麼。在這個層面上,可能還要加上剛剛惠如老師所提的,一開始到底認不認同它有沒有例?而這個問題是建立在它可能有「時、月、日」例的前提下,才能夠展開。如果沒有建立在這個前提下,像戴君仁先生就不承認有什麼「時、日、月」例,所以後面根本就不用講了。

這個問題要先釐清這幾個層次,在「時、月、日」例的各個層面

上,去針對傳文或是後來的學者,他們對於《穀梁》或《公羊》傳例中「時、日、月」例的研究,才能再進一步去看它們有什麼異同。

宋惠如:

我可以再補充一點嗎?我覺得這個問題其實很有趣,啟發我們對於一些《公羊》學研究的討論。我們可以看到對於「時、日、月」例的部分,漢代是特別注意的。漢代很注重「時、月、日」例的討論,像劉師培(1184-1919)想要回到東漢《左傳》學,他就是關注到漢代對於「時、月、日」例的探討,那背後有沒有什麼對於漢代《春秋》學的注疏的學術「共象」,形成漢代注解的特色。這些問題一路延伸下來,都是很有意思的問題,謝謝。

蔣秋華:

四位還有沒有要補充的?線上的臺師大國文所博士班的朱正源同學,你是不是要提問?

朱正源(提問人):

主持人、各位老師,還有在座諸位先進,大家好,我是今年師大國文博班的新生朱正源,剛畢業於高雄師範大學的經學研究所,我的碩士論文寫的其實就是《穀梁》和禮的關係。今天聽到在座的老師們有這方面的分享,我真的是非常的開心,也獲益良多。剛剛聽到討論《穀梁》和禮學的關係,我是對此深深地有一個興趣,我自己在寫這個碩士論文前期準備的時候,其實也是做一個笨功夫,就是自己把《穀梁傳》做一個分例,自己也二十來個「例」的分別,就想說去探討每個「例」所交涉的相關問題,那當然這個題目不是一蹴可及,所以在碩士論文的時候,我就單就「即位例」跟「卒葬例」來做與禮學

的交涉，往後也是有志於把「義例」跟禮學相關的問題再多做探討，那像今天是非常的感謝，像簡老師、吳老師還有眾位老師們在研究方法上的啟發，非常感謝，不敢說有什麼疑問，就是把自己的心聲想法給表達出來，謝謝各位。

蔣秋華：

好，謝謝。聊天室裡頭，閻春新學友想要更進一步地請教，「書日」還有僅「書月」裡頭，他想請教的是，能否與談另一面的不書日？就是只有寫日的跟只有寫月的，這中間是不是有一些不書日的涵意在裡頭？

宋惠如：

我發表一下不太成熟的意見，「書日」一般是正常的，不書日的話，會有一些特別的考量，「書日」跟「不書日」可以做一個比對，可是這個比對是困難的，因為我們對於「書日」本身代表的意思是什麼？它後面延伸的意義是什麼？需要做一番討論，《春秋》沒有說的，我們怎麼去說？這勢必要根據三《傳》才能有所說明。比如在「不書日」的狀況之下，傳文是不是有說法？基本上，不管根據《公羊》也好、《穀梁》也好，或是《春秋左傳》也好，《左傳》本身也好，當他們去說這個「不書日」是什麼意義的時候，我們才有立場和根據去說明這個《春秋》「不書日」的緣由是什麼，所以歸根結底還是需要根據《春秋》三《傳》來去談《春秋》怎麼說。當然，另外還有一個做法就是，略過《春秋》三《傳》，我們直接根據《春秋》做比對，它的「書日」跟「不書日」的比較，根據這個比較再去說明它可能是什麼樣的原因，可是自行比對的結果，又該根據什麼看法原則進行詮釋。我覺得這是在討論這個問題的時候，需要注意的問題。

楊濟襄：

　　主席，我剛剛看到馮曉庭老師，他在聊天室有補充，那我覺得這是很有意思的。我也來再講一下，曉庭老師說他以龜井南冥的看法，就是「時月日」跟史料記載的如實詳略，還有重複，這個部分我倒是知道，就是在史學的立場，對於記載不記載，史就是季節對不對，「時月日」有記載沒有記載，從他的史料的詳略，或者赴告到底是不是真的有寫來決定，也就是說其實這個部分是在《公羊》學裡頭的「義法」，就是說認為不書就是什麼，有書就是什麼，可是這個就回到原本的史料就沒有。我剛剛有談到，董仲舒就是不信那些條例的，所以在董仲舒的立場，他怎樣去看待這個事情呢？我應該這樣說，本來的史料有寫沒有寫，董仲舒認為是有史料遠近，我們剛剛有談何休是在談「三世條例」變化，「書」跟「不書」，然後「有書」就有罪，「無書」就不，這個部分轉來轉去，可是對於董仲舒來講，這邊曉庭老師補充的，也許史料記載就有詳略問題，而這個詳略可能造成是什麼呢？「遠近」，這個「遠近」就變個方式在闡釋三世例辭，因為《公羊傳》傳文有講「所見」寫法就不一樣，「所聞」寫法就不一樣，「所傳聞」寫法就不一樣，這個部分，本身就是時間的遠近，十二公兩百二十年，史料本身會有殘缺詳略的問題，從這個部分來看，這是一個理解，就是會有的這樣寫，有的不這樣寫。我們從另外一個層面來講，我曾經寫過一篇小文章，就是從「得意致會，不得意致伐」這個《公羊》的例子，如果就是好的事情，回來「告廟之禮」、「告至之禮」，那致會，從哪個盟會回來，可是他在那個盟會「鎩羽而歸」，不是好事的，回來就不會寫至「致會」，這是《公羊》的理解。但是我們如果從禮制來講，本來國君進出，他就是要告廟，所以他回來就是有告廟跟沒有告廟，如果有告廟，事實上，有他就會去講「至」，我回來了，我從至哪一個會哪一個會，就會寫「至致會」。如果是不得意致

伐，這也是《公羊》的例子，就所謂「不得意」不好的事情，或者是戰爭、或者是割地賠款，或者是輸了，那他會特別寫，我是從哪一個兵戎或者是哪一個致伐，從哪一個戰法之事回來，就《公羊》，他會就這樣去理解，可是事實上也許根本就是跟得意不得意一點關係都沒有，他只是跟告廟不告廟有關。就回到曉庭老師剛剛講的，其實有一些他是站在我們說它是不是完全從史或者不從史，然而三《傳》我個人是覺得很難去只有怎麼樣去切割，比如說我做《公羊》，可是我採取「得意致會，不得意致伐」，我自己也會覺得這個部分，恐怕有很多的是它自己的詮解，「得意」，什麼叫「得意」，什麼叫「不得意」，它可能這麼理解，事實上，也許它就應該去採取《左傳》家的從赴告，或者是從至廟之禮，這個部分禮制的記載，甚至從自己《公羊》學裡頭，像董仲舒裡頭，他也有談到的「遠近」，遠近和史料的詳缺有關係，所以這個部分如果只是單單的去談「時月例」到底信不信，或者這個「時月例」在「義法」上面怎麼樣，或者文例怎麼樣，我真的會覺得這個太過簡單了。還有這位學友談的，能不能從它的「書日」就隱含著另一面「不書日」，我不太清楚這個意思，但我理解你的問題，是不是你認為說，如果談「書日」有記載的是怎麼樣，那我們可不可以繼續推敲說它沒有寫的是什麼，我覺得這個部分在我所看到的《公羊》學家，歷代的《公羊》學家在詮釋這個，倒不是這樣直接去講的，沒有辦法，因為它「書日」跟「不書日」是兩件事，妳沒有辦法說，「不書日」就直接去推「書日」如何，就跟我剛剛講的「得意致會」，可是妳不能說「不得意就是不致會」，它不得意是「致伐」，它是兩個事情的，我想這個是僅供參考，提供給大家討論，謝謝。

金培懿：

大家好，我是師大國文系的金培懿，很感謝文哲所經學組今年一

系列規劃這個論學平臺，使國內外做經學研究的人都可以一起來探討經學研究的「方法」問題。剛剛因為我們師大的這位學友，一直提到了關於「時日月例」、「日月例」問題，剛好曉庭學長因為長期以來一直關注日本江戶時代九州地區龜井南冥（1743-1814）、昭陽（1773-1836）父子的《春秋》學，故指出龜井父子在處理《春秋》與《左傳》有時針對同一事件紀錄之時間、內容或有差異的這一問題，基於相信《左傳》的這一立場，然同時又必須解決經、傳違和的矛盾，故龜井父子會主張《左傳》所載為是，並以所謂《春秋》經文所載之所以有異，乃是依據各國來赴告內容而紀錄這一理由，說明經、傳載錄有異的原因所在。亦即，曉庭學長指出的這一問題核心，就在魯史究竟有沒有注重各國來赴告這一問題。而我剛剛先舉手想提問的原本就是想討論這個問題，但剛才濟襄老師已做了特別好的說明，而除此之外，我原先之所以想提出這一問題還有一個思考，那就是作為一個非《左傳》學、《公羊》學或者非《春秋》經研究的人，我自己到底想藉由本場座談，或者說我個人比較期待可以從這場座談中獲得什麼樣的研究思考刺激？我所思考的是：假設三《傳》在針對前面所說的這些事情上，就像剛剛濟襄老師所說的或從史或不從史，從史、不從史這個立場一旦不同，則可能就會導致其紀錄、載錄方法有異。載錄方法就是屬於三《傳》本身的問題，也就是說我們現在研究三《傳》傳世文本，其在載錄方法上有異的部分，例如重赴告抑或不重赴告的部分，再例如說告廟抑或不告廟，此種差異恐怕也正是三《傳》本身處理史事方法上的差異問題。故作為一位並非《春秋》研究者或《左傳》、《公羊傳》研究者，我們在這樣的一個探究三《傳》研究方法的座談會上，我個人比較想知道的是，透過三《傳》這種從史不從史、重赴告不重赴告、告廟不告廟等等，亦即從其《春秋》三《傳》本身紀錄、載錄的方法有異，從此延伸而出的就是這到底決定，或者說影

響了我們今日在從事現代學術性《春秋》經、傳之研究時,其有無影響或是決定,乃至引導了我們在從事《春秋》、《左傳》、《公羊》學等之研究,在方法上出現或是導致什麼樣的研究型態?或是差異性?這個是我個人比較關注的問題點,想就教今天發表的各位學者專家。剛剛現場還有一位同學提到了蔣慶先生,關於其《公羊》學研究的問題,我覺得這個問題也很有意思。我們知道蔣慶先生從《公羊學引論》一系列的著作文章,就我自己閱讀過的印象,蔣先生在撰寫這些文章,或是在討論相關學術,他的立場是很清楚的,著眼重點則在探討儒學兩大傳統:心性儒學與政治儒學。他預設商榷的對象應該就是港臺的新儒家,也就在指出心性儒學偏盛的結果造成政治儒學受到壓抑,故若要正確理解儒學,就要重新闡明以《公羊》學為代表的政治儒學。不過,如果《公羊》學從《三國志》的〈裴潛傳〉,以及裴松之(372-451)引《魏略》注《三國志》以降,我們姑且從廣義上說《公羊》學是賣餅家,那一路討論下來,或許有人會說我就寧願當賣餅家,也不願做太官廚。針對此點,我個人覺得應該也是很清楚的,因為我們在研究《春秋》經的時候,既然三《傳》的載錄方式不一樣,那我們看待《春秋》經到底是立足於政治性的?還是歷史性的?那就會一定程度決定你究竟是要當賣餅家,還是志在太官廚。蔣慶先生等人,他們針對港臺新儒家學術研究所提出來的這些質疑,我們也可以將之視為一種研究與思想挑戰。但我們接著當然也可以反問:那《春秋》經、《公羊》傳的研究難道只能是歷史的跟政治的嗎?《春秋》研究難道就沒有心性的嗎?而如果我們認同《春秋》研究應該還是有一定程度涉及心性問題,則其或恐是有相當程度的政治,然而又不能脫離心性立場,如果是這樣,那孟子(前372-前289)談的《春秋》就很值得我們從事經學研究者進一步深入探討。我的意思就是說這一些從《春秋》經或三《傳》各傳諸如載錄方式等所延伸出來的問

題，它可能是在《春秋》學史、《左傳》學史、《公羊》學史、《穀梁》學史上，經、傳學史上早就存在的議題，此等問題百年來到底對我們現在，或者是接下來我們要研究《春秋》經或三《傳》時，它有沒有可能提供我們一個在研究方法論上的指引，或者說一些規範，或者說它可以引導我們在研究上思考出一些策略，這個是我今天比較期待可以聽到的。再者，今天的第二位發表人宋惠如教授，引用了黃俊傑老師的〈從儒家經典詮釋史觀點論解經者的歷史性及其相關問題〉，最後宋教授歸納出了一些方法，並將這個方法一切為二，然後談到了關於課題與方法，就是經典的超越性研究，還有解讀者的歷史性研究。不過我個人看了剛才宋教授所提供的 PPT 資料以後，不能明白的是注疏、義理、禮書、曆譜為什麼可以叫作超越性研究？這是如何定義的？其規範又是什麼？操作的方法是什麼？而且如果解讀者的歷史性研究又可以包涵義理，那請問其與宋教授定義、規範的超越性研究裡面的義理，難道有兩種義理嗎？其彼此的區隔性是什麼？據我的理解，黃俊傑老師在這篇文章的說法，恐怕並非如宋教授所說。另外是有關曆譜學的問題，如果我們將之納入廣義的制度學的一環，宋教授把曆譜歸入超越性研究，把制度歸入歷史性研究，這之間的差異標準與規範是什麼？其彼此之間的區隔又是什麼？還有一開始，宋教授把史書裡面的〈經籍志〉、〈藝文志〉所收的《公羊》相關目錄，等同了所謂研究方法，不知道此番立論為何？還是從目錄學上的載錄方式能夠看出什麼樣的方法？是從什麼樣的視角出發，又得出什麼樣的方法？因為從發表中也沒有聽到更清楚的定義。畢竟在漢代以前史書所採的載錄方式，就是《公羊傳》會被直接稱為《春秋》。有鑒於此，如果按照宋教授的說法，那麼從漢代以下《公羊》傳可以完全包涵《春秋》經嗎？這之間不需要作區隔嗎？這些問題就教今天各位專家講者以及宋教授，謝謝。

宋惠如：

　　謝謝金教授的提問。我在提出這個研究方法跟研究視角的時候，其實思考了很長的一段時間，當然這也跟我本身的研究有關，所以提出來討論。這還是一個構想，也還有很多不足之處，就是有些問題不好意思，老師講的比較多，我就依我所記得的先回答，如果待會有一些沒有回答到的，再請老師提醒我。

　　首先就是，我的報告中關於課題方法的提出，現代經學跟《公羊》學的研究方向跟方法，我從兩個角度來作為課題和方法，提出的分類方式「經典的超越性研究」和「解讀者的歷史性研究」，那麼為什麼注疏學和曆譜學，以及制度學，為什麼可以是「經典的超越性研究」？「經典的超越性研究」，對《公羊》本身本文的研究，所以對於《公羊》曆譜和禮說的相關問題，都密切關係著如何理解《公羊》的語言文字和內容內涵。這是所謂「經典的超越性研究」。至於「解讀者的歷史性研究」就是各個朝代的研究，為什麼「經典的超越性研究」有義理，「解讀者的歷史性研究」也有義理，因為我們對於《公羊》義理的掌握跟各個朝代對《公羊》的義理掌握，這當然是不同層面的，所以這個名義雖然一樣，但實質的內容是不相同的，這是這個部分的回答。

　　另外關於「目錄學」，我透過目錄呈現的方式，去探討《公羊》學研究的方法，其實與其說我要探討的是「方法」，我要談的更多可能是「課題」，因為我們確立的什麼樣的「課題」，它就決定我們怎麼樣研究的「進路」，怎麼樣研究的「進路」又決定我們要使用怎麼樣的「方法」，這是為什麼我透過各個朝代的目錄來談，從各個朝代的目錄可以看到用注疏的方法去說明《公羊》，當然注疏的方法說明《公羊》也會談到義理，也會談到《公羊》的禮說，但是注疏作為一個主要的方法，在歷朝歷代這是一個談《公羊》學的根本進路。我的

分類方式，其實是根據這樣的類目所形成的研究方向，以及研究方法的指出和說明。注疏是屬於方法的問題，義理是屬於內容的問題，禮說也可以屬於內容的問題，但也包含制度的問題，所以我們在這邊可能沒有辦法再去更細分說，為什麼這邊是用注疏學的方法去談這個研究，為什麼這邊要用義理內容的角度去談研究，因為在這一些研究的實質的具體的實踐上，其實是混雜在一起的，這是我個人的看法。

另外一個關於《漢志》或者是歷朝歷代的著錄，報告中的書目分類是以「公羊」為主，有提到「公羊」這個詞彙，來去做分類，當然這裡面還會涉及到，比如像《春秋決獄》，其實是偏向董仲舒談的課題，這個部分我就是希望可以回到《公羊》學本身，先去除董仲舒龐大的影響，看到其他的層面。其實董氏《春秋》學的研究非常龐大，而且課題非常的多，這個應該也是我要關注的，但是今天我更想繞過董仲舒研究這座大山，去看看其他的《公羊》學研究課題，否則就龐雜、更理不清了。這是我今天討論《公羊》學研究方法時，先行設立的範圍。

我是不是先回答到這裡，因為剛剛金教授說了，還有其他的問題，我們是不是先請其他的老師先說？

金培懿：

我想是這樣，如果我們說我們要探討這個議題或學科，它有 A、B 兩種方法，A 方法裡面有 A1 到 A10；B 方法裡面又有 A11 到 A20，然後 A 方法的 A2、A3、A4、A6，它們又跟 B 方法裡面的 B12、B14 一樣，那它們還需要區分嗎？如果需要區分，那它就需要更嚴謹的規範才對，這才是我們理解的方法論。我當然不是說我們設立了某個固定的議題，就一定會找到固定的研究方法，而是說針對同一個議題，若分別從不同的視角切入，我們都有可能找到論述它、說明它以及解

釋它，進而解決它的合宜的方法，這個至少是我們理解的一個方法論的問題。至於為什麼我會在意《漢志》以前《公羊傳》會被直接稱為《春秋》，那是因為如果我們想要透過史書裡面的〈經籍志〉或〈藝文志〉的書目載錄情況，而來凸顯其中有所謂的「方法論」，那我們當然要關注：何以在某一個時代，某一本史書以前，為什麼它是以 A 的著錄方式，而不是如後出的史書以 B 的著錄方式，那這樣才有辦法從目錄著錄方法本身，觀察其究竟反映了此種學科當時的認知面向，我個人是這樣理解的。在場濟襄老師當然是《公羊》學的研究專家，也許濟襄也可以說說看您的看法，不好意思，謝謝。

楊濟襄：

就我剛剛聽到的，是說《漢志》之前，其實在《史記》裡頭，它談的《春秋》也就是《公羊》，因為後來稱《公羊春秋》、《穀梁春秋》，這個會跟漢代的學術背景有關係，就是師法、家法，所以在原來官學的部分，我們後來看的《公羊》，他們就是叫做《春秋》，所以我剛剛在看惠如老師的那個報告的時候，我其實滿佩服惠如老師做的《漢志》，還有史書裡頭文獻的爬梳。我也想就這個問題來請教惠如老師，就是說妳在整理這個部分，我其實很開心看到整理，可是對於這個名稱，它可能根本就是在講《公羊》，但是它叫作《春秋》，不知道妳在整理這個數據的時候，妳是不是有把它分類？還是妳有沒有一個清楚的原則？不曉得這是不是培懿老師的疑問？我剛剛其實也有閃過這個疑惑，這是一點。

金培懿：

是的，也就是說如果載錄方式，用《春秋》或用《公羊》，其實它凸顯了當代學術的認知，它是要有區隔性的，不是一同來等視這樣子，謝謝濟襄老師。

楊濟襄：

　　我剛剛在聊天室傳龔自珍（1792-1841）的話，因為培懿講到賣餅家，我們在講蔣慶先生怎麼樣，我去看他的用心，妳看龔自珍先生，他說「何敢自衿醫國手，藥方自備五十單」，也許被說不合時宜，可是如果我們以《公羊》學來看，其實是不忍心，但我們會稱讚他的很多作法，他的動機是好的，我還是傾向於回到文本，《公羊》本來就講「貴源重本」，我們去看他動機是好的，可是他可能後來有很多被稱為「光怪陸離」，或者是說甲不贊成、乙不贊成等等，這中間其實無妨，我覺得不見得說要急著去批判，當然對方可能意有所指在於臺灣的新儒家，這個我們就不攪入那個戰場，就臺灣新儒家跟大陸新儒家他們在那邊打來打去，那個跟我們經學，不在我們討論的領域裡面，可是我就以他們的立場鮮明來看，他們自己是很清楚，這無可厚非，所以我引用龔自珍。因為比如說我講《公羊》學，他是主張「治亂世要用輕典」，那大家可能覺得「治亂世還用輕典」，那王道什麼時候來，對不對？可是《公羊》學就會覺得，就像剛剛新「三科九旨」那個孔廣森，他就說「天道」、「王法」、「人情」，為什麼要把「人情」科放進來，他就是看到了這個不忍人之心，跟《孟子》的關係，從動機上，去看到這個時代背景，他會產生這樣子的結果，我們讀聖人的書，用什麼樣角度去發論，然後能夠讓這個世界或這個時局，可以力挽那個頹勢，所以也許我們書生論政會被人家笑說不切實際，或者根本就是天馬行空，可是基本上的那個嚮往跟用心，回到動機上，還是值得肯定的，所以用輕典還是在於「不忍」，已經在「亂世」了，他本來所有的「光怪陸離」都是有原因的，情有可緣的，那怎麼還可能用「重典」去做呢？所以到底用重典？還是輕典？當然就人言人殊。如果從這個問題片面來回答說，對於大陸新儒家，或者是蔣慶他們的看法，當然我不見得認同，可是我真的就會不忍心去批

評，就像說我有時候看到我們經學同好裡頭，做《公羊》的一些研究生，他們的觀點也許未必成熟，可是我總覺得多給他們一些，跟他們切磋，不見得就會那麼忍心的就跟他「苛責」，總是因為我們都快要已經搖搖欲墜了，經學同樣在這個時代也是，如果不是蔣慶出來這樣帶，可能我們這個《公羊》學也不知道多久會引人家注意，那這個部分，不管論戰是好的，還是不好的，他總是拋出一個議題，從這個部分來講，也許還是有他的價值，我是這樣想，至於要不要賣餅，還要不要當醫生，我想我們都是用古方，我們在古方裡頭，好像我們也只會讀古籍，所以也只能在這裡努力地去找解答。以上，謝謝。

宋惠如：

老師，我可以補充一下剛剛的問題嗎？因為剛好濟襄老師也問到這個問題，我仔細回想了一下，我為什麼會透過目錄來談傳統的課題的原因，原因是很多《公羊》學的著作，我們大概只能從目錄上去看，漢代的很多作品其實都不見了。我們從它的題目上，大概可以──當然我們也沒辦法確切的知道說那是什麼，但也只能夠說，它可能是什麼，那我們能不能透過目錄來包含所有的可能的課題。我認為也不完全可以，隋、唐書的〈經籍志〉裡面載錄了十三種，《新唐書》〈藝文志〉載錄了九種，那裡面是有比較多的注疏，三《傳》的博弈跟《公羊》的論難，這也只是一個比較多的說法，它還不是一個完整的說法，為什麼？比如說《四庫全書》裡載入了比較多《公羊》專書，有十四部，其中有明朝的《公羊墨史》。這部書很有趣，作者自己先說明為什麼要取名叫做「墨」？就當然是「墨守」，這個是延續何休的一個脈絡，那他為什麼要稱為「史」呢？他的看法就是「史」者《公羊》所短也。《左氏》史學，《公羊》經學，這是一般的看法，但他認為他這一本書就是要救所短。也就是說我們在整理的過

程中，當然知道有原則，有例外，那我在這邊提的是比較原則跟基礎性的，如果我們可能要更全面的，那就要回歸到該書的內容，或者它的序文去看，到底是一個怎麼樣子的研究方法，這是第一個部分。至於第二個部分，謝謝金教授的提問。我們現代的研究，比如說拿《公羊》學來舉例，部分當代研究者可能都認為自己的研究是對《公羊傳》的直接掌握，也就是經典超越性的解讀，可是可能過了一百年，這些都其實是「解讀者的歷史性研究」的某一些部分，我們自己認為，我們現在談的是《公羊傳》本身的問題，或者我們談的就是《春秋》的問題，對於當代來說，它就是「經典超越性的研究」，可是再過一陣子，它們就變成是經典的「解讀者的歷史性研究」部分。這其實是我個人還不是很成熟的構想，在我這樣的分類當中，所有對於《公羊》學的義理的探究，其實都是可以擺在當代「超越性的解讀」上的，至於說什麼時候它又成為解讀者的「歷史性研究」，我覺得這就是與時俱進的，形成《公羊》學研究史的過程，這個是我自己的一個很粗略的構想，謝謝金教授的指教。

楊濟襄：

　　我請問了曉庭，可是曉庭老師他沒有聲音，那怎麼辦呢？他說蔣慶的〈《公羊》學論《春秋》的性質〉，阮芝生老師說的：「先秦諸子、《韓非》、《呂覽》引《春秋》，自多屬《公羊》。」曉庭兄說他查核數年，未得其實，這個未得其實，那不曉得「未得其實」是沒找到，還是不贊同？就是我個人從《史記》上面去找，是肯定的，因為我自己在做董仲舒研究的時候，把董仲舒跟司馬遷的關係，在《史記》裡頭去找他所謂的《春秋》，從《公羊》或是從其他？但後來是肯定的，都是從《公羊》，可是因為我沒有做到先秦諸子很龐大，不只《韓非》、《呂覽》，所以這個部分，不曉得曉庭兄這個看法？未得其實是不贊同？還是大家一起努力？就教一下。

吳智雄：

謝謝，培懿老師的問題實在太大了，我還在思考，謝謝培懿老師的指教，我只能就兩個小問題，提供一些想法。

第一個是《漢志》裡的《春秋》，或者是漢人的《春秋》，就我自己看的資料來說，不論是《史記》，或是《漢書》講的《春秋》，都是《公羊》沒有錯，但是如果說全部都是指《公羊》，其實也未必。比如說，在《漢書》〈朱博傳〉，就有提到：「《春秋》之義，用貴治賤，不以卑臨尊。」同樣的傳文在《後漢書》〈肅宗孝章帝紀〉裡面也有提到，這個《春秋》之義的「用貴治賤」，其實是引《穀梁傳》文，但是沒有寫上《穀梁》之名，他寫的是《春秋》之義。所以，記載漢代的史書，不管是《史記》、《漢書》或《後漢書》，所稱的《春秋》，可能主要是稱《公羊》，畢竟《公羊》在兩漢是比較興盛的；但是在史的記載上面，可能到東漢之後，有把新的稱呼加進去，但在之前可能都用《春秋》來概括《公羊》跟《穀梁》。

第二個小問題就是，「書日」是不是等同於「不書日」？我認為應該要分兩個層面。第一，「書日」有可能就是「不書日」，怎麼說呢？比如說記載「弒君」，《穀梁傳》有提到「日弒，正卒也」，不正的話就不書日。可是這會牽涉到，不書日的原因可能會不一樣。第二，《穀梁傳》的「時、月、日」例，有「正例」、「變例」，還有所謂的「變之正」。如果正例是「書日」，變例就是「不書日」，但不書日之後，又有「變之正」，這時它又「書日」了，所以這個「書日」可能不是正例的「書日」，而是「變之正」的「書日」，這時的「書日」又轉了一層。所以，不是「書日」可能就隱含「不書日」，其中有不同層面的問題。

楊濟襄：

智雄，謝謝你的提供，我想剛剛是我講得不夠清楚，就是《春

秋》指《公羊》、《穀梁》以後,《穀梁》那個是從東漢《漢志》,因為《漢書》那是東漢以後的,這個會跟東漢以後的學術史跟經學史背景是有關的,其實我剛剛講我做《史記》,基本上就在西漢之前,如果有用到「漢」字的話,那它就包括《後漢書》,當然就在東漢以後,當然分家法、師法,《公羊》、《穀梁》就已經很明確的,這個是沒問題的,這個是補充。

但是回過來,就是剛剛惠如老師還沒有回答我,妳在統計時有沒有發現,最早《漢志》幾篇?但《漢志》它是總括前面的,所以我的疑問就是說,談到《公羊》,我記得《公羊》很少,但我不知道妳有沒有把之前講《春秋》的算入《公羊》?

宋惠如:

我是根據《漢志》講「《公羊》」的,內容實際很少。

楊濟襄:

可是它會不會是作「春秋」,但是講《公羊》,妳是不是用「公羊」檢索它名稱有「公羊」?

宋惠如:

我是看《漢書》〈藝文志〉,一條一條的看。

楊濟襄:

那妳有沒有把作「春秋」的也放進去?〈六藝略〉裡頭,就是講「春秋」的放進去,因為我們剛剛講⋯⋯

宋惠如:

沒有。這部分是要進入條文具體考察。

楊濟襄：

對，到《漢志》，因為他是看到春秋以前的都放進來，那妳是說它很少，可是以西漢官學的話，後來亡佚的在《漢志》裡頭也都收進來了嗎？可是《春秋》在〈六藝略〉「春秋類」，畢竟它還是一個類，可是我們剛剛講說在西漢那些是屬於《公羊春秋》，它現在的名字不叫《公羊春秋》，它名字可能叫「什麼春秋說」、「春秋什麼」、「春秋什麼的」。

宋惠如：

這個部分其實……

楊濟襄：

所以在分類的時候，妳怎麼放？妳是把它歸在「非公羊」？還是「公羊」？就這樣。

宋惠如：

因為我這個做法很簡單，〈藝文志〉裡面，它就是記載著：「凡《春秋》二十三家，九百四十八篇。」那裡面所談到的，其實就是幾本書目而已，就是《公羊外傳》、《公羊章句》、《公羊雜記》、《公羊顏氏記》，另外當然還有《公羊》的《董仲舒治獄》，妳說的其他寫「春秋」的，其實沒有了。

楊濟襄：

那《春秋折獄》呢？《春秋決獄》呢？

宋惠如：

在《漢志》裡面是沒有記載，但它有寫《公羊董仲舒治獄》十六篇的，在這個書名裡面，我們可以看到是董仲舒的部分，我已經先把它排除了，因為做這個報告，我很清楚的了解到，如果要把董仲舒的加進來，它就會變成非常龐大，因此如同報告的前言所說，先排除董仲舒《公羊》學的部分來看《公羊》學的研究和方法。

楊濟襄：

那妳認為董仲舒就不是《公羊》嗎？

宋惠如：

當然不是，就是我在做這個課題的時候，先把董仲舒去除，比如研究他的已經一千多條，可是《公羊》學的研究，如果包含大陸的搜尋，老師說的大概五百多條，那我們去除掉大陸的部分，我看大概是不到兩百條，因此如果我們把董仲舒納進來討論的話，我們就沒有辦法看到董仲舒《春秋》學以外的《春秋》學的研究進路，畢竟董仲舒研究已經蔚為大國了，它必須要用另外一個專題的形式來講，這不是我短短的二十分鐘之內可以表達的，所以我在前提的部分就先進行了這樣的處理。

楊濟襄：

所以妳這個《公羊》的文獻裡頭，沒有包含董仲舒？

宋惠如：

沒有包含董仲舒。

楊濟襄：

何休的呢？何休的放進去了？

宋惠如：

當然有包含，何休的包含。

楊濟襄：

妳太偏心了，妳放何休的進去，妳沒有放董仲舒的，《公羊》是他最多的，被妳刪掉了。

宋惠如：

漢代春秋學和春秋家的概念和內涵不同。董仲舒的課題龐大，其實相關研究整理的篇章很多。本篇報告主要想通過歷代研究方法與課題，以及視角的「舉要」，了解公羊學還有很多的研究課題與空間，以供學者同好參考。有很多不足，謝謝指教。

楊濟襄：

因為大陸現在成立「董仲舒研究中心」，所以說我們現在本來就是「小國寡民」了，妳又把我們刪掉。

金培懿：

我覺得濟襄老師提出來的是一個好問題，就是說兩漢的《春秋》學系譜，或者漢儒所理解的《春秋》家的概念究竟是什麼？針對這點我在此想推薦一篇論文，濟襄老師或許也可以參考看看，就是日本學者內山直樹所寫的論文，我記得之前車行健老師有邀請他來臺灣開會，內山教授有一篇論文刊登在《政大中文學報》，就是〈漢代《春

秋》家概念的形成〉。回到我剛才為什麼提出那個問題，就是因為史書從《漢志》以後的著錄方式，究竟要怎麼樣去區分《春秋》經與《公羊》傳，其實攸關著當時究竟是如何界定《春秋》這一問題？還有剛才接著提到的《公羊》學家到底要怎麼去分類？或者說它的內容可以涵蓋進什麼內容？我個人的理解是，這些問題其實跟我們進一步去理解它所屬的這個學科的某種內涵，或是研究它的方法論，應該是有很大的關聯性的。謝謝吳智雄老師跟楊濟襄老師的解答，謝謝！

楊濟襄：

已經撐到四點半了，謝謝蔣公。

蔣秋華教授：

哪裡，原來預計二十分要結束，但大家談到興頭上，也就沒阻止了。我們今天到這裡就可以告一個段落了，謝謝所有參與的嘉賓們，對於幾位引言人，在此致謝。

張文朝：

謝謝各位超時演出，十月八號，我們還有一場，就是「經學的研究方法」最後一場，是「經學史的研究方法」，希望各位老師進來，大家聊一聊，謝謝。各位老師辛苦啦！

蔣秋華：

好，再次謝謝四位引言人。

經學史的研究方法

主持人：蔣秋華（中央研究院中國文哲研究所）
發表人：
   李威熊（原政治大學中國文學系）
   車行健（國立政治大學中國文學系）
   張高評（國立成功大學中國文學系）
   莊雅州（原國立中正大學中國文學系）
   黃忠慎（國立彰化師範大學國文學系）
   賴貴三（國立臺灣師範大學國文學系）
整理人：簡宏恩（國立高雄師範大學經學所碩士生）

蔣秋華：

  線上所有與會嘉賓大家好，這一次是最後一場，這一場是以研究經學史的方法為主題。也很榮幸的請到六位老師來為我們發言，我先按照海報上姓名筆畫次序來為大家一一作簡單介紹。首先第一位李威熊老師，李老師之前在政治大學中文系、彰化師大國文系，也在逢甲大中文系任教，現在他還是臺灣經學會的理事長，李老師之前曾寫過《中國經學發展史論》，也是我們研究經學的人都會來拜讀的。

  第二位車行健教授，車老師現在是政大中文系的教授，車老師原先研究的是《詩經》學，後來轉而關注民國跟臺灣的經學，就是近現代的經學研究，尤其對臺灣的經學投注相當大的心力，也編寫論文集和自己的專著。

第三位張高評老師，張老師是成功大學中文系的教授，文學經學都有很深的功力，經學方面尤其對《左傳》下的功夫特別多，寫的專著、論文是多得不得了。

　　下面是莊雅州老師，莊老師先後也在中正大學、元智大學任教過，莊老師在《爾雅》學方面有專著，近年來也整理他的歷年著作，已經出了兩本書，一本有關經學方面，另外是文字、聲韻學方面。現在著手第三部的書，不久也可以刊行出版。

　　下一位是黃忠慎教授，是彰化師大國文系的老師，黃教授最早研究過《尚書》〈洪範〉，跟《尚書》有關，後來他寫宋代《詩經》學史，之後也陸續加深《詩經》學的研究，出了很多本《詩經》學學者研究的專書，大概在臺灣研究《詩經》學，專書寫最多的是黃教授。

　　下面賴貴三教授，賴教授是師大國文系的老師，賴教授早期研究焦循的《易》學，在《易》學方面賴教授有很多的著作，尤其對臺灣的《易》學史他編寫了兩部的專書。

　　我簡單做了介紹，下面的報告先以李威熊教授、莊雅州老師、張高評老師、黃忠慎老師、賴貴三教授，最後車行健教授，以這個次序，一一請六位引言人做報告。我們首先請李威熊老師，李老師，請。

李威熊：

　　我們主持人蔣秋華教授，還有參與座談的幾位教授朋友。談到中國經學史，我們怎麼樣能夠編寫一本真的具有中國經學特色的發展歷史，從民國六十幾年、七十幾年，因為接熊公哲教授在政大中研所擔任經學史的課程，當時這個課程是全所必修，那時候年輕，希望有非常簡明扼要的教材，打算利用教學的方便，能夠編寫一本適合教學用的經學史，結果很慚愧，一直到今天討論會為止，依然沒有完稿，時間已經將近四十年，真慚愧。今天我就把當時寫中國經學發展的歷史以及事後不斷的有資料進來，想著把它修改，讓它更為完美。所以我

今天這個報告,就是寫這本經學史的一點點構想。我把一些重要的觀念提出來,等一下就來請教在座教授先生以及線上朋友們。

一　前言

　　(一)六經為中國學術總源頭

　　　中國的經學如果就古代來講,可以說是中國學史的總源頭。這不是我講的,在班固(32-92)《漢書》〈藝文志〉,古代討論中國典籍的,都是這樣子的看法。

　　(二)經學統攝一切義理

　　　再來,它不但是一切典籍的總源頭,而且它所含的義理也可以統攝一切。我想馬一浮(1883-1967)先生早已經講過,那為什麼我要提這個?

　　(三)經學史內涵廣泛

　　　它所涵蓋的內容這麼廣,思想這麼豐富,我們為它寫一部發展的歷史,怎麼能兼顧這麼複雜的內容呢?這個也是我們為什麼始終沒有看到一部,我們認為很切用又能夠把握重點的經學發展歷史,這個也是我們今天舉行經學研討會,我們大家要共同思考的問題。這麼廣泛的內容,我們怎樣利用現在的學術方法和觀念,我們能夠真的用心來編寫一部,我們認為比較理想的經學史,這是我們今天要講的主題,涉及到經學本身的內容和特色。

二　中國經學史的演變

　　　中國經學起源這麼樣的早,經學史的撰寫卻不是很早,一直到清末才有專書。在清代以前,我想大家可以算出來的只有簡單幾本,其中最有代表性的就是皮錫瑞(1850-1908)的《經學歷史》,它也是到光緒三十三年書才出來,是中國人寫的經學史。那在日本,比較早的是本田成之(1882-1945)的《中國經學史》,已經到達民國初年了,就昭和二年(1919)才出版,這是我們比較早期可看到,可以說是經

學簡論的簡論，還不算是很典型的經學歷史，為什麼這麼重要的學術，那麼晚才有幾本簡單的經學歷史著作？這是值得我們注意的問題。

三 具有中國經學特色的中國理想經史

今天學術發展這樣快，經學以外還有那麼多的學術，研究的理論、研究的方法也那麼樣的多，我們如果重新考慮把中國經學史寫得合乎現代，又具有中國學術特色，我們該怎麼考慮，這個也是我今天報告這個主題簡單的構想，因此我們就簡單來看看，具有中國經學特色的一個理想的經學史，我們應該要注意到哪些呢？

（一）理想經學史的必要條件

1 全面反映中國經學發展的脈絡和內容

首先第一個我就提到，中國經學史一定要具備有必要的條件，任何學術史都會涵蓋的，第一個，能夠全面反映中國經學發展脈絡和內容的著作，後面當然要有重點，普遍的內容在我們經學史應該讓我們大眾一目了然。

2 展現歷代經學重點的政教關係

第二個能夠展現歷代經學的重點，還有要考慮到它的經學特色，它跟歷代政治社會的關係，我們從經學史裡面能夠看得出來，跟一般學術史是不太一樣的。

3 歷代重要經學家重要著作

第三，歷代重要的有哪些經學家。還有經學著作，因為那麼多的經學家、那麼多的經學著作，不可能全部講完，凡有代表性的，我們看這本經學史能夠掌握到，哪些代表的經學人物，他們有哪些代表著作，這經學史裡面，我們也能夠反映出來。

4 各代經學之同異

第四，每個朝代都有不同的經學著作、不同學派經學家，我們從經學史裡面，比如說漢代、漢以前，隋代一直下來，能夠看到相沿相

同的,還有改變的在哪裡,它的異同我們從經學史裡面也能看到。

5 對歷代經學成就的客觀評述

再來當時我寫中國經學發展史,其實有一個用意,這本經學史不只是一資料的排比而已,有作者自己的判斷在裡面,也提供讀者可以思考,當然這在經學的講解不一定是對,但是我們就讀者的感受來講,你應該要有一個論斷,所以我覺得經學史也應該對於各階段,不同學派不同出處的經學史,有點評述,而且這個評述是客觀的,提供讀者判斷的一個參考,這是任何學術著作都一定要涵蓋這些,才算比較完整。

(二) 具有中國經學特色的充分條件

第二個,我就想到除了這些必要的條件之外,就是還要具備中國經學的自己的特色,你不能寫一個中國經學史,和日本、歐美他們寫的學術史長得面貌都一樣,這就沒有特色,所以我提出具有經學特色的經學史,一個充分條件。

1 章學誠「六經皆史」非謂六經皆史料

我首先講到章學誠(1738-1801)講的六經皆史,但是我在讀一般學者論述六經皆史,好像沒有完全體會到章學誠講這句話的用意,很多人把它解釋成六經都是史料,經學史的資料。其實把章學誠的《文史通義》仔細地讀,他的意思不是這樣,他雖然說六經皆史,但它是有條件的,只要是講夏、商、周這些聖王,他們治國利民的這些典則,這樣的史才是六經,而不是全部的六經都是寫經學史的資料,不是那樣。第一個我們要掌握這個章學誠的六經皆史,不是一般人所解釋的,從資料來看它是史料,從義理來看它是經,沒有這麼廣泛的解釋,它是有前提的,這才是中國經學史,「史」的特質。

2 六經皆先王政典,有德有位的人用以經緯天下

第二個他講,六經都是先王的政典,這個政典誰才有辦法定,你

要有德要有位,他是用這樣的東西來經維天下、治理天下,所以剛才我講章學誠的六經皆史,為什麼特別指夏商周,因為那時候的政典它才有這樣的作用,而不是以後所有的經學著作都是章學誠講的六經皆史,不是那樣,所以這樣來看章學誠的六經皆史,並沒有貶低以經為史,而且正正好提升經學史本身的特色,這點所謂的六經是指先王的政典,是有德有位的人用它來經維天下,但是經學在初形成夏商周有這樣的狀況,那以後怎麼說?以後我們要解釋經學,詮釋它、解釋它,你要把握這個重點,不能說所有的這些資料,經學的資料就是經,不是那個意思。這是我們在討論六經皆史也牽涉到觀念的問題。也是我們常講經學之所以的特色,跟一般學術有同有異,這個我們是要區分清楚的。

3 經世道器合一,事與義合一

第三個,我們寫到中國經學史,它是經史,跟我們一般所講的歷史文獻資料是合一的。經是講道,講義例,也講文字的事實,就是器,所以真正的中國經學史,既講道,也講器,既講經世,也講社會的一些資料文獻的事例事實等,另外這兩個的結合,你講經一定有內容,就是它的事,內容後面一定有它的用意,就是它的義理,所以真正的經學,不是單純講事,也不是單純講空洞的義理,是它的內容意義事例,它是合而為一的,所以我在讀中國的經學,我時常講到,因為中國人的觀念,講天人物我等等是合一的,其實經學就是這樣,是不可分的,道器、事例、義理是合而為一,也就是天人、物我、人我是合一的。

4 經具有經世之用,用在教化社會

再來我們講經學,因為現在我們會聽到經學就是一般的知識,沒有錯,它有事,但是如果只是這麼講,它就不是中國的經學了。中國經學很重要的一個特色,它是講經世致用的,一定要有用,什麼用,

一定用在社會教化，當然包括個人的修身修德，要有這樣的作用，有社會教化的功能，它不是一般純知識性的，今天我們談經學的研究，要客觀講成知識性的，我並不反對，但它只是經學的一半而已，它是強調社會教化，如果這個沒有，中國經學就失去它真正的特色跟特質。這是中國經學史，我們要寫出具有中國經學特色，它的這個充分條件，才能顯現中國經學之所以成為中國經學的特質，這是我寫中國經學發展史，我是非常重視它在社會教化上的事實如何，道理也在這裡。

四　中國經學是有修身淑世的人生教育學

再來，如果我們用大家比較一聽就知道的，中國經學就是修身淑世的人生教育學，它教一個人做人，也教社會怎麼像人的社會，不然我們的社會已經變成動物的社會了。真的變成動物，譬如說我們講民主、講自由，其實都是把我們的社會、我們的人變成動物的層面，各位想自由，最自由的就是動物，不是嗎？所以你今天一味強調自由，其實就跟動物學，動物是因為人才沒有自由。講民主，沒有自律的民主哪算民主，所以你看中國儒家，它講人本，沒有人本、沒有自律的民主，那算民主嗎？所以民主是野蠻的，你看歐洲法國剛選完總統，當時報紙就講他看到上一次的選舉，看到人的野蠻，臺灣現在就是最好的例證，那像人嗎？所以民主自由都是人性的本然，生理的本能，是一種野蠻元素的一個狀態。今天講民主以此自豪，我一看我都感覺，人在回歸人的生理本能，就是野蠻，所以我們今天用這樣騙騙人是可以，但是如果把它當真理，那真是欺騙社會，欺騙世人。所以經學它就具有這樣的功能，沒有實施記名，沒有人本的民主，沒有自律的自由，那是回歸動物的本能，沒有什麼好向人吹噓的，所以臺灣如果用這樣來自我標榜，我覺得那是退化，回歸經學，它會給我們一種不同的思考。

（一）不只是講知識，也講善知識

所以經學要具備有這樣的特質，我用人生的教育學，給我們來思考，中國的經學，不止是只有講知識，而且講的是善知識，我們宗教，尤其是佛教，講善知識，它既然是善知識，不止是只有知識而已。

（二）是人文社會學和宗教哲學的綜合體

第二個人文社會是宗教哲學一個綜合的問題，所以中國經學史是一個人文社會科學，也是一個宗教哲學，兩個合起來是中國經學。

（三）既是實證史學，也是義理史學

再來，因為我自己在處理中國經學史，怎麼用它來看社會，所以中國經學既是實證史學，可以當歷史的正式發生，但是有時候我們思考真實的事實不是在事例本身，有時候是在事例裡面含義。我舉一個例子，我們讀《詩經》最明顯，我們把〈國風〉讀讀看，就文字來看，就事例來看，它是一個理解，如果從背後的義理來看，《毛傳》、《鄭箋》就不是我們所以否定的問題，所以它有實證史學，也有義理史學，所以有時候真正的歷史是在事實的背後，你講經學不能不注意到這點，真正的歷史不在表面的事情，而是在背後的義理，所以中國民間的話最具有它的意味，說你讀書讀到背後去，這是沒有了解它的義理，所以很多的事實是在背後的義理。今天講中國經學，尤其講《詩經》、尤其講《公羊》，在座我們張高評老師，如果你不注重背後的義理，是真的《公羊》真的《毛傳》、《鄭箋》的解釋嗎？所以講中國經學，你就不能不注意到這點，所以它是實證史學，也是義理史學，這點很多人不能接受，在逢甲曾經指導一位博班的學生，我就是希望他能夠從義理的。我是運用馬一浮（1883-1967）的名相義理，我覺得你的義理沒有名相，那個義理怎麼講？當時我們兩位朋友來考，他怎麼講就講不清。我要讓學生表達的概念，馬一浮的名相義理這個觀念，確實值得我們加以深思。

五　結語

（一）中國經學史，專經發展史，經學斷代史的全面發展

最後我認為我們要寫的中國經學史，一個是時間縱的問題，另外群經，十三經到十四經、十五經，專經可以寫一部歷史，而《詩經》可以寫漢代，可以寫魏晉南北朝，可以斷代，可以做彼此之間的比較，所以整個經學的發展歷史，一部經學的發展歷史，一個斷代的歷史。

（二）跨學科的比較研究

各學派的比較經學史，這種跨學科、跨領域的研究，全部融會在經學史的撰著，我們說我們能夠寫一部接近我們理想中的中國近代經學史，我一點點的觀念，不一定是對，提出來給大家參考，謝謝大家。

蔣秋華：

謝謝李老師，李老師以他自己寫作經學史的經驗，說明他寫作把握的要點，他也認為經學要經世致用，具有社會教化的功能，不只是書面上的知識，這些見解都是非常可貴的。下面我們請莊雅州老師。

莊雅州：

主持人，線上的專家學者大家好。

一　前言

（一）經學史的界說

我這個報告主要分成幾點，第一個，我先要談一下經學史到底是什麼？它的定義，它的範圍是什麼？我在民國八十年左右，寫了一篇〈經學史導讀〉，收在三民書局《國學導讀》裡面，在導讀中，我這麼說：「經學史是從歷史的觀點，研究經書的形成與流傳，經學家的成就，經學著作的要點，經學思想的演變這樣的學問。」這些項目看

起來好像跟經學是大同小異的,而且彼此之間好像互相包容,我個人認為經學的範圍是最大的,這些項目只是其中的一個部分。為什麼?因為如果沒有從歷史的觀點,去談經學方面的發展,根本進不了經學史的範圍,即使它是經學著作,也不能算是經學史,所以我覺得經學的範圍應該是比經學史更大一點。

(二)經學史的類型

其次,經學史從清末到現在,通史的部分至少有十幾本,其他的類型當然也很多。我粗略地把它分成幾類:第一個是經學通史,像李威熊教授的《中國經學發展史》。其次是斷代的經學史,如程元敏教授的《先秦經學史》。還有第三種地域經學史,這是比較少一點的,例如文哲所曾經編過《清代常州地區的經學》。第四是學派的經學史,像周予同(1898-1981)曾經寫過《經今古文學》。另外有專書的經學史,如朱伯崑(1923-2007)有名的《周易哲學史》。另外還有很多是經學的專家研究,如黃永武的《許慎的經學》。也有經學專題研究,如張國淦(1876-1959)的《歷代石經考》等等。當然後面這兩種,可能只是一個點而已,不一定能串成一條線,但是點線面彼此關係非常密切,如果沒有這些點的話,怎麼會有線有面,所以它可能也會是經學史裡面重要的成份,但是它本身到底只是一個點而已,這是首先我們要談的經學史的界說和類型。

二 清代以前傳統的研究方法

第二個,我們要談的是清代以前傳統的研究方法,剛才大家都已經談到過,經學史到清朝末年,才正式成書,可說相當的晚。可是它的濫觴其實是很早,在章學誠的《校讎通義》,曾提到很有名的八個字,就是「辨章學術,考鏡源流」,這是他用來解釋校讎學,也就是文獻學,主要有這個功能。經學史是學術史裡面重要的一部分,當然也一體適用,最早的,例如《史記》的〈儒林傳〉、《漢書》的〈藝文

志〉都是這類的，後來慢慢加進了很多的資料，像《經典釋文》、《經義考》或者《四庫全書總目》、《傳經表》等等，所以到了清朝末年就有兩本經學史的專書出版，一本是劉師培（1884-1919）的《經學教科書》第一冊，（第二冊則是講《周易》方面的）。另外一本就是大家談得最多，皮錫瑞的《經學歷史》。這兩本相繼問世之後，經學史才算正式的成立。還有一本書過去也常談到，就是甘鵬雲（1862-1941）的《經學源流考》，我們看他的自序是光緒四年，其實這本書到民國二十幾年才正式出版，本身是有問題的，所以我們沒有把它擺在裡面來談。這段時間，清代以前傳統研究方法，到底它的方法主要是什麼呢？我分成四點來談。

（一）經學史料的蒐集

經學史料的蒐集，是以目錄學、版本學為主來蒐集整理這些資料，我們現在看得到的這兩本經學史，劉師培的《經學教科書》他自己有簡單的註解，後來也有陳居淵幫他做出新註解。至於周予同也替皮錫瑞的《經學歷史》做了註解。所以可以看到很多相關的文獻資料。此外，顧永新也寫了〈經學史的目錄研究〉，可以讓我們曉得傳統的經學史所採用的資料大概有哪些？我把它簡單的歸納以後，按照四部的分類分為四種：

 1 經學著作

經學著作包含經傳和注釋。其次是經說、文字音義，例如《經典釋文》之類的，另外傳經表、輯佚書，還有讖緯方面也是，甚至包含石經，當然這很多資料，我們在叢書，裡面大多可以看得到，這是第一大部分，經學的部分。

 2 史籍

史籍像是二十五史之類，其中的史傳或者史志，如《史記》〈儒林傳〉、《漢書》〈藝文志〉往往與經學史有關，另外還有《文獻通

考》之類的政書,《金石粹編》之類的金石書,《文史通義》之類的史評都有不少經學史資料,尤其是譜錄,如《四庫全書總目》更提供了重要的研究線索,當然跟史志有密切關係,但它不屬於正史,應該是獨立出來仍然屬於史部的,這是第二部分。

3 子部

子部我在原來交的書面資料沒有提到,其實是分散在其他地方,但是如果我們按四部分類的話,應該有子部比較好一點。這裡面包含像《朱子語類》、《日知錄》、《宋元學案》、《太平御覽》等這些儒家的專書,考訂的筆記、或者理學的彙傳、類書之類的都屬於第三部分。

4 集部

第四部分就是有關文集方面的,如《東原集》、《經韻樓集》都是,這是第四個部分。

(二) 經學史料的整理

在經學史料蒐集就緒之後,當然要好好的去加以整理,這是很重要的工作。我想大家可能也留意到哲學方面的研究方法,大陸的學者張岱年（1909-2004）曾經寫過一本《中國哲學史研究方法論發凡》,書中竟然有兩章都在談有關哲學史料的整理與詮釋,也就是我們下面要談的這幾個部分,根據我個人的了解,在史料整理方面可以分成四點:一個是篩選,把資料找齊,還要經過篩選,有的要,有的不要。其次,要加以區分,把史料加以分類,屬於分析法。第三個就是要歸納,用歸納法把相同史料類聚在一起。第四個就是把它登錄下來,以便運用,我們現在做學問非常的方便,工具書、電腦資料很多,早些年只有卡片,用來登記書目跟資料的卡片。可是在清代這些東西都沒有,所以那時候的寫作真的非常的辛苦,這是有關經學史料的整理。

(三) 經學史料的考證

第三個部分是經學史料的考證,考證主要用文獻學跟語言文字

學,可分成四點:第一點校譌誤,校勘錯字,如阮元的《十三經注疏校勘記》之類的。第二點辨真偽,在古書裡面偽書非常的多,如《古文尚書》偽《孔傳》等等,都是經部裡面非常有名的偽書,最重要的是要怎麼樣去辨別它,不被它們所誤導,這兩個都是屬於文獻學方面的。第三點是因聲求義,第四點是比較互證,這些是屬於訓詁學方面,主要是來研究傳統的文獻,傳統文獻主要都是用文本,為文本做註解是最重要的表現方式,這是所謂經學箋注主義,因聲求義、比較互證,就是用語言文字學來解決文本箋注的問題。有一位有名的經學家叫做周予同,周予同曾經講過在清代很多學問都是用樸學研究,包含經學、史學都是樸學,他說清代的樸學最高的成就是什麼呢?就是因聲求義,透過聲音去求得字意的正確的解釋,可見這是在古代非常重視的一種考證方法,這是第三點經學史料的考證。

(四)經學史料的詮釋

第四個是經學史料的詮釋,這個部分我再分成幾個重點來講:

1 史實的敘述

第一個是史實的敘述,我在交的資料沒有提到。我認為我們用了很多的方法,例如敘述、說明、分析、綜合、考證、引據、申論、比較等等,把它們歸納以後,其實就是一個論、一個述而已,述當然很重要,因此我認為應該補充一個,史實的敘述,要把最恰當的史實敘述出來,這是經學最基本的工作。

2 史料的解讀

然後接下一步,這些史料必須加以適當的解讀,這個就牽涉到論的問題。在西洋解釋聖經用什麼呢?用詮釋學,中國古代解釋經典當然也有詮釋學,兩個是不一樣的東西,可是都是相通的,中國經學的詮釋,其實不只是可以詮釋義理方面,來闡發裡面的微言大義,同時

也可以詮釋考證方面的，就是從文字訓詁開始，然後去展開知識的考古，這個也是很重要，這是第二點史料的詮釋。

3　史觀的建立

第三點就是史觀的建立，徐復觀先生曾經寫過《中國經學史的基礎》，他有一句話我想大家看過以後會覺得很震撼，他說中國從古以來的經學家沒有一個沒有經學思想的，唯一沒有經學思想的年代是乾嘉年間，這是蠻有震撼力的話，所以古代經學史裡面必須要有史觀，歷史的一些觀念。我們就拿剛才講的那兩本經學史來說，劉師培就有群經一元論，認為群經是同一個源頭來的。當然大家最熟悉的是他有群經大義相通論，另外他認為經學本來只有齊學、魯學的區別而已，沒有今古文的區別，今古文的區別是漢代的事情。另外他又認為宋代有宋學，其實宋學從哪裡出來？從漢學出來的，這些是他的史觀，我們贊不贊同是另外一回事，他有這樣的史觀，當然不是在他的《經學教科書》可以全部看得到，還要去看他的《劉申叔先生遺書》。皮錫瑞，他到底有幾個史觀？當然很多，其中周予同替他做註解的序言就談到，孔教救國，他把孔子（前551-前479）學說當成是一種宗教，要用孔教救國。六經致用，漢朝人講究三百篇當諫書，《春秋》決獄之類。還有緯候足徵，緯書是可以相信的。這三點周予同非常反對，不管怎麼樣，這是他的史觀，這是第三個史觀的建立。當然我們現在的經學史也都會有個別的史觀。

4　史期的劃分

第四個是史期的劃分，到底一本經學史裡面要分成多少期呢？像剛才我們提到的劉師培就分成先秦兩漢、三國到隋唐，另外還有宋元明，還有清，一共四個時期。皮錫瑞分得更多，分成十個時期。劉師培是按照朝代來分，皮錫瑞是按照經學內部演變的特徵來分，兩個不太一樣。一般來講可能是參考皮錫瑞的分法會比較合理一點，但是在

經學內部演變的特徵之外,也難免會牽涉到朝代的問題,所以兩個其實是可以互相配合的。

5　史派的釐清

最後我認為還應該加一個史派的釐清,史派就是經學的派別,在經學史裡面很多派別,最早是有齊魯學之分,後來漢代有今古文之分,到了漢末有鄭學、王學之分,南北朝有南學、北學之分,後來有宋學、漢學、清學等等之類的,各家的分類不一樣,那怎麼樣去釐清它,怎麼樣去把它內部的異同與關係梳理一清二楚,應該是很重要的。這些是第二個大部分,清代以前的傳統的方法。

三　民國以來新興的研究方法

底下就要談到民國以來新興的方法是什麼?經學本來就是跨領域的學科,裡面有政治、有哲學、也有文學、社會學等等,它是綜合性的學科。從二十世紀開始就是一個科際整合的時代,我們曉得這百多年來有很多新材料發現,新工具發明,新方法輸入,所以經學史的研究就慢慢蓬勃的發展,出現了很多的書,我所看到的通史就有十本以上,其他的當然更多,等一下其他的專家學者會有書目給大家,那時候大家可以了解得更多,這邊我就不浪費時間。從民國以來到底經學史的研究方法是什麼呢?我分成以下的十二點來講,第一個是文本的詮釋法,第二個是文獻的考徵法,第三個訓詁的求義法,這三個其實就是清代傳統的研究方法,這個文本的詮釋法,所謂的詮釋學,剛才我們已經談過,是緊靠著文本,因為中國古代的經典文獻文本都是註解的最多,就文本去詮釋它,姜廣輝有《義理與考據》,裡面談到儒家經典詮釋的方向有下面幾個,我順便介紹一下,第一個知人論世、以意逆志,第二個書不盡言、言不盡意,這是孟子(前372-前289)講的,第三我注六經、六經注我,第四實事求是、六經皆史,第五返本開新,托古改制,所以從古以來文本的詮釋可以說多方面的。至於

文獻的考徵法，上面我們也介紹過主要是目錄、版本、校勘、辨偽、輯佚之類的。至於訓詁求義法上面我們也談到因聲求義、比較互證，後來陸宗達又加上以形索義，這樣形、音、義三個結合在一起，對我們研讀古典文獻是非常重要的。再過來，第四個就是文學的鑑賞法，因為經典裡面有很多非常有文學價值，如《詩經》、《左傳》、《孟子》等等，所以從文學方面來研究它是很重要的。第五個是歷史參證法，因為我們一開頭談到經學史，就需用歷史的觀點，所以史學的方法很重要，我們曉得剛才談到，辨章學術，考鏡源流，可用來探討中國經學的起源，當然跟歷史有密切的關係。西洋如德國的南克有歷史研究法，這是對歷史的參證下了很多的功夫。第六個是傳記研究法，這也是從史學分出來的，不過只是用來研究個人的部分，其實是孟子講的知人論世，但是我們到了現代當然對於經學家的研究可能更深入、更全面一點，像法國有一個叫聖佩韋，他也提倡傳記研究法。第七個是社會推勘法，劉師培在寫《經學教科書》的時候，已經用到史本賽的社會學，注意到西洋方法了，到了近代，當然西洋的社會學對我們影響更大，例如有兩位學者孫筱和張濤，在探討經學和漢代社會關係的時候，就是從社會學的角度去探討的。第八個是思想評論法，思想在經學史裡面非常重要，不僅是在思想史裡面是一個核心，像鄧國光就寫過《經學義理》之類的書，這也是一個重點，第九個是異同比較法，我們曉得在各學科裡面，最常用到比較法的就是比較文學，其實其它領域包含經學史也是非常需要有異同的比較。第十個是疑古辨偽法，最主要是《古史辨》，顧頡剛（1893-1980）所編的，裡面跟經學關係非常密切的材料很多。第十一個就是二重證據法，這個主要就是從清末，甲骨、鐘鼎、石經、楚簡、漢簡、帛書、敦煌寫本等等出現，當然像宋代的時候就有金石出現，更早以前漢代也有一些古文獻出現，到清代以後就更多，這些地下文獻可以拿來跟傳統文獻做一個

印證、補充、比較、修正的工作，所以是很重要。第十二個是文化統整法，文化學範圍很廣，是涵蓋各個學科的，當然也有很多人去研究文化經學的部分，如謝謙就有《中國經學與文化》，嚴正也有《五經哲學及其文化》之類的，當然還有其他的方法，我將來寫成論文時，可能會再補充一些，例如大陸的學者就很注重階級分析法，臺灣雖然不用這個方法，恐怕也不能不談一下。

四　初學的研讀方法

第四個是初學的研讀方法，我在〈經學史導讀〉裡面提到幾點：一個是蒐集經學資料，第二個是考證史料的真相，第三個探討歷史背景，第四個注意縱橫關係，第五個運用治學方法，由於這篇導讀主要是在導引初學者研讀經學史的方法，不是站在寫經學史的立場來談，所以深淺、寬窄自然不同，限於時間就不多講了。

五　結語

最後我想我簡單的談一下，我覺得今天參加這個座談會非常有意義，我希望大家今天所談的意見，對經學史的推展會有所幫助，我也很希望李威熊教授的《中國經學發展史論》下冊，能早點兒出版。很早以前林慶彰教授要寫經學史，好像也沒有寫，將來希望也能看到這本書。很期盼在臺灣將有更多更好的經學史的著作出現，以上是我的淺見，請大家指教，謝謝。

蔣秋華：

謝謝莊老師。莊老師以他研究經驗談如何來研究經學史，先是對經學史界說，類型做介紹。另外分成清代以前傳統研究方法，還有民國以來新興的研究方法，還有個人的研究方法，都做了非常詳細的介紹，相信大家都受益匪淺。下面我們就請張高評老師來發言，謝謝。

張高評：

　　主持人，各位老師、還有線上的同道，大家好。今天所談，主要偏重在《春秋》經傳學史的研究方法。不管五經、九經、十三經，每一部經典的屬性，都很不相同。不過，既然稱為經學，其中必有共通的一種研究法。但更多的，應該是個別經學的研究法。對於《春秋》經及《左傳》，我了解稍微多一點。其他的經學，我個人涉獵不多。所以，今天就針對《春秋》經學史、以及《左傳》學史，談談研究的視角及方法。

内容綱要

　　演講的内容，先就大綱作個提示。首先，關於經學史的義界與範圍，剛才幾位老師也都講到。這方面，我只偏重《春秋》經傳的屬性來談。第二部分，《春秋》經的微辭隱義，當如何解讀？《左氏傳》如何詮釋《春秋》經？第三個部分，後世學者研究《春秋》經、《左傳》，或作解釋，或作詮釋。漢唐的經學研究法，主要在訓詁考據，劉述先教授稱漢學為解釋學。宋元明清的創造性解經方式，相當於詮釋學的方法，《春秋》宋學近之。第四個部分，詳談漢學的研究法，從漢唐到宋元明清。接著，談宋學的經典詮釋史。第四個部分，經學既然很重要，必定在當代或後代生發很重要的影響。這種影響，或稱為接受。大抵有三大部分：第一、史學的經學化：代表典籍，如《左傳》、《史記》、《三國志》、《三國志注》，以及《新五代史》、《資治通鑑》，往往用《春秋》書法襃貶勸懲。這，算不算經學研究法？第二、經學文學化：明清以後，流行評點學，評點《左傳》的著作大量產生，大概有六七十部以上。於是，經學跟文學會通之後，變成經學文學化了。經學的文學化，算不算經學研究史的範疇？第三、經學兵學化，明代清代學界，《左傳》敘述戰爭的篇章，舉凡足以決定戰爭勝負成敗者，如兵法謀略，像離合、虛實，奇正，這方面的點評，以

及將帥個性、士氣高下，多特別關注。經學的兵學化（《左傳》的兵學化），算不算《左傳》經學史的寫作方向？

一　經學史的義界與範圍

經學史，是指經學的歷史。何謂歷史？劉師培說「爰始要終，本末悉昭」，是古《春秋》記事的成法。現在看到的文學史、批評史、哲學史，以及將來擬寫的經學史，對於「史」的觀念，普遍淡薄。剛才莊雅州教授提到章學誠所說「辨章學術，考鏡源流」，李威雄教授提到源流發展，系統研究，就是經學歷史所要掌握的寫作方法，我很贊同他倆這個看法。比如說，談漢學發展史，始於漢唐的章句訓詁名物之學，然後談到宋代的考據學，再說清代乾嘉的樸學。這樣論述，才能夠知道源流正變，才算系統性、主題式的關注。講歷史，側重「爰始要終，本末悉昭」；經學史，強調源流正變、因革損益。歷史發展如是，經學史的發展，必然也是如此。若能朝此方向進行撰寫，將便利受眾之閱讀。至於如此撰寫，是否有其難度？這是另一個話題。

我的博士論文，研究《左氏傳》。三十年來，未曾間斷過。最近六、七年，為探本溯源，始用心致力研究《春秋》一書。已出版兩部專書：其一，《比事屬辭與古文義法——方苞「統術兼文章」考論》，談《春秋》書法如何影響古文義法。其二，《屬辭比事與春秋詮釋學》，論證屬辭比事可作詮釋經傳之方法與津梁。這是《春秋》宋學，從宋元一直到明清的《春秋》學，可以從這個視角來研究經學的來龍去脈。比如說，從孫復（992-1057）、程頤（1033-1107）、胡安國（1074-1138），到朱熹（1130-1200）、張洽、李明復（1174-1234），到元代黃澤（1259-1346）、汪克寬（1259-1346）、趙汸（1319-1369），清代張自超（1654-1718）、方苞（1668-1749）諸家，都是這個宋學系統。經學史，如果能夠這樣系統性寫作，比較理想。《春秋》一萬六千多字，我的研究成果，已完成三十餘篇的單篇論文。除了前述兩本書之外，已

洽簽版權者，又有《《春秋》書法與中國敘事傳統》、《以史傳經與《左傳》之敘事傳統》、《比事屬辭與《史記》之敘事傳統》、《創造性詮釋與宋代《春秋》學》、《義理闡發與近世《春秋》詮釋學》五部書稿。敝帚自珍，與同道分享，他日出版，期望獲得方家學者的指正。

清章學誠《文史通義》〈言公上〉稱：「夫子因魯史而作《春秋》，孟子曰：『其事，齊桓、晉文；其文，則史；孔子自謂竊取其義焉耳。』載筆之士，有志《春秋》之業，固將惟義之求。其事與文，所以藉為存義之資也。」

章學誠認為：《春秋》這部書，包含其事、其文、其義三個元素。後人得此啟發，談歷史編纂學，也不離其事、其文、其義。學者研究《春秋》，主要以探求微旨隱義為志業。「惟義之求」，即是《春秋》學研究史最重要的關鍵詞。章學誠提示：「其事與文，所以藉為存義之資。」其義，既然寄託在其事其文裡面，所以經由其事，憑藉其文，即可以考求其義。司馬遷（前145-前86?）《史記》〈太史公自序〉稱：「《春秋》以道義。」復旦大學申小龍《語文的闡釋》提到：「《春秋》的修辭，是孔子政治倫理觀的符號表現。」以為秩序的修辭，是倫理的修辭，是文化取向的修辭等，已提明其文可以寓說其義。

二　屬辭比事與《春秋》經、《左氏傳》之解讀

（一）解讀《春秋》經的視角與方法

歷代學者解讀《春秋》經的視角與方法，大約有三：

　　1　以傳解經，發明精義

對於《春秋》經的解讀跟詮釋，自秦漢以來，採用「以傳解經」的方法的頗多，如《左氏傳》，主要以歷史敘事說經；《公羊傳》、《穀梁傳》，則偏重以義解經。宋孫覺（1028-1090）《春秋經解》、蘇轍（1039-1112）《春秋集解》、呂祖謙（1137-1181）《左氏傳說》、《左氏傳續說》、李明復《春秋集義》、家鉉翁（1213-1291）《春秋集傳詳

說》；元李廉《春秋諸傳會通》、趙汸《春秋師說》；明湛若水（1466-1560）《春秋正傳》、姜寶（1514-1593）《春秋事義全考》；清毛奇齡（1623-1716）《春秋傳》、惠士奇（1671-1741）《春秋說》，以及宋元明清很多《春秋》學的著作，大多引用《左傳》解經，亦有單用《穀梁》，或兼取三《傳》者。

  2 以經治經，無傳而著

  由於《春秋》三《傳》解經，各持己見，所言未必正確。參考三《傳》，反而被誤導。到了中唐啖助（724-770）、趙匡等，提出「《春秋》三《傳》束高閣，獨抱遺經究終始」之主張，於是唐陸淳（？-805）《春秋集傳纂例》，宋孫復《春秋尊王發微》、張大亨（前-前）《春秋通訓》、趙鵬飛《春秋經筌》，元程端學（1278-1334）《春秋本義》、趙汸《春秋屬辭》，明季本（1485-1563）《春秋私考》，可作代表。以棄傳從經，作為治經之法，等於「求聖人之意，於聖人手筆之書」，即所謂以經治經的主張。不參考三《傳》，亦可考求《春秋》的指義，其方法有三：（一）筆削昭義，（二）比事屬辭見義，（三）探究終始以觀義。不過，話說回來，如果以經治經，絕不參考三《傳》，大概《春秋》學的課題，只能解決百分之八十左右。還有將近百分之二十，《春秋》學問題仍需要有三《傳》之輔助，才能夠有圓滿的詮釋。

  3 經傳兼治，互相發明

  研究《春秋》經，同時參考三《傳》，將三《傳》會通化成，求得真解，數量最多。如晉杜預（222-285）《春秋經傳集解》、唐孔穎達（574-648）《春秋左傳正義》。如宋王晳《春秋皇綱論》、葉夢得（1077-1148）《春秋傳》、劉敞（1019-1068）《春秋傳》、程頤《春秋傳》、胡安國《春秋傳》、陳傅良（1137-1203）《春秋後傳》、高閌《春秋集註》、張洽《春秋集注》、家鉉翁《春秋集傳詳說》。元趙汸《春秋屬辭》、李廉《春秋諸傳會通》。明石光霽《春秋鈎元》、卓爾康（1570-

1644)《春秋辯義》、湛若水《春秋正傳》、傅遜《春秋左傳屬事》、姜寶《春秋事義全考》。清康熙帝（1654-1722）《日講春秋解義》、萬斯大（1633-1683）《學春秋隨筆》、毛奇齡《春秋傳》、劉沅（1768-1855）《春秋恆解》、張應昌（1790-1874）《春秋屬辭辨例編》等，解讀《春秋》經的視角與方法，多經傳兼治，相互發明。

（二）三《傳》解說《春秋》之方法

一般而言，《左傳》說經，致力於「如何書」之法，以歷史敘事解說《春秋》經，是謂「以史傳經」，佔《左傳》全書八成左右。其實，《左傳》也有以義說經的地方。徐復觀《兩漢思想史卷三》〈原史〉稱：左氏之傳《春秋》，可分四種形式：除了以魯史補缺之外，書法解釋、簡捷判斷、君子曰三者，皆不異《公羊》、《穀梁》之以義傳經。另外，《公羊傳》、《穀梁傳》，側重「何以書」之義，所謂以義傳經者是。其實，《公羊傳》、《穀梁傳》，也有以歷史敘事解經的。清陳澧（1810-1882）《東塾讀書記》卷十提到：「《公羊》有記事之語，亦甚重記事。」又稱「《穀梁》述事尤少，鍾文烝（1818-1877）《春秋穀梁經傳補注》，舉全傳述事者祇二十七條」云云，數量雖然不多，但《公》、《穀》自有以史傳經之例，亦值得參考重視。大抵以義解經者多，亦間有以史傳經之處，這種現象，不宜忽略。

（三）《春秋》為避時忌，微辭隱義，都不說破

後世解讀《春秋》，為什麼需用三《傳》？因為《春秋》文字都是敘述句，未見判斷句。誠如《朱子語類》引朱熹（1130-1200）所說「都不說破」，「蓋有言外之意」。《春秋》，有很多微辭隱義，尤其是魯定公、魯哀公在位時，所記述多是近代史、現代史、當代史，涉及很多政治忌諱。《史記》〈司馬相如列傳〉直說：「《春秋》推見至隱。」一件原本清楚的事情，《春秋》說得隱隱約約，不清不楚的。不是辭不達意，而是為了避免觸犯忌諱，文字必須這樣處理。由於

《春秋》推見至隱,其中微辭隱義太多,於是造成詮釋解讀上的困難。《文心雕龍》〈宗經〉稱:「《春秋》則觀辭立曉,而訪義方隱。」程頤《春秋傳》說:《春秋》大義易見,「惟其微辭隱義、時措從宜者為難知」。清朝翁方綱(1733-1818)《蘇齋筆記》也提到:「詁經之難,莫難於《春秋》。」《春秋》號稱有字天書,如何解讀詮釋?諸家異口同聲,多以為難。

(四)其事、其文、其義,為《春秋》經三大頂樑柱

《左傳》,是本人博士論文的研究領域,但對《春秋》,我卻一知半解。這部一萬六千多字的有字天書,到底如何解讀?很想弄個明白。還有,《左傳》跟《春秋》經,關係究竟如何?近六、七年來,一直盡心致力於《春秋》學之研究。前後發表三十餘篇論文,終於有了較清楚而全面的認知。

《孟子》〈離婁下〉提示:其事、其文、其義,是《春秋》編纂的三大元素。《禮記》〈經解〉所稱屬辭比事,作為《春秋》之教,已呼應其事、其文,而其義亦隱約可見。《史記》〈十二諸候年表序〉稱:孔子論次史記舊聞,「約其辭文,去其煩重,以制義法」。約其辭文,是屬辭;去其煩重,指筆削與比事。其事與其文進行新奇組合,即能凸顯其義。其事、其文如何纂組,這是方法,透過法的講究,即可以傳達旨義的隱微。誠如朱熹所云:「《春秋》以形而下者,說上那形而上者去。」透過形而下,可以傳達形而上,解讀《春秋》,為什麼需要這麼麻煩?因為孔子《春秋》,作於定、哀之際,其中有刺譏、襃諱、挹損之文辭,不可以書見。由於觸忌犯忌,所以「不可以書見」。既然不可以書見,卻又不得不書寫示人,於是《春秋》書法遂應運而生。這就是《春秋》難懂的原因。朱熹是一個大學者,卻說《春秋》難知、難懂,不好理解,因而沒有《春秋》學的的專著流傳。

何謂屬辭比事?連屬上下前後之文辭,類比、對比、相近相反之

史事，合數十年積漸之時勢，而通觀考索之，即可以求得《春秋》都不說破的言外之義，此之謂屬辭比事。（詳參張高評《比事屬辭與古文義法》，第一章〈緒論〉）其事，是排比編次、比事顯義，排比史料可以顯見史義。其文，指屬辭約文，從連屬辭文、修飾文句，來看出《春秋》的義。其義，出於作者的獨斷別裁，透過或筆或削，表現出指義。解讀《春秋》，研究《左傳》，探討歷史敘事，必須要運用屬辭比事，作為方法和利器。

三　經學史之解釋學與詮釋學

二千年來，經學史之研究，漢學解釋學與宋學詮釋學，堪稱兩大主軸。事實上，漢學與宋學、解釋學與詮釋學，並非此疆彼界，涇渭分明，此就相對而言，不宜作絕對看待。

（一）漢學解釋學與經學史研究

《四庫全書總目》考察二千年來的儒學發展，以為凡有六變。要其歸宿，則不過漢學宋學兩家，互為勝負而已。如云：

> 其初專門授受，遞稟師承，非惟詁訓相傳，莫敢同異，即篇章字句，亦恪守所聞。其學篤實謹嚴，及其弊也拘。……空談臆斷，考證必疏，於是博雅之儒引古義以抵其隙。國初諸家，其學徵實不誣，及其弊也瑣。

> 王弼、王肅稍持異議，流風所扇，或信或疑。越孔、賈、啖、趙以及北宋孫復、劉敞等，各自論說，不相統攝，及其弊也雜。洛閩繼起，道學大昌，擺落漢唐，獨研義理，凡經師舊說，俱排斥以為不足信，其學務別是非，及其弊也悍。學脈旁分，攀緣日眾，驅除異己，務定一尊，自宋末以逮明初，其學見異不遷，及其弊也黨。主持太過，勢有所偏，才辨聰明，激而橫決，自明正德、嘉靖以後，其學各抒心得，及其弊也肆。

> 夫漢學具有根柢，講學者以淺陋輕之，不足服漢儒也。宋學具有精微，讀書者以空疏薄之，亦不足服宋儒也。消融門戶之見而各取所長，則私心袪而公理出，公理出而經義明矣。(《四庫全書總目》，卷一〈經部總敘〉)

經學流變的首尾，大抵為漢學的天下。漢學之源流短長，即是經學解釋史之大凡。如《四庫全書總目》所提六變，以及所謂拘、瑣、雜、悍、黨、肆、淺陋云云，確是漢學之流弊與特徵。中間的四變，屬於宋學的範疇，比較接近經學的詮釋史。周予同〈經學史與經學之派別〉，大而化之，分經學為三大派：（一）西漢今文學，（二）東漢古文學；（三）宋學，各有立場和特色。《四庫全書總目》認為：漢學宋學：各有優點長處，不可互相撻伐。

周予同在〈經學史的專題〉中提到，漢學跟宋學有四個方面的不同：（一）學術範圍不同，（二）研究方法不同，（三）學術效能的不同，（四）學術重點不同。原文如下，具體指陳，值得參考：

> 漢學與宋學各有不同特點。具體地說，有以下幾點：
> 1. 學術範圍不同：漢學研究的，是語言文字學、史料學。宋學，是道德學、倫理學。
> 2. 研究方法不同：漢學家，大體上採用歸納法，根據許多資料得出結論。宋學家，一般採用演繹法，從一個思想產生各種說法。
> 3. 學術效能不同：漢學家，是比較功利的；宋學家，比較偏於玄想。前者罵後者「不切實用」，後者稱前者是「無本之學」。
> 4. 學術重點不同：漢學的重點是《五經》、《九經》、《十三經》；宋學的重點，是《四書》。《五經》，是漢學的標誌，《四書》

宋學的標志。（周予同《經學史諸專題》，第六章〈漢學與宋學〉）

（二）漢唐《春秋》解釋學

漢唐以來的經學解讀，多主章句注疏、訓詁考據。治經，重家法師法，樹立門戶，高自標榜。至清乾隆、嘉慶時期，考據學特盛，以論必有據，考而後信為治學規約，不憑虛發論，不逞私臆斷，蔚為漢學的特色與精神。

清方東樹（1772-1851）《漢學商兌》卷下稱：「考漢學諸人，所擅為絕學，以招於世者，如訓詁、小學、天文、算術、名物、制度、輿地、考史，實皆《大學》始教『格物窮理』條目中之事。」以為漢學，即格物窮理之學。方東樹所論，自有所見。

（三）宋人考證校勘之學，實啟清代樸學先河

宋代《春秋》經典研究的主流思潮，雖為義理闡發之詮釋學，然而出於章句義疏、名物訓詁者亦不少。晚清以來學者，多已言之，如：

> 漢學出自漢儒，人皆知之；漢學出自宋儒，人多不知。國朝治漢學者，考據一家，校勘一家，目錄一家，金石一家，輯錄古書一家，皆由宋儒啟之。（清皮錫瑞《南學會講義》〈第七講〉）

> 考證校勘之學，乃宋祁、曾鞏、沈括、洪邁、鄭樵、（朱熹）、王懋、王應麟開其端，實亦宋學也。（清皮錫瑞《酋軒語》〈語學〉）

宋代學者氣象博大，學術途徑至廣，治學方法至密，舉凡清代樸學家所矜為條理縝密、義據湛深的整理舊學的方式與方法，悉不能超越宋代學者治學的範圍。並且每門學問的講求，都已

由宋代學者們創闢了途徑，準備了條件。宋代學者的這種功績，應該在中國學術史上大書特書，而不容忽視和湮沒的。（張舜徽〈論宋代學者治學的廣闊規模及替後世學術界所開闢的新途徑〉，見張君和選編《張舜徽學術論著選》）

宋人學問，是不是只談義理詮釋，而沒有考證？其實不然。皮錫瑞說：「漢學出自漢儒，人皆知之；漢學出自宋儒，人多不知。」宋學家固然注重義理闡發，同時亦兼顧訓詁考證。清朝治漢學者，考據、校勘、目錄、金石、輯錄古書，皆由宋儒開啟之。張舜徽（1911-1992）先生提到：清代樸學家所津津樂道的條理縝密、義據湛深的舊學研究方法，大抵不能超越宋代學者治學的範圍。

尤其是朱熹的考據學，錢穆先生推崇有加，認為乾嘉考據學家很難望其項背。由此可見，宋學漢學，只是研究方法不同，不應該劃分得那麼清楚。如錢先生如下所論：

> 清儒治經，菲薄宋儒，自號曰漢學，以與宋學劃疆界，樹門戶。……清儒自負以校勘、訓詁、考據為能事，然朱子於此諸項，並多精詣。論其成績，亦決不出清儒下。[1]

> 清儒標漢學之名，與宋樹異，存心爭雄長。其於訓詁、考訂、校勘，最號擅場。淺見謏聞者，群目宋儒為空疏。……朱子《韓文考異》雖若僅為校勘之末務，而訓釋之精，考據之密，清儒能事，此書實已兼備。[2]

---

[1] 錢穆：《錢賓四先生全集》（臺北：聯經出版事業公司，1992年），《朱子新學案》第五冊，《朱子之校勘學》，頁213。

[2] 同前，《朱子之校勘學》，《附朱子韓文考異》，頁255-256。

清儒標榜考據之學，以與宋儒義理之學為敵對。校勘訓詁，皆考據也。而考據之事，則不盡然於校勘訓詁。朱子於考據，既精且博，勢難詳述。[3]

（四）明代《春秋》漢學解釋學

談明代《春秋》漢學解釋學，林穎政博士論文：《明代春秋學研究》，值得參考。其中，詳細說明代《春秋》考據學之考證範圍，大抵分為五個層面：[4]

1. 考證《春秋》原典：童品、高拱、王樵、郝敬、高攀龍。
2. 考證胡安國《春秋傳》之誤：袁仁、楊于庭、陸粲、黃正憲、賀仲軾、嚴啟隆、張岐然。
3. 考證《左傳》之誤：熊過、馮時可、陸粲、劉績。
4. 考證諸三《傳》之誤：湛若水、朱睦㮮、朱朝瑛、俞汝言。
5. 考證《注》《疏》之誤：邵寶、陸粲、傅遜、凌稚隆、惠有聲。

至於明代《春秋》考據學之考證內涵，則列明五大方面：

1. 考證天文地理：邢雲路、周洪謨、宋濂、季本、楊慎。
2. 考證書法義例：石光霽、徐學謨、卓爾康、邵弁。
3. 考證文字音義：楊慎、傅遜、錢謙益、傅山。
4. 考證制度沿革：季本、朱睦㮮、吳繼仕。
5. 稽考異文逸文：孫鑛、陳士元、周應賓、閔光德、龔而安。

---

3 同前，《朱子之考據學》，頁331。
4 參考林穎政：《明代春秋學研究》（桃園：國立中央大學中國文學系博士論文，2012年6月），第四章〈考證與漢學〉。

這裡所談，雖指明代，但經學史中談到漢學考證的層面，頗值得借鏡參考。剛才談到終始本末、源流正變，漢魏六朝、隋唐、滿清，這是一條脈絡。談宋學也是一樣，從宋元明清談下來，可以成為一章。這樣分類分章，其中有因革損益、有源流正變。經學史若能這樣撰寫，對讀者來說，理解和掌握，將比較方便。

（五）清代《春秋》漢學的解釋學

清代《春秋》漢學的解釋學，學界專著，論說頗詳，如沈玉成（1932-1995）《春秋左傳學史稿》、趙伯雄《春秋學史》、戴維《春秋學史》三書，多值得參考借鏡，作為百尺竿頭更進一步之階梯。如：

> 漢學之研究，清代自顧炎武《左傳杜解補正》、王夫之《春秋稗疏》、惠棟《春秋左傳補注》以下，研治《春秋》《左傳》，專主漢學訓詁考據者，見載於《四庫全書總目》、《清史稿》〈藝文志〉〈春秋〉，總數在四十五家以上，可謂盛矣！

> 清代《春秋》學前期，由義理向考據過渡，體現《春秋》對大義的重新解釋，以及專門性研究的興起，如一、禮制研究；二、歷史研究；三、地理研究；四、曆法研究。五、《春秋大事表》。

> 在考據學籠罩下的清中期，《春秋》漢學有三大特色：一、校勘《春秋》經傳：對《春秋》古經的復原、對《左傳》的校勘、對漢代經說的輯佚。二、對杜注孔疏的批判和研究：以詞義考辨為主的補正、對杜注孔疏的追本溯源、對杜注孔疏義理的否定。三、新注新疏的產生。

清代後期，呈現今文學和《左傳》真偽之爭，大抵有兩大面向：一、《左傳》的真偽問題：劉逢祿和《左氏春秋考證》、康有為和《新學偽經考》。二、劉歆偽作說的局限、廖平對《左傳》的意見、古文學者章炳麟、劉師培反對偽作說的意見。

清前期之《春秋》學，變臆解為徵實，如顧炎武《杜解補正》，以徵實方法治《春秋》；毛奇齡之《春秋》學，批判傳統義例、批判胡安國《春秋傳》、考證經文，以禮說《春秋》。顧棟高《春秋大事表》，以史家眼光看《春秋》之「事」與「文」，卷首之〈春秋綱領〉可見。乾嘉學者闡發經義、傳義，往往以校勘及訓詁為基礎，從不空發議論，極具時代特色。[5]

對漢學勃興，與實證《春秋》學的發展而言，清代漢學的派別，可分為吳、皖兩派。吳派以惠棟為首：惠棟著有《九經古義》、《左傳補注》，惠士奇著《春秋說》，莊存與著《春秋正辭》、《春秋舉例》《春秋要旨》。皖派以戴震為首，如戴震《古經解鉤沉》、王引之《經義述聞》、趙坦《春秋異文箋》、李富孫《春秋三傳異文釋》、洪亮吉《春秋左傳詁》、余蕭客《古經解鉤沉》、李貽德《春秋左氏傳賈服注輯述》、孫星衍《春秋集證》、劉文淇《春秋左傳舊注疏證》。《公羊》學在清代之復興，自莊存與著《春秋正辭》、《春秋舉例》、《春秋要旨》；孔廣森著《春秋公羊學通義》，可見一斑。以考據研究《公》《穀》二傳，則有柳興恩《穀梁春秋大義述》、陳立《公羊義疏》、蘇輿《春秋繁露義證》等等。[6]

---

5 參考沈玉成：《春秋左傳學史稿》（南京：江蘇古籍出版社，1992年）。
6 參考趙伯雄：《春秋學史》（濟南：山東教育出版社，2014年）第八、九章。

清前期之《春秋》學，為漢宋兼采：一、清初大儒王夫之、顧炎武的《春秋》學；二、在宋學範圍內對《傳》反動；三、各類研究及其他；四、開乾嘉諸派先河的《春秋》學。清中期《春》漢學之發展，可分：一、吳派《春秋》學·；二、皖派《春秋》學；三、揚州學派《春秋》學；四、孔廣森《公羊》專門之學；五、常州學派《公羊》學之發揚；六、其他諸家《春秋》學。清晚期《春秋》學，可分：一、今文《春秋》學的全面發展；二、古文《春秋》學的繼續。[7]

四 《春秋》宋學與經典詮釋史

傅偉勳（1933-1996）著有《學問的生命與生命的學問》一書，提出創造詮釋學的五大層次：實謂、意謂、蘊謂、當謂、創謂。實謂、意謂、蘊謂三者，比較接近章句名物訓詁的漢學。「中國經典詮釋學的特質」，為中央研究院中國文哲研究所主辦的座談會，會中劉述先（1934-2016）教授認為：傅偉勳所提出的實謂、意謂、蘊謂，比較接近中國古代考據之學，翻譯成解釋學，較為妥帖。至於當謂與創謂二層次，適合翻譯為詮釋學，比較接近宋學。

（一）屬辭比事與《春秋》經傳詮釋學

自《左傳》、《公羊傳》、《穀梁傳》及其注疏，闡發《春秋》之書法義例，多持「屬辭比事」作為有效之方法與利器（參考趙友林〈《春秋》三傳「注疏」中的屬辭比事考〉）。得此啟發，筆者持屬辭比事之《春秋》教，以探討《春秋》之詮釋學、《左傳》之歷史敘事解經、宋元明清諸家之《春秋》學，以及方苞之《春秋》學與古文義法，《春秋》多不說破之微辭隱義、言外之意，多渙然冰釋，迎刃而解。

---

[7] 戴維：《春秋學史》（長沙：湖南教育出版社，2004年）第九章。

宋代《春秋》學，受中唐啖助、趙匡考經推理之影響，多盡心於創造性詮釋，致力於經學義理學的闡發。於是「惟義之求」，蔚為北宋《春秋》學之主潮（參考張高評〈北宋《春秋》學之創造性詮釋——從章句訓詁到義理闡發〉）。北宋如劉敞、孫覺、程頤、蘇轍、張大亨、葉夢得、蕭楚、崔子方等八家；南宋《春秋》學，如胡安國、陳傅良、劉朔（1127-1170）、張洽、家鉉翁、趙鵬飛等六家，考求孔子《春秋》之微辭隱義，多運以屬辭比事之《春秋》教，作為詮釋《春秋》之要領與津梁。（參考張高評〈比屬觀義與宋元《春秋》詮釋學〉、〈屬辭比事與《春秋》宋學之創造性詮釋〉等論文）。解讀經典，講究策略與方法，與漢學家指稱之「逞私臆說，穿鑿附會」者，會當有別。

　　本人於《春秋》經傳之詮釋學，已出版四種專著。單篇論文，發表於學報期刊者凡二十四篇。大多持屬辭比事（或比事屬辭），以詮釋《春秋》之書法、義例，以及歷史編纂、敘事藝術、古文義法。專著與論文之目次，臚列如下：

（一）專著：
1. 張高評：《左傳英華》，臺北：萬卷樓圖書公司，2020年2月。
2. 張高評：《屬辭比事與春秋詮釋學》，臺北：新文豐出版公司，2019年12月。
3. 張高評：《比事屬辭與古文義法——方苞「經術兼文章」考論》，臺北：新文豐出版公司，2016年。
4. 張高評：《春秋書法與左傳學史》，臺北：五南圖書公司，2002年。

（二）期刊論文：

1. 張高評：〈《春秋》五例與《左傳》之忌諱敘事〉，《國文天地》第35卷第5期（總413期），2019年10月，頁103-107。

2. 張高評：〈屬辭比事與《春秋》宋學之創造性詮釋〉，《杭州師範大學學報》2019年第3期，2019年5月，頁89-96。

3. 張高評：〈「魯桓公薨于齊」與《春秋》《左傳》之詮釋〉，《國文天地》第35卷第7期（總415期），2019年12月，頁113-118。

4. 張高評：〈義昭筆削與胡安國《春秋》詮釋學——《春秋》宋學詮釋方法之一〉，張曉生主編《經學史研究的回顧與展望——林慶彰教授榮退紀念論文集》，臺北：萬卷樓圖書公司，2019年6月，頁607-642。

5. 張高評：〈史外傳心與胡安國《春秋》詮釋法〉，《經學文獻研究集刊》第20輯，2018年12月，頁250-279。

6. 張高評：〈《左傳》敘戰與《春秋》筆削——論晉楚城濮之戰的敘事義法（下）〉，《古典文學知識》2018年第6期（總第201期），2018年11月，頁104-113。

7. 張高評：〈《左傳》敘戰與《春秋》筆削——論晉楚城濮之戰的敘事義法（上）〉，《古典文學知識》2018年第4期（總第196期），2018年7月，頁105-112。

8. 張高評：〈比事見義與《左傳·晉公子重耳之亡》〉，《古典文學知識》2018年第2期（總第197期），2018年3月，頁113-122。

9. 張高評：〈北宋《春秋》學之創造性詮釋——從章句訓詁到義理闡發〉，《中國典籍與文化論叢》第19輯，2018年，頁89-129。

10. 張高評：〈書法、史學、敘事、古文與比事屬辭——中國傳統敘事學之理論基礎〉，香港中文大學《中國文化研究所學報》第64期，2017年1月，頁1-33。
11. 張高評：〈筆削顯義與胡安國《春秋》詮釋學——《春秋》宋學詮釋方法之一〉，王水照、朱剛主編《新宋學》第5輯，2016年8月，頁75-308。
12. 張高評：〈比屬觀義與宋元《春秋》詮釋學〉，上海交通大學《經學文獻研究集刊》第15輯，2016年6月，頁81-114。
13. 張高評：〈比事屬辭與明清《春秋》詮釋學〉，國立高雄師大經學所《經學研究集刊》第20期，2016年5月，頁17-52。
14. 張高評：〈方苞古文義法與《史記評語》——比事屬辭與敘事藝術〉，國立中山大學中文系《文與哲》第27期，2015年12月，頁335-390。
15. 張高評：〈屬辭比事與《春秋》之微辭隱義——以章學誠之《春秋》學為討論核心〉，《中國典籍與文化論叢》第17輯2015年10月），頁152-180。
16. 張高評：〈比事屬辭與方苞之《春秋》學——「無傳而著」法門之三〉，國立中興大學中文系《興大中文學報》第37期，2015年6月，頁1-42。
17. 張高評：〈比事屬辭與方苞論古文義法：以《文集》之讀史、序跋為核心〉，香港中文大學《中國文化研究所學報》第60期，2015年1月，頁225-260。
18. 張高評：〈《春秋》書法與「義」在言外——比事見義與《春秋》學史研究〉，《文與哲》第25期，2014年12月，頁77-130。
19. 張高評：〈因文取義與《春秋》筆削——方苞義法「言有序」之修辭詮釋〉，臺南大學《人文與社會研究學報》第48卷第2期，2014年10月，頁1-32。

20. 張高評：〈《春秋》曲筆書滅與《左傳》屬辭比事——以史傳經與《春秋》書法〉，《成大中文學報》第45期，2014年6月，頁1-62。
21. 張高評：〈即辭觀義與方苞《春秋直解》——《春秋》書法之修辭詮釋〉，國立高雄師大經學研究所《經學研究集刊》第16期，2014年5月，頁1-34。
22. 張高評：〈比事屬辭與章學誠之《春秋》教：史學、敘事、古文辭與《春秋》書法〉，《中山人文學報》第36期，2014年1月，頁31-58。
23. 張高評：〈《春秋》曲筆直書與《左傳》屬辭比事——以《春秋》書薨、不手弒而書弒為例〉，《高雄師大國文學報》第19期，2014年1月，頁31-71。
24. 張高評：〈從屬辭比事論《公羊傳》弒君之書法——《春秋》書法之修辭觀〉，《東華漢學》第18期，2013年12月，頁135-188。

（二）屬辭比事與宋儒之創造性詮釋

漢唐以來之經學詮釋，多主章句注疏、訓詁考據。其病失或「因註迷經，因疏迷註」，或「拘執迂滯，附會穿鑿」，不能滿足經典之解讀。於是中唐啖助、趙匡學派，銳意革新，考經推理、出於己意；旁通綜觀，取捨《三傳》，學風為之一變。

自程頤疑經惑傳，以己意解經；批評漢唐訓詁義疏，以為繁瑣無用而不及道。於是，開啟以義理說經，創新詮釋之先河。考據變為論說，漢學轉型為宋學，此為分水嶺。流波所及，左右胡安國、朱熹，以及宋明理學家之經典詮釋學，影響清初一百餘年漢學宋學之爭。

經學義理學之演變，從漢唐的章句訓詁，轉為推求聖賢微旨隱義的宋學，蔚為經學的義理化，宋儒的創造性詮釋，位居關鍵。宋代經

學注重義理闡發,原初只是經學方法論之一。唯宋明儒者相較於漢唐,更「自覺追求道德形上學、心性論,更自覺提出儒家人生理念、倫理政治社會之道」(參考唐君毅《中國哲學原論》〈原道篇第三〉)。宋學所以能自成範疇,與漢學平分經學之秋色者,這是主因之一。

五　《春秋》經傳之受容與別子為宗之一:史學之經學化,《春秋》之歷史闡釋學

《春秋》與《左氏傳》,對於當代或後代的學術,發揮深遠的實質影響,作出了一定的貢獻。他日撰寫經學史時,要不要列入考慮?必須斟酌。日本本田成之界定經學,以為:

> 所謂經學,乃是在宗教、哲學、政治學、道德學的基礎上,加上文學的、藝術的要素,以規定天下國家,或者個人底理想或目的的廣義的人生教育學。[8]

經學,位階遠在各種學術基礎之上,相當於上層建築。經學規定小自個人的人生教育學,大至天下國家的理想目的。因此,經學應當與時俱進,方能反映當代思潮的走向。

(一)《春秋》比事屬辭與《左傳》之敘事傳統

原始要終,本末悉昭,為古《春秋》記事之成法,孔子作《春秋》因之。左丘明本《春秋》而作傳,《晉書》〈荀崧傳〉稱其張本繼末,以發明經義;晉杜預《春秋經傳集解》〈序〉謂左丘明作傳,有先經、後經、依經、錯經之法。可見比事屬辭《春秋》之教,張本繼末、探究終始之歷史敘事法。《左氏》以史釋經,多有所紹述與薪傳。

筆削,原指史料的刪存去取,乃歷史編纂學之必要步驟。或筆或

---

[8] 〔日〕本田成之:《中國經學史》(臺北:古亭書局,1975年)。

削，彼此互發其蘊，互顯其義。筆而書之，排比史事可以顯意，連屬辭文亦能見義。《春秋》筆削書法，一變為屬辭比事之《春秋》教，再變為詳略、異同、重輕、忽謹、先後、因變之史法，三變為曲直、顯晦、有無、虛實、忌諱、回護之義法。或筆或削，大抵出於作者之獨斷與別裁，為一家之言所由生，藉此以探索文心、史識、史觀、歷史哲學，可謂順理成章。

史學之經學化，顯而易見者，如《左傳》、《史記》、《三國志》、《三國志注》。關於這方面，我寫了十六篇論文，還有兩本專書。目次列舉如下，提供觸類而長之參考：

（一）專著：
  1.張高評：《左傳英華》，臺北：萬卷樓圖書公司，2020年2月。
  2.張高評：《春秋書法與左傳史筆》，臺北：里仁書局，2011年。

（二）期刊論文：
  1.張高評：〈比事屬辭與中國敘事傳統〉，《單周堯教授七秩華誕國際學術研討會論文集》，2020年11月，香港中華書局。
  2.張高評：〈《春秋》比事屬辭與《左傳》〈驪姬亂晉〉之敘事義法〉，《古典文學知識》2021年第2期。
  3.張高評：〈《左傳》「齊連稱管至父弒襄公」的敘事義法〉，《古典文學知識》2020年第3期（總第210期），2020年5月。
  4.張高評：〈鄭莊公稱雄天下與《左傳》之敘事義法〉，《古典文學知識》2019年第2期（總第209期），2020年3月。
  5.張高評：〈《左傳》敘事見本末與《春秋》書法〉，《中山大學學報》第60卷第1期（總283期），2020年1月。
  6.張高評：〈《春秋》「楚子入楚」與《左傳》〈申叔時諫縣陳〉之解讀〉，《國文天地》第35卷第6期（總414期），2019年11月。

7. 張高評：〈《容齋隨筆》論《左傳》《史記》——以《春秋》書法詮釋為例〉，《新宋學》第7輯，2019年10月。
8. 張高評：〈《左傳‧秦晉韓之戰》及其敘事義法——《春秋》比事屬辭與《左傳》敘戰之書法〉，《古典文學知識》2019年第5期（總第206期），2019年9月。
9. 張高評：〈《左傳》〈聲子說楚後伍舉〉鑑賞〉，《國文天地》第35卷第4期（總412期），2019年9月。
10. 張高評：〈「趙盾弒其君」之書法與史筆〉，《古典文學知識》2019年第2期（總第203期），2019年3月。
11. 張高評：〈《春秋》直書滅華與《左傳》資鑑之史觀——以直書華夏相滅、狄吳滅華為例〉，《高雄師大國文學報》第29期，2019年1月。
12. 張高評：〈《春秋》直筆書滅與《左傳》以史傳經——以楚滅華夏為例〉，山東大學《漢籍與漢學》2018年第2期（總第三期），2018年10月。
13. 張高評：〈《春秋》《左傳》《史記》與敘事傳統〉，《國文天地》第33卷第5期（總第389期），2017年10月。
14. 張高評：〈左傳據事直書與以史傳經〉，《成大中文學報》第9期，2001年9月。

除此之外，歐陽脩（1007-1072）主纂之《新唐書》、《新五代史》，司馬光編著之《資治通鑑》，朱熹所著《資治通鑑綱目》諸書，持《春秋》書法敘事傳人者，亦多有之。經學研究，亦當順帶略及。

（二）象徵式與因果式敘事——《左傳》的歷史敘事與闡釋

經由始、微、積、漸的發展，而有《春秋》二百五十五年的史事。《左傳》以歷史敘事解《春秋》，即隱含始、微、積、漸的詮釋。

其中最美妙者,往往「于敘事中寓論斷」,將敘事論斷融為一爐而冶之,既致力於歷史之敘事,又兼顧義理論斷之闡釋。論其敘事模式,大抵有二:其一,象徵式敘事;其二,因果式敘事。如下列論文所示:

1. 張高評:〈《左傳》因果式敘事與以史傳經——以戰爭之敘事為例〉,《東海中文學報》第25期,2013年6月。
2. 張高評:〈《左傳》之象徵式敘事與以史傳經——兼談《左傳》重人輕天之二元史觀〉,高雄師大經學研究所《經學研究集刊》第14期,2013年5月。
參考過常寶《原史文化及文獻研究》。[9]

象徵式敘事,經由夢寐、卜筮、禨祥、形相、歌謠,以暗示成敗吉凶,時間屬性是預言式的。因果式敘事,以人事的因果關係,來敘述歷史的發展,是較進化的人文史觀。徐復觀〈原史〉稱,從巫覡的預言文化,轉變到人文史學的過程中,《左傳》多有如實記錄。換言之,象徵式敘事,與因果式敘事交錯敘事,可以窺見巫史消長之一斑。

(三)《史記》的史家筆法與《春秋》書法

司馬遷私淑孔子,《史記》典範《春秋》。〈十二諸侯年表序〉、〈孔子世家〉、〈匈奴列傳〉「太史公曰」、〈司馬相如列傳〉「太史公曰」、〈太史公自序〉,以及楚漢之爭以來之歷史紀傳,往往「有所刺譏、褒諱、挹損之文辭,不可以書見」。其觸忌犯諱,猶《春秋》作於定、哀之際。故《春秋》、《史記》記敘近代、現代、當代史事,書法運用忌諱敘事,自是勢所必至,理有固然。換言之,《春秋》書法

---

[9] 過常寶:《原史文化及文獻研究》,第三章〈春秋史官的話語權力〉、第四章〈《左傳》研究〉。

起於觸忌犯諱，而刺譏、褒諱、挹損之史事，又不得不書。於是忌諱敘事，與明哲保身之間，講究平衡，「言之者無罪，聞之者足以戒」，即是《春秋》書法運用之原則。

　　孔子或筆或削魯史策書，作成《春秋》，成書與取材之間，有無取捨依違之規準？晉徐邈（171-249）《春秋穀梁傳注義》揭示：「事仍本史，而辭有損益。」可供筆削昭義、歷史編纂學之參考。《左傳》、《史記》、《漢書》，以及其他史籍之修纂，乃至於歷史敘事、文學敘事，亦多側重屬辭約文，重於排比編次史事。《史記》〈太史公自序〉稱：「述故事，整齊其世傳。」浦安迪《中國敘事學》亦謂：「敘事，就是講故事。」（第一章〈導言〉）可見，如何「述」、如何「講」？似乎比「故事」本身，更為重要。

　　《春秋》書法，如何轉換為史家筆法？又如何轉化為《史記》之敘事藝術？這方面筆者已發表五篇論文，將稍加擴充，出版《司馬遷《史記》與史傳文學研究》之專著。相關之論文如下：

1. 張高評：〈《史記》忌諱敘事與《春秋》書法——以征伐匈奴之相關人事為例〉，《嶺南學報》復刊第12輯，2019年12月。
2. 張高評：〈《史記·淮陰侯列傳》與《春秋》書法〉，香港嶺南大學《嶺南學報》復刊第9輯，2018年11月。
3. 張高評：〈《容齋隨筆》論《左傳》《史記》——以《春秋》書法詮釋為例〉，《新宋學》第7輯，2019年10月。
4. 張高評：〈《史記》互見法與《春秋》敘事傳統〉，《國文天地》第35卷第3期（總411期），2019年8月。
5. 張高評：〈《史記》之書法與史筆〉，《思想家》第2輯，《中國學術與中國思想史》，2002年4月，南京：江蘇教育出版社。

（四）《三國志》、《三國志注》、歷史通俗演義與筆削昭義

小說，尤其是歷史演義小說，既然號稱稗官野史，自然與史傳有一定的淵源，其中自有若干值得採信之史事。誠如清代章學誠《丙辰劄記》稱「不可盡以小說無稽而斥之」，如云：

> 《三國演義》，固為小說，事實不免附會。然其取材，見頗博贍。如武侯班師瀘水，以麵為人首，裏牛羊肉，以祭屬鬼。正史所無，往往出於稗記，亦不可盡以小說無稽而斥之也。[10]

後世流傳諸多歷史演義，大抵筆削取捨史傳而來。考察其中虛構與史實之比例，即可窺見筆削史傳之消息。章學誠《丙辰劄記》，談及《三國演義》，稱「七分實事，三分虛構」，最為經典之論：

> 凡演義之書，如《列國志》、《東西漢》、《說唐》……，多紀實事；《西游》、《金瓶》，全憑虛構，皆無傷也。惟《三國演義》，則七分實事，三分虛構，以致觀者往往為所惑亂。[11]

原初，裴松之（372-451）《三國志注》，筆削取捨陳壽（233-297）《三國志》，而成其一家之言。比對其中之筆削取捨，敘事之有無、虛實、異同、詳略、重輕、迴護諸書法，即可見裴松之，或陳壽之史觀，和歷史哲學。同理，明羅貫中（1330?-1400?）《三國志演義》，以小說家之視角，筆削取捨陳壽《三國志》、裴松之《三國志注》，考察三者之主客、有無、虛實、異同、詳略、重輕之筆削書法，足以印證。清章

---

10 〔清〕章學誠：《章氏遺書》外編卷三，《丙辰劄記》，頁53，總頁889。
11 〔清〕章學誠：《章氏遺書》外編卷三，《丙辰劄記》，頁53，總頁889。

學誠《丙辰劄記》所謂「七分實事，三分虛構」，雖止提虛實書法，亦可見筆削去取大凡之一斑。

王文進教授，為研究三國學之行家，著有：《裴松之《三國志注》新論——三國史的解構與重建》[12]一書。我應約撰寫一篇序文，刊於卷首，乃持《春秋》筆削與敘事傳統，以解讀詮釋之（〈《春秋》筆削與敘事傳統——王文進教授《裴松之《三國志注》新論》序〉），別出心裁，居然怡然理順，備受稱許。

張高評又發表：〈《春秋》筆削見義與傳統敘事學——兼論《三國志》、《三國志注》之筆削書法〉[13]。不妨觸類而長，探索下列課題：

1. 《東周列國志》筆削《春秋》、《左傳》、《國語》之研究。
2. 《三國志》、《三國志注》之敘事與筆削書法（如有無、異同、詳略、迴護等）。
3. 《三國演義》與筆削書法（如主客、有無、異同、詳略、虛實等）。

古典小說與戲劇敘事淵源於史傳，筆削昭義之書法，自可作為解讀《三國志》、《三國志注》、《三國志演義》等史傳、小說、戲劇敘事之津梁與法門。北京大學陳平原教授《中國小說敘事模式的轉變》稱「史傳傳統，影響中國古典小說」云云，當於此處求之。

其他，如明末余邵魚、馮夢龍所撰，清代蔡元放編評之《東周列國志》，演義《左傳》、《國語》而成書。從其中之筆削去取，自可見小說之創作意識。清人甄偉撰《西漢通俗演義》，筆削取捨司馬遷

---

12 王文進：《裴松之《三國志注》新論——三國史的解構與重建》（臺北：新文豐出版公司，2017年）。

13 張高評：〈《春秋》筆削見義與傳統敘事學——兼論《三國志》、《三國志注》之筆削書法〉，山東大學《文史哲》學報，2022年第1期（總第388期），頁117-130。

《史記》；明謝詔（1512-1567）作《東漢通俗演義》，筆削取捨班固《漢書》。迭經加工續作之《說唐演義前傳》、《說唐演義後傳》（合稱《說唐演義全傳》），其中不知經歷多少筆削去取。

除此之外，歐陽脩《新五代史》、《新唐書》，司馬光的《資治通鑑》，以及朱熹的《通鑑綱目》，往往持《春秋》書法，以進退公卿，襃貶王公大人。上述這些典籍，本是史學，卻往往運用經學的視角，進行勸懲或詮釋。

六　《春秋》經傳之受容與別子為宗之二：經學與文學之會通，《左傳》、《公羊傳》與文學闡釋

（一）《左傳》、《公羊傳》經學之文學化

其事、其文、其義，為《春秋》成書的三大頂樑柱，《孟子》早作提示。其後，《禮記》〈經解〉稱：「屬辭比事，《春秋》教也。」從此以往，三《傳》及其注疏，多以屬辭比事，解讀《春秋》之書法義例：或筆削昭義，或比事觀義，或屬辭見義，或屬辭比事，探究終始以考義。張高評撰〈《春秋》屬辭約文與文章修辭——中唐以前之《春秋》詮釋法〉一文，略謂「事仍本史，而辭有損益」，既是孔子作《春秋》之編纂原則，因此，《左傳》、《公羊傳》、《穀梁傳》，董仲舒、司馬遷、陳壽、裴松之、杜預、徐邈、劉勰（465?-520?）、孔穎達、劉知幾（661-751）、啖助、趙匡、陸淳等說《春秋》，多偏重屬辭約文之修辭法。[14]《春秋》經學之文學化，自有其根源之必然性。

歷代《春秋》學的論述，其事其文之中，傾向屬辭約文者居多。如元趙汸《春秋屬辭》卷四稱：「《春秋》以禮法脩辭，學者弗深考爾。」錢鍾書（1910-1998）《管錐編》亦謂：「《春秋》之書法，實即文章之修詞。」再曰：「昔人所謂《春秋》書法，正即修詞學之朔。」

---

14 刊山東大學：《漢籍與漢學》2021年第1輯（總第8輯）。

又曰:「《公羊》、《穀梁》兩《傳》,闡明《春秋》美刺『微詞』,實吾國修詞學最古之發凡起例。」[15]錢鍾書所謂「《春秋》之書法,實即文章之修詞」,單提屬辭,未提及比事,論述雖未臻圓滿,然就屬辭可以見義而言,亦大致不謬。

　　《左傳》歷史敘事所及,大多攸關政治倫理秩序的修辭。廣泛運用表達美德的字眼,較典型者,如禮、德、仁、敬、正、忠、信、讓等。標舉這些秩序的修辭,與充斥著衝突、破壞、欺詐、奸邪的歷史記錄,究竟有何關係?《左傳》以道德體系建立的修辭結構,又是如何駕馭其中權力關係的書寫?可參看旅美學者李惠儀《左傳的書寫與解讀》一書,〈引言〉已作畫龍點睛之提示。

　　孔子作《春秋》,既因事屬辭,讀者自可即辭求義。以屬辭約文,詮釋解讀《春秋》之奧旨隱義。此自《春秋》三《傳》、《春秋繁露》、《史記》已開其端。其後杜預、徐邈、劉勰、劉知幾、孔穎達、啖趙學派,發揚光大之,皆以文章之修辭,詮釋《春秋》之書法。借「如何書」之修辭手法,以破譯解讀《春秋》「何以書」之旨義。可參詳張高評:〈《春秋》屬辭約文與文章修辭——中唐以前之《春秋》詮釋法〉一文。

　　《公羊》學派解釋《春秋》,自《公羊傳》、《春秋繁露》,屬辭約文之推敲修飾,已多所著墨(詳段熙仲《春秋公羊學講疏》,第三編〈屬辭〉)。清莊存與(1719-1788)《春秋要指》,論筆削之法,稱「以其所不書知所書,以所書知所不書」;《春秋》筆削之道,詳略之方,體現在內外、尊卑、重輕、遠近、大小、變常、正否,相反相成之書法中。孔廣森(1753-1786)《春秋公羊通義》,發揚董仲舒「《春秋》無達辭」、「《春秋》無通辭」之說,就辭文之異同,互發其蘊,互顯

---

[15] 參見張高評:〈《春秋》書法與修辭學——錢鍾書之修辭觀〉。

其義,凸顯「辭不屬不明,事不比不章」之比屬求義原則。

　　《春秋》推見至隱,比事屬辭作為詮釋解讀之法門,厥初即是《春秋》書法、史家筆法;再變,而為敘事傳統、古文義法;三變,則為修辭章法、文學語言。由此觀之,孔子《春秋》一書,堪稱中華經史之星宿海,傳統文學之源頭活水。詳參張高評:《左傳屬辭與文章義法》專書,以及〈《春秋》屬辭比事與《左傳》文章義法〉論文。

　　方苞著有《春秋通論》、《春秋直解》、《左傳義法舉要》,然後會通經史古文,提倡義法,強調法以義起,法隨義變,著重筆削見義、比事屬辭之「法」,為中國傳統敘事學提供了學理依據。《春秋》《左傳》等史籍「言有物」之義,大多推見以至隱。往往藉由「言有序」之「法」以表述。姚永樸(1861-1939)《文學研究法》〈記載〉稱:「所謂義者,有歸宿之謂。所謂法者,有起、有結、有呼、有應、有提掇、有過脈、有頓挫、有勾勒之謂。」一般散文敘事之訣竅,可以巧妙銜接古文義法,有如此者。

　　關於《左傳》與文學闡釋,經學與文學之會通方面,本人及學界發表一些論文與專書,羅列於下,提供讀者參證:

(一)專著:
1. 張高評:《左傳英華》,臺北:萬卷樓圖書公司,2020年2月。
2. 張高評:《左傳屬辭與文章義法》,臺北:五南圖書出版公司,2021年12月。
3. 張高評:修訂重版《左傳之文學價值》,臺北:五南圖書出版公司,2019年7月。
4. 蔡妙真:《追尋與傳釋:《左繡》對《左傳》的接受》,臺北:萬卷樓圖書公司,2003年。
5. 張高評:《左傳之文韜》,高雄:麗文文化公司,1994年。

（二）期刊論文：
1. 張高評：〈《春秋》屬辭比事與文章義法〉，《華中學術》第36輯，2021年12月。
2. 張高評：〈《春秋》屬辭約文與文章修辭——中唐以前之《春秋》詮釋法〉，山東大學儒學高等研究院《漢籍與漢學》2021年第1輯（總第8輯）。
3. 張高評：〈左傳之文學理論與實際〉，《中華文化復興月刊》第17卷第11期，1984年9月。
4. 張高評：〈「左氏浮誇」析論〉，《孔孟學報》第48期，1984年9月。
5. 張高評：〈左傳美學的和諧理論〉，《孔孟學報》第47期，1984年4月。

（二）《春秋》書法與杜甫詩史、敘事歌行

稱美杜甫（712-770）詩為「詩史」，始於晚唐孟棨《本事詩》。推崇杜甫所作安史之亂前後之敘事詩，以為富於「推見至隱」之《春秋》書法。晉杜預，乃杜甫第十三世遠祖，平生有《左傳》癖，著成《春秋經傳集解》。杜甫〈祭遠祖當陽君文〉，稱揚乃祖杜預闡揚經義之功。因此，自惕自勉，發為詩歌，遂多「推見至隱」之《春秋》書法。

筆者探索此一課題，以宋代以降《杜甫詩集》評注為研究文本，聚焦杜甫「詩史」及敘事歌行，衡以杜預之《春秋》學，參考宋代詩話筆記所論，諸如屬辭比事，筆削顯義；據事直書，美惡自見；微婉顯晦，推見至隱；褒貶勸懲、諱言諱書；以小該大，因彼見此；偏載略取，舉輕明重；直斥不宜，曲筆諱飾；彼此相形、前後相絜，所謂行屬辭比事之法。詳略、異同、重輕、忽謹，指義見乎詩材之筆削去取，其大者焉。安史之亂前後，杜甫所作敘事歌行，多有具體而微之體現。

運用《春秋》書法，以詮釋解讀杜甫詩史、敘事歌行，筆者已發表論文三篇，目次臚列於後。期待拋甎引玉，作為課題，進行深層研究：

1. 張高評：〈杜甫詩史與六義比興——兼論敘事歌行與《春秋》筆削〉，香港浸會大學《人文中國學報》第34期，2022年9月。
2. 張高評：〈杜甫詩史、敘事傳統與《春秋》書法〉，香港浸會大學《人文中國學報》第28期，2019年6月。
3. 張高評：〈杜甫詩史與《春秋》書法——以宋代詩話筆記之詮釋為核心〉，香港浸會大學《人文中國學報》第16期，2010年9月。

（三）《春秋》書法、杜甫詩史與宋代詩話筆記

《易》與《春秋》，於宋代經學，並稱顯學。當時離印版行《春秋》、《左傳》圖書，宋代善本至今猶存十八種（參考張麗娟《宋代經書注疏刊刻研究》，〈緒論〉）。傳播、閱讀、接受、反應，生發連鎖反應，影響所及，宋代詩話、筆記評人論詩，多持《春秋》書法體現之有無，運用之良否，以評價詩人之高下，批判詩歌之優劣。

孟啟《本事詩》〈高逸〉所謂：「杜逢祿山之難，流離隴蜀，畢陳於詩，推見至隱，殆無遺事，故當時號為『詩史』。」《史記》〈司馬相如列傳〉太史公曰稱「《春秋》推見至隱」，足見「推見至隱」，與《春秋》書法、杜甫詩史，以及敘事歌行之密切關聯。

有關宋代詩話、筆記，論杜甫詩史、敘事歌行，如何體現《春秋》書法，筆者已發表論文三篇，目次如下：

1. 張高評：〈杜甫詩史與《春秋》書法——以宋代詩話筆記之詮

釋為核心〉，香港浸會大學《人文中國學報》第16期，2010年9月。

2. 張高評：〈會通與宋代詩學——宋詩話「以《春秋》書法論詩」〉，《中國古典文學研究》2000年第4期，2000年12月。

3. 張高評：〈《春秋》書法與宋代詩學——以宋人筆記為例〉，《宋代文學研究叢刊》第3期，1997年9月。

（四）明清評點學與《左傳》之文學化

評點學起於南宋，至明代，而逐漸興盛，至清代而蔚為大觀。文學復古思潮的湧現、印刷術的應用發展、史抄史評風氣的興盛，促成了明代經典的文學化。[16]《左傳》經學之文學化，與《史記》同風，亦興盛於明清兩代。以文學觀點，評點《左傳》，亦其中之一環。

明代評點學專著，冠名《左傳》者，總數在三十種以上。清代與近代評點《左傳》，傳世者亦三十餘種。另外，如《古文觀止》、《古文析義》諸古文選本，涉及《左傳》評點者，數量在十種以上。評點家多從章法、敘事、寫人、語言、風格多方面，以觀照經典。闡釋文學，形式靈活，視角多元。評點所提理論，對於建構中土之文學批評與理論，有啟發激盪之功。筆者曾發表：〈《西廂記》筆法通《左傳》——金聖歎《西廂記》評點學探微〉[17]，姑作嚆矢。

（五）《左氏傳》改編為歷史小說

明馮夢龍（1574-1646）原著，清蔡元放改撰《左氏傳》，而成

---

16 參考張新科：〈《史記》文學經典的建構過程及其意義〉，《文學遺產》2012年第5期；張新科：〈史記文學經典化的重要途徑——以明代評點為例〉，《文史哲》2014年第3期，（總第342期）。

17 〈《西廂記》筆法通《左傳》——金聖歎《西廂記》評點學探微〉，上海復旦大學《復旦學報》2013年第2期，2013年3月。

《東周列國志》，共一百八回。《東周列國志》筆削《左傳》、《國語》，藉主客、有無、異同、詳略、重輕、虛實諸書法，以昭示小說之指義。《東周列國志》之於《左傳》，猶《三國志演義》之於《三國志》、《三國志注》。研究聚焦於筆削昭義，為小說與史傳之異同，可以進行更專業、更精深之闡發。

金聖歎（1608-1661）指出：小說是「因文生事」，而歷史著作則是「以文運事」。歷史小說，仍然是小說（文學作品），不是歷史著作。因此，歷史小說應該著眼於藝術形象，應該「因文生事」，而不應該是「以文運事」。[18]

七 《春秋》經傳之受容與別子為宗（三）——《左傳》經學之兵學化

《春秋》，提倡尊王；尊王，不得不重霸，故《春秋》為一部霸史。以晉楚為主，爭盟華夏，因盟會不斷，而華夷內外爭戰亦不斷。晉楚爭霸，諸侯依違其間，於是生發大小戰役。戰役之成敗勝負、利弊得失，《左傳》多以歷史敘事載記之。《左傳》敘戰，為提供經世資鑑，於影響戰爭成敗勝負之因素，最所關注，依序為謀略之高下、將帥之特質、士氣之低昂、武器之利鈍、軍人之多寡。後世之兵法謀略，如《孫子兵法》言奇正、虛實、離合等，多濫觴於此。

自宋代編纂《武經七書》，從此兵書列入著作之林。明鍾惺（1574-1625）《評左傳》稱：「左氏蓋知兵者，每談兵，千古之下曲析如見。」《左傳》善言兵謀，故古來名將如關羽（？-220）、杜預、岳飛（1003-1142）、狄青（1008-1057）、戚繼光（1528-1588）、曾國藩（1811-1872），無不通習《左氏傳》。明人持兵法謀略，解讀《左傳》敘戰之大小戰役；論說兵學，成為專著者，有陳禹謨（1548-1621）《左氏兵略》、來斯行《左氏兵法》、宋徵璧（1602?-1672）《左氏兵法測要》

18　參考葉朗：《中國小說美學》。

等十五種。[19]

　　清人論兵法謀略，以《左傳》敘戰為文本者，有魏禧（1624-1681）《兵跡》、《兵法》、《兵謀》，李元春《左氏兵法》、郭鴻熙《左氏兵法正宗》等九種。

　　《孫子兵法》流傳至二十、廿一世紀，其運用層面，不局限於戰場，已延展至商場市場，轉化為企業經營管理、規劃設計之寶鑑。如張瑾《〈孫子兵法〉與現代企業管理制勝謀略》[20]。齊敏著，丁小雨、劉振風編：《孫子兵法與企業管理》[21]等。《左傳》敘戰，既為戰爭個案，又凸顯兵法謀略。《孫子》、《吳子》兵法，寄於言；《左傳》之兵法，寓乎事。孫、吳所言，空言也；《左傳》所言，驗之於事也。因此，將《左傳》兵謀，轉化為企業之經營管理，自然順理成章。

　　《左傳》於明清兩代之傳播與受容，呈現經學的兵學化，亦儒生經世致用之一環。經學史的講述，呼應「與時俱進」之經學精神，於此當稍作著墨。方可見明體達用，利用厚生之一斑。

（一）專著
　　1. 張高評：《左傳之武略》，高雄：麗文文化公司，1994年，頁1-262。
（二）期刊論文
　　1. 張高評：〈《左傳》敘戰與《春秋》筆削——論晉楚城濮之戰的敘事義法（下）〉，《古典文學知識》2018年第6期（總第201期），2018年11月。

19　參考林穎政：《明代春秋學研究》，第六章〈經典與兵典〉。
20　張瑾：《〈孫子兵法〉與現代企業管理制勝謀略》（北京：中國社會出版社，2015年）。
21　齊敏著，丁小雨、劉振風編：《孫子兵法與企業管理》（臺北：華立文化公司，2005年）。

2. 張高評：〈《左傳》敘戰與《春秋》筆削——論晉楚城濮之戰的敘事義法（上）〉，《古典文學知識》2018年第4期（總第196期），2018年7月。
3. 張高評：〈《左傳》敘戰徵存兵法謀略——《城濮之戰》之敘戰與資鑑〉，《古典文學知識》2018年第3期（總第198期），2018年5月。
4. 張高評：〈《左傳》、《史記》之現代詮釋：以兵謀與策略規劃為例〉，馬來亞大學中文系《漢學研究學刊》創刊號，2010年10月。
5. 張高評：〈《左傳》兵謀與應變策略——以經世資鑑為依歸〉，崑山科技大學《人文暨社會科學學報》第2期，2010年6月。
6. 張高評：〈左氏兵法評證〉，《高雄工專學報》第14期，1984年12月。
7. 張高評：〈左傳兵學及其思想〉，《中華文化復興月刊》第17卷第7期，1984年7月，頁18-25。
8. 張高評：〈左傳兵學評論〉，《三軍聯合月刊》第22卷第3期，1984年5月。
9. 張高評：〈左傳論為將之道〉，《國學新探》創刊號，1984年1月。

八　結語

　　爰始要終，本末悉昭，為古《春秋》記事之成法。辨章學術，考竟源流，則是治學之過程與目標。其中，經學發展過程中的因革損益，宜作系統性、主題式的關注與聚焦。

　　所謂經學，乃是在宗教、哲學、政治學、道德學的基礎上，加上

文學的、藝術的要素，以規定天下國家，或者個人底理想或目的的廣義的人生教育學。[22]

「經」和「經學」，是一個複雜的大系統。隨著歷史的推移，範圍也不斷擴大。「經」和「經學」，包涵了哲學、政治學、倫理學，也包涵了文化領域的諸多方面。（章權才《兩漢經學史》〈自序〉）

徵諸《宋史》〈儒林傳〉、〈藝文志〉，以及宋代經書刊刻傳播，漢唐以來傳統之訓詁考據方式，仍為經典解讀之利器，與義理闡發齊頭並進，形成經學詮釋的雙重模態。朱熹，為經學性理學的集大成者，為宋學的指標人物。然而朱子治經論學，以校勘、訓詁、考據為能事，錢穆推崇為精博擅場，成就不在清儒漢學之下。

清代樸學好多東西，是從宋學而來的。……我們不能認為：宋學與清代漢學無關，一刀兩斷，這是機械論。……總之，宋學的研究是很不夠的，可以去研究「宋學發展史」。[23]

由此觀之，漢學之訓詁考據，與宋學之義理闡發，同為儒者治經之要法與策略。兩者存在或主或從、或冷或熱、或重或輕、或長或消之辯證關係。[24]

漢學之《春秋》解釋學，重師法家法，主章句訓詁考據。宋學之《春秋》詮釋學，致力義理之推闡、創意之詮釋；倡道德性命，心性義理。就治經之方法而言，兩者如飛鳥的兩翼，人類的左右手，各有優劣，不宜有所軒輊。

研究《春秋》經（傳）學史，應該以歷史流變、經學發展、系統論述為綱，以主題學、解釋學、詮釋學、闡釋學、閱讀學、傳播學、

22　〔日本〕本田成之：《中國經學史》。
23　朱維錚編：《周予同經學史論著選集》（上海：上海人民出版社，1996年），中編〈經學史專題・漢學與宋學〉。
24　張高評：〈北宋《春秋》學之創造性詮釋——從章句訓詁到義理闡發〉，《中國典籍與文化論叢》第19輯（2018年），頁89-109。

編纂學、接受史、觀念史為緯，結合地域文化、學派風格等，彼此借鏡參考，相資為用。

蔣秋華：

謝謝張老師，張老師特別針對《春秋》經傳學史的研究，從一些不同視角，還有方法，做了非常詳細的介紹，我不再多談，下面我們就請黃忠慎教授。請，忠慎兄，請你報告。

黃忠慎：

謝謝主持人，不久之前，我有參加文哲所舉辦的《詩經》學研究方法座談會。那一次我跟楊晉龍先生是與會中比較年長的。所以我覺得我應該多多說出自己研究《詩經》的心得，但是上次的主持人對於時間的掌控很嚴格，我還沒講完就被告知時間已經到了、可以結束了。此次經學史的研究方法座談會，我發現我的兩位老師，李威熊教授、莊雅州教授都在線上，此外還有前輩學者張高評教授，《易》學權威賴貴三教授，《詩經》學的權威車行健教授。這樣，我覺得我就可以比較自在的發言，特別是剛剛兩位老師，李威熊老師、莊雅州老師都已經發表過他們的高見，果然如我所料，他們的發言內容如同金字塔的建造，既能廣大又能高，令人佩服之至，而張高評教授也將他長期研究《春秋》經傳的心得，毫不藏私的讓我們有所知曉。剛剛我又發現，今天在線上的也不只是幾位學有專精的前輩，還很多是年輕的學者。就如同上一次的座談會，也有很多年輕的研究生報名參加，所以底下我的發言算是經驗之談，或許可以提供給大家參考。

我今天要講的是「經學史研究方法之我見」，我認為要想研究經學史，可以以皮錫瑞的《經學歷史》作為一個敲門磚。當年梁啟超曾經很感慨地說，中國的學者對於專科史的研究並不夠重視，他是比較

當時中國學者與歐美學者的研究現況與成果來說的,到了今天,大概不同部門學術裡面的專門史已經累積了相當可觀的成果,時至今日,中國經學史,包括經學通史、斷代經學史、專經研究史,也有了一些還不錯的成果出來,這就給我們研究中國經學史帶來很大的便利性。但是我還是覺得將早期的皮錫瑞的《經學歷史》,當作研究經學史的敲門磚,依然不失為一個可行之道。當然,皮錫瑞是一個非常典型的今文經學家,他的經學史充滿今文家的主觀立場、態度、眼界,那麼今天我們希望年輕學者重視、熟讀皮錫瑞《經學歷史》這本書,是否妥當呢?我覺得答案是肯定的。我的建議是,剛開始讀皮錫瑞這本著作,我們要假設自己就是典型的今文經學家,不管以前我們對今文、古文有什麼樣的概念、成見,此時我們已化身為皮錫瑞的崇拜者,在此書面前,我們是他的追隨者。皮錫瑞在書中提供給我們的這些經學史論述與資料,我們必須絕大多數都要去相信,去吸收。皮錫瑞對於今文經學的推尊,對於古文經學的貶抑,我們也暫時不要去懷疑,總之,我們此時是今文團隊的一員,就算一面閱讀,一面在心中產生了一些疑慮,也暫時不要去理會這些疑點,我們只要相信皮錫瑞的論述,這樣就可以了。在這個時候,我們進行的是第一個階段的閱讀,把自己化身成今文經學的一個忠實成員,所以我們是恨不得幫皮錫瑞多批評古文經學一些。當然,這裡所說的,我們相信皮錫瑞的《經學歷史》的論述,實際上也只能是「絕大多數相信」,也未必真的要百分之百相信,因為經學史的論述,一旦涉及史料的問題,要講究的就是客觀公正,如果說皮錫瑞他在論著中,提供的史料或者是數據出了一些問題,我們還是必須通過對文獻的查考比對來回歸真相。

　　作為一個今文經學的愛好者,那是假設的、虛擬的,不是真實的。我們企圖以閱讀皮錫瑞《經學歷史》作為出發點,來找出屬於自己研究方法的時候,我們的閱讀速度當然也不能求快,但是也不能採

用類似程朱學派教導學生所標榜的涵泳玩味之法，因為讀書的速度是要快還是慢，端看書的性質，宋儒強調體會的讀書法，是要求讀者用心體會經典中文字所傳達的意義，皮錫瑞這本《經學歷史》並不是儒家經典，而是研究經學的發展歷史，所以如果閱讀太快，很有可能就消化不良，但是如果閱讀太慢的話，也會浪費很多寶貴的時間，因為我們還要閱讀很多的著作。

　　當我們以今文經學成員的身份來細讀皮錫瑞的《經學歷史》，對於這本書的內容已經充分了解後，就算完成了第一階段的閱讀，下一步，我們就要徹底的變身。我們要變成古文經學的成員，這個時候我們的態度、喜好就變了，我們喜歡古文經學，我們熱愛的是《毛詩》、《左傳》，不喜歡殘缺不全的三家《詩》，也討厭《公羊傳》那種解讀《春秋》的模式，這個時候，我們對於皮錫瑞的《經學歷史》要進行的是第二階段的閱讀，這第二階段的閱讀態度跟第一階段是兩個極端，如果說第一階段是所謂的支持式的閱讀，我們力挺作者皮錫瑞，甚至崇拜皮錫瑞，到了第二階段，則是批判式的閱讀，所以我們要站在皮錫瑞的對立面，如同政治鬥爭一樣，要放大檢視皮錫瑞所有的觀點，對於皮錫瑞所有的言論，我們基本上是採取不信任的態度，寧可吹毛求疵，也要刻意跟他唱反調，比如說他在書中裡頭告訴讀者，「經學不明，孔教不尊，非一朝一夕之故，其所由來者漸矣。故必以經為孔子作，始可以言經學；必知孔子作經以教萬世之旨，始可以言經學」。皮錫瑞又表示，「唐之盛時，諸經已多束閣。蓋大經，《左氏》文多於《禮記》，故多習《禮記》，不習《左氏》。中、小經，《周禮》、《儀禮》、《公羊》、《穀梁》難於《易》、《書》、《詩》，故多習《易》、《書》、《詩》，不習《周禮》、《儀禮》、《公羊》、《穀梁》。此所以四經殆絕也。」皮錫瑞這段話，很多人耳熟能詳，這種論調有其立場跟文獻依據，不能說他完全就是憑空虛構、不能相信。但是作

為第二階段的讀者，我們一定要反對皮錫瑞的論點，我們必須認為，不必以經為孔子作，始可以言經學，以及唐朝儒者多習《禮記》，並非因為《左傳》文字較多。若以唐人多習《易》、《書》、《詩》，乃是因為《周禮》、《儀禮》、《公羊》、《穀梁》較難，那是皮錫瑞這類型的經今文家的淺薄之見。總之，皮錫瑞的論點越是鮮明的，我們越是要提出異議。如果他的說法似亦可通，我們也要設法證明其不通，也就是說，我們要跟他抗爭到底。我們以古文經學者的身份細讀了皮錫瑞的《經學歷史》，我們對於皮錫瑞全書的內容就有了更充分的理解，此時當然已經知道這本書短缺之所在，我們對於《經學歷史》第二階段的閱讀就可暫告一段落了。

　　下一步，我們就要變身成通學派的學者，這個時候，我們心中已經沒有今古文經學的成見，我們相信今古文經學各擅勝場，都有它們獲得支持的原因，今文經學家批評古文經學，或者古文經學家批評今文經，也都各有識見，不見得都是所謂的門戶之見而已，有時候也真的是實事求是而來的，這個時候，我們再讀皮錫瑞的《經學歷史》，對其內容，我們固然不會照單全收，但也不會刻意找碴，我們的態度在於設法挖掘皮錫瑞撰寫《經學歷史》的用心，對於他那些蔽於門戶之見的論述也是心知肚明的，這是第三個階段的閱讀。

　　我覺得閱讀皮錫瑞的《經學歷史》，對於我們認識經學發展的歷史，可以打下很好的基礎。讀這本書，我覺得也可以將周予同的註解，當作節省查考資料時間的利器，如果有讀者不滿意周予同的註解，我覺得這也非常好，因為你可以為皮錫瑞的《經學歷史》撰寫導讀、評解跟注釋，甚至你可以立下宏願，你要另撰今注來取代周予同的舊注。

　　對於皮錫瑞的《經學歷史》，完成了三階段的閱讀，此時我們對晚清以前的經學發展歷史就已經具備了基本的知識，接下來，我們可以挑選幾個時代的經學作比較專精的研究，當然每一個人都有他的好

惡之所在，如果沒有的話，我覺得兩漢、兩宋跟清朝都是可以優先考慮的。此外，對專門經典的研究歷史有比較充分的認識，也是非常重要的。選擇哪一部或者哪兩部、哪三部儒家經典，當然可以自行決定，這沒有一個準則。還要提醒大家，不要僅針對一部經典的發展史有興趣，研究格局必須再稍微放大，比如說熟悉《周易》學史的人，不妨也關心一下《春秋》學史，研究《詩經》學史的，最好也了解一下《尚書》學史，當然這裡只是隨意舉例，選擇權在個人。

最後我想略說一下，剛剛一開始莊雅州老師有提到，他也期待李威熊老師的《中國經學史論》下冊能夠問世，我今天講的是以皮錫瑞的《經學歷史》為敲門磚，能不能把皮錫瑞的著作掉換為李威熊老師的大作呢？目前是不行的，因為李老師的著作畢竟只出版了上冊，只聽過「半部《論語》治天下」之語，未曾聽說閱讀半部經學史就算是讀完完整的經學史了，所以我也呼應莊老師剛剛的期待，希望能夠早日看到李老師的《中國經學史論》下冊問世。

蔣秋華：

好，謝謝黃教授。黃教授他以皮錫瑞的《經學歷史》來做例子，是比較早的經學歷史著作，也是很多研究經學的，拿來當作敲門磚。但是如何讀法，黃教授提出他的正、反、合，幾個階段的方式。我覺得這個切入點非常非常的好，提醒未來研究經學的年輕學者，是可以做一個相當好的參考，後面提了除了經學史通史，專經學史也是可以做進一步的研究。下面請賴貴三賴教授來報告，來請。

賴貴三：

大家午安，我是賴貴三。因為時間有延遲，我簡單跟大家分享回饋一下，我在師大已經有三十年左右的教學歷史，長期在師大國文系

教文字學、訓詁學、《易經》，中國哲學史也教了十年多，在研究所有教博士班的經學文獻探討，碩士班的《易經》專題討論，跟《易經》的經傳研討，在職進修班有群經大義，還有經學史的專題研討課程，最近幾年在世新大學的博碩士班，也開設了文史專題研究的課程、經學史的課程跟《易經》專題研究課程。所以有一些個人的基本經學史上包括專經，比如說我是研究《易經》為主，經學研究方法上剛跟前面幾位老師說得差不多，有共同研究的路徑。第一個是小學很重要，因為我在師大，師大是小學重鎮，所以在文字學、聲韻學、訓詁學，包括語法修辭相關研究方面，這是基本的能力培養，非常的重要。所以小學明而經學明，經學明而理學明，在這個路徑我是非常服膺的。我們經學史裡面有經學史的通論，剛才幾個老師報告，歷代經學史相關論著的學者，還有各經專門的，比如說《易經》思想史、《易》學史之類的，《詩經》學史、《尚書》學史之類的，有各經整個的論述，還有西方的《易》學史、西方的《詩經》學史，可以有很多的面向去做延展。經學史的研究方法其實非常大，大家怎麼樣去博觀約取，怎麼樣去厚積薄發，需要個人專業上各方面去做努力，剛才車教授、李威熊老師討論到高明老師一些紀念活動，我覺得非常可惜，師大被請去的老師好像不太多，高老師是我們國文系早期的系主任，因為借調到政大中文系，後來又當教務長，對政大整個影響比較大，事實上他在師大的時間也蠻長的，在過世之前都在師大國研所上課，我上他的治學方法，也有很密切的接觸。高老師有一篇文章，列了一個中華學術體系表，中華學術體系表是高老師很重要的整理。

從《論語》子曰「志於道，據於德，依於仁，游於藝」，這四個部分。因為經學本身是中國文化儒學基本的核心，也是中國文化基本生命的學問。曾昭旭老師在《論語》體系裡面以道德仁義跟天人，上下的天人跟左右的仁義的一個系統分析，跟《易經》元亨利貞方式有

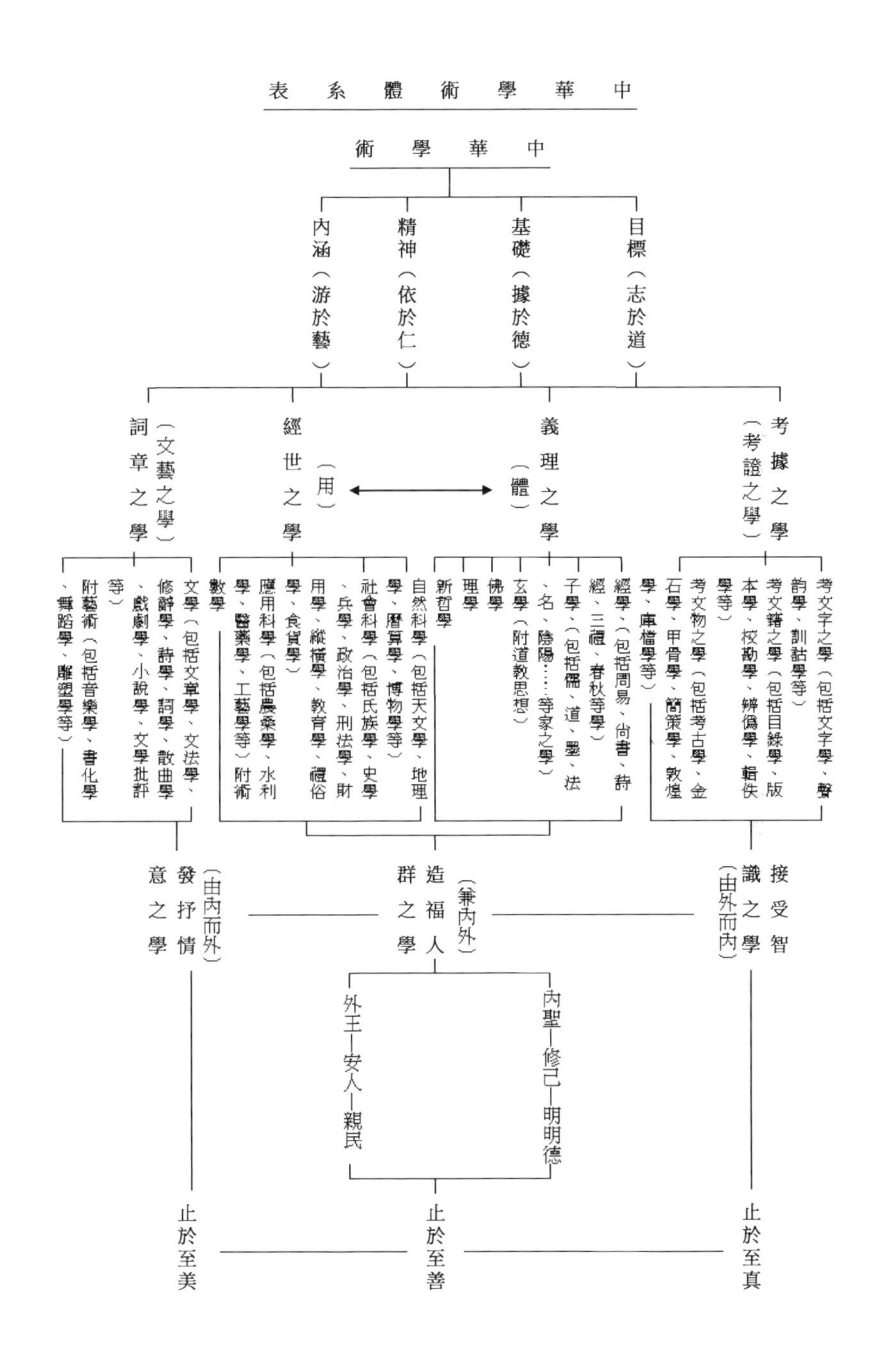

中華學術體系表

中華學術
- 內涵（游於藝）
- 精神（依於仁）
- 基礎（據於德）
- 目標（志於道）

- 詞章之學（文藝之學）
- 經世之學（用）　←→　義理之學（體）
- 考據之學（考證之學）

詞章之學：
- 文學（包括文章學、文法學、修辭學、詩學、詞學、散曲學、戲劇學、小說學、文學批評等）
- 附藝術（包括音樂學、書化學、舞蹈學、雕塑學等）

經世之學：
- 數學
- 應用科學（包括農桑學、醫藥學、食貨學、工藝學等）附術
- 社會科學（包括氏族學、史學、兵學、政治學、刑法學、財用學、縱橫學、教育學、禮俗）
- 自然科學（包括天文學、地理學、曆算學、博物學等）

義理之學：
- 新哲學
- 理學
- 佛學
- 玄學（附道教思想）
- 子學（包括儒、道、墨、法、名、陰陽……等家之學）
- 經學（包括周易、尚書、詩經、三禮、春秋等學）
- 學、庫檔學等

考據之學：
- 考文字之學（包括文字學、聲韻學、訓詁學等）
- 考文籍之學（包括目錄學、版本學、校勘學、辨偽學、輯佚學等）
- 考文物之學（包括考古學、金石學、甲骨學、簡策學、敦煌學等）

- 發抒情意之學（由內而外）—— 止於至美
- 造福人群之學（兼內外）—— 止於至善
- 接受智識之學（由外而內）—— 止於至真

造福人群之學：
- 內聖—修己—明明德
- 外王—安人—親民

點類似，比如春夏秋冬四時道德及道，輪轉的方式非常圓融，老師又分有考據之學、義理之學、經世之學、詞章之學。小學由外而內，接受智識之學。詞章之學是發抒情意之學，由內而外。外內，合內外之宜也，內外造福人群之學，是義理經世之學，體用的學問。接下來說經學學科分類的問題，我們經學只是經史子集某個部分而已，學科分類上分得非常細緻，我的老師黃慶萱（1932-2022）老師在之前教我們《易經》的時候，說經學就是金字塔的頂端，子史集我們《易經》類似子學，《尚書》類似史學，《詩經》類似文學，經史子集我們特別列經，表示一種淵源根本的學問的方式。表裡面考據之學、詞章之學、義理之學、經世之學，求的是內聖、外王、修己、安人、明明德、親民，然後止於至真、止於至善、止於至美。表後面我有畫一個，要止於至聖至神，在《孟子》〈盡心篇〉有「充實之謂美，充實而有光輝之謂大，大而化之之謂聖，聖而不可知之之謂神」，中國的學問有境界型態，有不可言說的境界型態就是神的說明。老師這個表裡面可以看出分殊性。

一　經學的發展概況

> 中國文化以儒家思想為主流，而儒家思想的基本典籍則是「群經」。
> 不讀群經，就不能了解儒家思想；不了解儒家思想，也就不能認識中國文化。作為一個中國人，如果不認識中國文化，那是一種恥辱；而認識中國文化，必須自讀群經始。[25]

當代國學大師高明（字仲華，1909-1992）先生這一番中肯的話，可謂

25　高明：《群經述要》（臺北：黎明文化事業公司，1979年），頁1。

振聾啟瞶，發人深省！我們都知道：中國固有文化，以倫理道德為基礎，古代的經典明訓，包含著許多人生的哲理與智慧。數千年的延續不絕，愈加令人體會中華文化偉大精深的博妙處；而這博妙的文化，即根本於「群經」。因此，「群經」可以說是中華文化的源頭活水！

以下將從經學的發展、學理內涵、未來展望三方面來加以探討、分析，但願能建立「群經學」概括性的認識，進而激發研究的興趣。[26]

（一）經學的發軔期

1 經學名義的由來

先秦時代，百家爭鳴，並無所謂經。孔子刪《詩》、《書》，定《禮》、《樂》，演《周易》，作《春秋》，亦未定名為「經」。《莊子》〈天運〉篇說：「孔子謂老聃曰：丘治《詩》、《書》、《禮》、《樂》、《易》、《春秋》六經。」首先確立「經」的名稱，而且確立「經」的數目。「六經」都是周朝、魯國所遺留下來的古代典籍，經過孔子加以整理，贊述而成，又拿來當作教材，教導三千弟子，所以西漢司馬遷《史記》〈孔子世家〉說：「孔子以《詩》、《書》、《禮》、《樂》教弟子，蓋三千焉；身通六藝者，七十有二人。」所謂「六藝」，也就是「六經」——《詩》、《書》、《禮》、《樂》、《易》、《春秋》。自「人的學習」方面來說，叫做「六藝」；若從「書的本身」來說，便叫做「六經」。

2 經學的浩劫

秦始皇（前259-前210）統一天下，以暴政箝制知識分子，並採取愚民政策，以「焚書坑儒」的殘酷手段，壓制知識分子的清議，來滿足他唯我獨尊的心理。因此群雄蠭起，不過四十年，僅歷二世的秦

---

26 以下詳參高明：《群經述要》，頁1-11；馬宗霍：《中國經學史》（臺北：臺灣商務印書館，1986年），頁1-158；劉伯驥：《六藝通論》（臺北：臺灣中華書局，1977年），頁46-51。

代,就徹底的覆亡。可是,六經卻因焚書坑儒的暴政,而遭到了歷史的浩劫!當時的經典要籍,都被政府所沒收;民間只能保留有關醫藥、種樹、卜筮之類的書籍。後來,西楚霸王項羽(前232-前202)入關中,又放火焚燒咸陽宮,大火三月不熄,政府沒收所典藏的經籍付之一炬,文化的薪傳面臨了前所未有的挑戰與破壞!

(二)經學的昌盛期

1 經學的新生

漢高祖劉邦(前256-前195)統一天下以後,漢惠帝(前211?-前188)頒佈廢除「挾書令」的秦代律法,到處搜尋殘書。因此在山崖或屋壁裡的古書陸續出土、發現,六經也漸漸為當時學者所整理傳授。可惜《樂經》已經亡佚失傳,六經只剩下五經。到了漢武帝(前156-前87)時代,深切地感受到儒家思想重要,於是聽從朝臣董仲舒的建議,罷黜諸子百家,獨尊五經,設置了五經十四博士,並招收博士弟子員,傳授經學予天下的俊彥學子,於是維繫並傳承了文化的血脈。所謂「五經十四博士」是:《詩經》:魯申培公(前219?-前135?)、齊轅固生、燕韓嬰(前200?-前130)三家。《書經》:歐陽生、大夏侯勝、小夏侯建三家。《禮經》:大戴德、小戴聖二家。《易經》:施讎、孟喜、梁丘賀(前166?-?)、京房四家。《春秋經》:嚴彭祖、顏安樂二家。

2 今文與古文經學的爭立

五經十四博士都是「今文學家」,師弟所傳授的經書都是用當時通行的隸書所寫。又有所謂「古文學家」,師弟相傳授的經書則是從山崖屋壁出土的古文,與當時通用的隸書今文不同。在西漢時,官學是今文學家的天下,古文學則流行於民間。西漢末年,劉向(前77-前6)、劉歆父子校書中秘府庫,劉歆發現古文經書的價值,於是主張古文經學也應立於學官,引起了一場經學史上著名的「今古文之爭」。到了東漢,古文經學興盛起來,今文經學也就逐漸衰落了。

3 鄭玄與王肅的今、古文經

漢代今、古文兩派經學,本來是壁壘分明,森嚴不可逾越;家學、師法,也是不相通假,各守分際。然而,到了東漢末年,鄭玄(127-200)兼通今、古文,融合兩派的特長,遍注群經,才打破了今、古文的界限,從此「鄭學」遂定於一尊。到了魏朝,王肅(195-256)想與鄭玄爭名,便以今文攻訐鄭玄的古文,以古文攻擊鄭玄的今文,為反對而反對;甚至偽造《孔子家語》,作為攻鄭玄的論據。雖然,「王學」於晉初盛行一時,但依恃宗室之勢(王肅為晉武帝的外祖)與偽作之名,終究為時代所淘汰了。

(三)經學的轉變期

1 魏、晉清談與經學

魏、晉時代,清談玄風暢盛。《周易》、《老子》和《莊子》三書號為「三玄」,學者莫不隨風影從。王弼(226-249)注釋《周易》,闡發玄理,特見卓識;杜預為《春秋經左氏傳》作注,成為《春秋》三《傳》的翹楚。東晉時,梅賾偽造《古文尚書》,影響後世政治與學術均極為深遠,所以這部偽書可以是為儒家思想在晉代的一次整理與發展。東晉元帝(276-323)時,又特設經學博士,傳授下列經書即注書:《周易》:王弼注。《尚書》:鄭玄注。《古文尚書》:梅賾偽孔安國傳。《儀禮》、《周官》、《禮記》:鄭玄注。《春秋左傳》:杜預注、服虔注。《論語》:鄭玄注。《孝經》:鄭玄注。

2 南北朝的義疏經學

漢人治經,以本經為主,所作傳注,都以解經為目的。到了魏晉時代,則多以經注為主;至南北朝時代,則不能逾越漢、魏、晉諸家範疇之外:如《周易》,北朝大儒徐遵明(475-529)傳授鄭玄注,所以《易》鄭學盛行於北朝;南朝崇尚玄虛,所以獨宗王弼。南朝《尚書》有鄭玄與偽孔二家之學,而北朝則唯傳鄭義。《詩》則南北朝並宗

毛亨《傳》、鄭玄《箋》。《禮》則南北朝都主鄭學，但三《禮》偏重不同而已。《春秋》一經，又以杜注為盛，而服學漸衰。因此，南北朝的經學，但守一家的注解而詮釋，或旁引諸說而加以疏釋，名之為「經學」，實則為「經注之學」；於是，傳注之體式日漸衰微，而形成了所謂的「義疏經學」。

3　隋、唐經學的統合

隋文帝（541-604）承北朝之後，征服了南朝；但在學術，則是南朝征服了北朝。隋朝的官學，大抵都掌握在南人或南學者的手中，所以隋代的經學以南學為主。唐承隋後，太宗李世民（598-649）有鑒於南北朝的群經義疏、章句繁雜、解說紛歧，於是命朝臣孔穎達與同時的碩學鴻儒，撰定「五經正義」，頒行於天下，成為科舉考試的標準定本，天下的讀書人無不奉為圭臬，影響後世經學的發展十分深遠。而所謂「五經正義」就是：《周易正義》：疏釋《周易》，王弼注。《尚書正義》：疏釋《尚書》，偽孔安國傳。《毛詩正義》：疏釋《詩》，毛亨傳、鄭玄箋。《禮記正義》：疏釋《禮記》，鄭玄注。《左傳正義》：疏釋《春秋左氏傳》，杜預注。

（四）經學的再生與中衰期

1　唐、宋再生期

唐代《五經正義》之後，賈公彥續撰《周禮疏》疏釋鄭玄注；又撰《儀禮疏》，疏釋鄭玄注。徐彥撰《公羊疏》，疏釋《春秋公羊傳》何休（129-182）注；楊士勛撰《穀梁疏》，疏釋范寧（339?-401?）集解。於是《易》、《書》、《詩》、三《禮》、三《傳》都有義疏的定本，世稱為「九經」。宋真宗詔令邢昺等續修《孝經》、《論語》、《爾雅》義疏；宋人又極推崇《孟子》，視之為「經」。於是，宋人完成了所謂「十三經義疏」：《周易正義》、《尚書正義》、《周禮注疏》、《儀禮注疏》、《禮記正義》、《春秋左傳正義》、《春秋公羊傳注疏》、《春秋穀梁

傳注疏》、《論語注疏》（魏何晏集解、宋邢昺疏）、《孝經注疏》（唐玄宗注、宋邢昺疏）、《爾雅注疏》（晉郭璞注、宋邢昺疏）、《孟子注疏》（漢趙岐注、宋孫奭疏）。宋代儒者，在經學的研究上，又受到玄學與佛學的影響，專說義理，而產生了所謂的「理學」。理學家治經能擺脫訓詁、章句、考證的束縛，重在闡發義理。於是，宋學與漢學便對立起來了。

宋儒最初重視《周易》、《春秋》二經，孫復泰山先生以為：「盡孔子之心者，大《易》；盡孔子之用者，《春秋》。」後來，周敦頤濂溪（1017-1073）先生、張載橫渠（1020-1077）先生特重《易傳》與《中庸》；程顥明道（1032-1085）先生、程頤伊川先生兄弟重編《大學》，並特重《論語》、《孟子》。朱熹晦庵先生繼作《大學章句》、《中庸章句》、《論語集注》、《孟子集注》，合稱「四書」；後學遂重四書而忽視五經，對於漢、唐人的注疏，也就更不重視了。

2 元、明中衰期

元、明兩代是經學衰微的時代。元代以科舉取士，所謂「經」，四書必用朱熹《章句》、《集注》；《詩》用朱熹的《集傳》；《書》用朱熹弟子蔡沈（1167-1230）的《集傳》；《周易》用程頤的《傳》與朱熹的《本義》；《春秋》用三《傳》與胡安國《傳》；《禮記》用古注疏，從此宋學定於一尊，漢、唐人的注疏，也漸漸乏人問津。

明成祖（1360-1424）永樂十二年於官學敕修「五經四書大全」，就前儒所成各編雜為抄錄，而去其姓名。自此以後，八股取士，經義專取四書、五經命題；不僅古注疏盡廢，即宋儒義理要籍，當時學者都束之高閣。所以顧炎武（1613-1682）《日知錄》慨歎說：「自八股行而古學棄，《大全》出而經說亡，洪武、永樂之間，亦世道升降之一會。」由此觀之：元、明兩朝的經學，實為經學發展史上的「異數」！

(五）經學的復興期

　　有清一代，論者咸以為是經學復興的時代。由於清初三大儒顧炎武、黃宗羲（1610-1695）、王夫之（1619-1692）的倡導，所以清朝學者能不受科舉制義的侷限，學者輩出，尤以乾隆、嘉慶時為然，如：惠棟（1697-1758）撰《十經古義》，標舉漢學的旗幟；戴震（1724-1777）倡導考證之學，不株守漢學或宋學，對於漢、唐人注疏鑽研甚深；阮元（1764-1849）翻刻宋本《十三經注疏》，並撰《校勘記》。從此以後，清代學者治經，就不專受程、朱一派的束縛，而能融匯漢學與宋學，因而造成清代經學大盛的局面。晚清，陳澧蘭甫先生兼通漢、宋學，撰《漢儒通義》，發揮漢儒的義理；孫詒讓撰《周禮正義》，實為注疏之學的殿軍；俞樾曲園（1821-1907）先生撰《群經平議》，傳承清代考證學派的真傳；康有為、廖平（1852-1932）等標榜今文經學，於變法圖強也有正面、積極的貢獻。

　　民國以來，由於「五四新文化運動」的風起雲湧，許多學者主張「全盤西化」、「打倒孔家店」、「把線裝書扔到茅坑裡去」，打擊了中華文化的根本，動搖了知識青年的民族文化自信心，傳統文化的火苗幾乎滅絕無遺！當時，雖有劉師培申叔先生、章炳麟太炎（1869-1936）先生等國學大師，仍抱持遺經辛勤傳授，無奈時不我予，狂瀾既倒，國難卒至，終至赤禍燎天，神州淪陷！「文化大革命」又極力摧殘傳統文化，為前所未有的文化劫難。所幸，政府播遷來臺，學者講授不息，國內學術研究與發展的潛力，逐步在躍進之中。傳統經學與當代「新儒學」的相互激盪，加上兩岸文化、學術交流的解禁，相信在可預見的將來，兩岸的炎、黃子孫必能再創造出中華文化璀璨而光明的坦蕩前程！

二　經學基本學理闡述
　（一）經學總論
　　　1　「經」的含義
　　經學係研究群經之學。而經與經學的含義，可以下列三點說明：[27]
　　　（1）文字學家的定義
　　東漢許慎（58?-147?）《說文解字》解釋：「經」為織的從（縱）絲，相對橫絲為「緯」而言，是為經字的本義。而經絲在軸，緯絲在梭，因織物的縱橫有條不紊，所以引申有「常」與「法」的意思。如班固（32-92）《白虎通》說：「經，常也，有五常之道，故曰五經，言不變之常經也。」於是，凡是以為日常言行法則的古書，都可尊稱為「經」。

　　　（2）今文經學家的定義
　　今文學派認為「經」是孔子著作的專名。孔子以前，不得有經；孔子以後的著作，也不得為經。只有《詩》、《書》、《易》、《禮》、《樂》、《春秋》可稱為經。因為今文學派以六經為孔子所作，及南朝梁劉勰《文心雕龍》〈宗經〉篇「恆久之至道，不刊之鴻教」這個說法，開始於清龔自珍（1792-1841）《六經正名》，皮錫瑞《經學歷史》、廖平《知盛篇》與康有為《新學偽經考》，也附和此說。

　　　（3）古文經學家的定義
　　古文學派卻以經為一切書籍的通稱。六經本是先王的舊典，孔子刪《詩》、《書》，訂《禮》、《樂》，修《易象》，作《春秋》，六經都經過孔子編訂，並非孔子自作的書。所以，孔子以前本已有經，孔子以後的群書，也可稱為經；因此，「經」不能作為孔子著作的專名。這個說法，見於章太炎先生《國故論衡》。

---

[27] 詳參程發軔：《國學概論》（臺北：正中書局，1983年），頁22-32。黃振民：《國學概論》（臺北：第一書局，1976年），頁1-78。

歸納以上說法，可以得一結論：「經」本指編連古書竹簡所用的「縱絲」，後來才作一般書籍的通名。而一般書籍中，又以儒家幾部重要的典籍最為偉大，為表示尊重此類書籍，所以特別冠以「經」的專名。

2　經學的範圍

「經學」二字，初見於《漢書》〈兒寬傳〉。由於歷代儒者見解的不同，使經的定義與領域逐漸演變、擴張，而有六經、五經、七經、九經、十經、十二經、十三經、十四經、四書五經、二十一經等分類：

（1）六經

《詩》、《書》、《禮》、《樂》、《易》、《春秋》是為「六經」，始見於《莊子》〈天運〉篇。古又別稱為「六藝」、「六術」。

（2）五經

六經去《樂》稱為五經。古文學家認為《樂》本有經，《樂》即包含在《詩》、《禮》二經之中。

（3）七經

始見於《後漢書》〈趙典傳〉。其說有三：一、以六經加《論語》為七經。二、以五經加《論語》、《孝經》為七經。三、五經中，《禮經》析分為《儀禮》、《周禮》、《禮記》為七經。

（4）九經

始見於《唐書》〈儒學傳〉〈谷那律傳〉。其說又有三：一、以七經加上《論語》、《孝經》為九經。二、《春秋經》析分為《左傳》、《公羊傳》、《穀梁傳》，加上七經為九經。三、唐、宋取士都用九經：《易》、《詩》、《書》、《春秋左氏傳》、《周禮》、《禮記》、《孝經》、《論語》、《孟子》。

（5）十經

南朝劉宋時，設國子助教十人，分別掌管十經：《周易》、《尚

書》、《毛詩》、《禮記》、《周禮》、《儀禮》、《春秋左氏傳》、《春秋公羊傳》、《春秋穀梁傳》九經，加上《論語》、《孝經》合為一經。名為十經，實即十一經。

(6) 十二經

始見於《莊子》〈天道〉篇。唐陸德明（550?-630）《經典釋文》以為有三說：一、以「六經」加上「六緯」為十二經。二、以《易》上、下經，並孔子所作《十翼》為十二經。三、以《春秋》十二公為十二經。

後來，宋晁公武（1101-1180）《郡齋讀書志》又以唐文宗（809-840）時國學所刻石經：十經中《論語》、《孝經》析分為二經，共十一經，加上《爾雅》為十二經，此為一般學者的共識。

(7) 十三經

此名稱始見於宋朝。唐文宗開成二年，石刻上述十二經於大學；南宋時，於十二經之外，又加《孟子》，是為十三經。南宋以前，經典注、疏分別刊行；後來刻版印刷術盛行，南宋光宗（1147-1200）紹熙年間，始有《十三經注疏》的合刻刊印本行世，成為經部的叢書。

(8) 十四經

宋代史繩祖（1192-1274）《學齋佔畢》說：「先時，嘗併《大戴記》於十三經末，稱『十四經』。」清儒朱彝尊（1629-1709）撰《經義考》，也據此將《大戴禮記》列在經中，成為「十四經」。

(9) 四書、五經

自北宋程頤伊川先生抽出《禮記》中〈大學〉、〈中庸〉兩篇，配合《論語》、《孟子》，合稱為「四書」，成為初學入道者必讀的基本典籍。是時，岳珂（1183-1243）校刊的《相臺五經》：《易》、《書》、《詩》、《禮記》、《左傳》，盛行一時；至明成祖永樂中，命大臣胡廣（1340-1418）等纂修《四書大全》、《五經大全》，試士命題，都以二

書為範圍。一時士子盡棄唐、宋以來的注疏,而拘習於《大全》中的經義。

(10) 二十一經

清代樸學大師戴震弟子段玉裁(1735-1815),主張於十三經之外,再加《大戴禮記》、《國語》、《史記》、《漢書》、《資治通鑑》、《說文解字》、《周髀算經》、《九章算術》,合為「二十一經」。此議未為後來學者們所接受、採行。

綜上所述,可知因經的定義逐漸推廣,所以它所包含的領域,也就逐漸擴大。但依一般學者的習慣,概以「十三經」為限。因為「十四經」的名稱,並不甚普遍;而「二十一經」的名稱,也僅為清代樸學家個人的主張,實在也不能作為一般的依據。

3 群經次序與要旨

六經的次序,本來無關經學宏旨。然而今、古文派學者卻對此均表重視,而且各有其一定不變的次序,互相爭辨不決。茲將二派所依憑的證據,與各經的要旨,擇要敘述如下:

(1) 今文學派

今文學者以孔子為一教育家、哲學家、政治家,孔子所注重者不在六經的文字事實,而在六經的微言大義,所以六經的次序,即應按程序深淺而排序:《詩》、《書》、《禮》、《樂》為一般基礎知識,理解較易,所以應排列在先;《易》、《春秋》為孔子哲學、政治學思想所在,理解較難,所以應排列在後。又因《詩》、《書》偏重於「知的了解」,《禮》、《樂》偏重於「行的實踐」,故《詩》、《書》又較《禮》、《樂》排列為前。

(2) 古文學派

古文學者以為孔子為一史學家,六經都是前代的史料,孔子曾經加以整理,傳授後人,所以六經的次序,應按史料產生的先後、早晚

而排列:《易經》八卦相傳為伏羲所畫,故《易經》應列於第一。《書經》中最早篇章為〈堯典〉,故應列於第二。《詩經》中最早篇章為〈商頌〉,故應列於第三。《禮》、《樂》相傳為周公所作,故應列於第四、第五。《春秋》本為魯史,曾經孔子刪改,時代最晚,故應列於第六。

(3)六經要旨

(一)《莊子》〈天下〉篇:「《詩》以道志,《書》以道事,《禮》以道行,《樂》以道和,《易》以道陰陽,《春秋》以道名分。」

(二)董仲舒《春秋繁露》〈玉杯〉篇:「《詩》、《書》序其志,《禮》、《樂》純其美,《易》、《春秋》明其知。」

(三)《淮南子》〈泰族訓〉:「溫惠淳良者,《詩》之風也;淳龐敦厚者,《書》之教也;清明條達者,《易》之義也;恭儉尊讓者,《禮》之為也;寬裕簡易者,《樂》之化也;刺幾辨義者,《春秋》之靡也。」

(四)《禮記》〈經解〉篇:「其為人也,溫柔敦厚,《詩》教也;疏通知遠,《書》教也;廣博易良,《樂》教也;絜靜精微,《易》教也;恭儉莊敬,《禮》教也;屬辭比事,《春秋》教也。」

(五)《史記》〈滑稽列傳〉:「孔子曰:『《六藝》於治一也。《禮》以節人,《樂》以發和,《書》以道事,《詩》以達意,《易》以神化,《春秋》以義。』」

綜合上面各家的說法,可以歸納六經的要旨如下:(一)《詩經》:文藝之書,講的是人群的心志,是文學教育的教材。(二)《書經》:政史之書,講的是古代的史事,是歷史教育的教材。(三)《禮經》:禮儀、法制之書,講的是行為的規範,是生活教育的教材。(四)《樂經》:音樂之書,講的是情性的和諧,是藝術教育的教材。五、《易

經》：陰陽占筮之書，講的是宇宙人生的哲理，不外陰陽二氣，是思想教育的教材。(六)《春秋經》：各國朝報之書，講的是社會倫理的道德，最重在名分，是倫理教育的教材。劉師培先生在《國學發微》一書中，即認為六經是孔門的教科書。他說：

> 六藝之學，即孔門所編訂之教科書也。孔子之前，已有六經，然皆未修之本也。自孔子刪《詩》、《書》，定《禮》、《樂》，贊《周易》，修《春秋》，而未修之六經，易為孔門編訂之六經。且六經之中，一為講義，一為課本：《易經》者，哲理之講義也。《詩經》者，唱歌之課本也。《書經》者，國文之課本也。《春秋》者，本國近事史之課本也。《禮經》者，倫理、心理之講義及課本也。《樂經》者，唱歌之課本及體操之模範也。是為孔門編訂之六經。

孔子和他的弟子，以這六經豐富的內容來教育當時的大眾，並普及於社會的各階層，不但當時的貴族受到了教化，而一般從未受過教育的平民也普霑化雨，使得社會的文化水準大大地提高，影響了後來中華文化的發展前途。

(二) 經學分論

群經大義，廣大精微，又為我們古代學術思想的根源。以下略述十三經與六藝的內容，以明白群經的體要與學理之一斑。[28]

1 《易經》

《易經》初為卜筮之書，本於八卦（乾、坤、震、巽、坎、離、艮、兌），八卦相傳為伏羲所畫，取則於天文地理、鳥獸文章以成八

---

28 詳參程發軔：《國學概論》，頁32-157。黃振民：《國學概論》，頁15-78；以及周何、田博元：《國學導讀叢編》（臺北：康橋出版事業公司，未著出版年），頁57-64。

卦，天地間萬物的一切現象，都包括其中。把八卦重疊而成六十四卦、三百八十四爻，而萬物變通的道理，便十分具備了。《易經》為群經之首，是中國經學中最高深的一門學問，也是研究宇宙人生的現象、道理，說明宇宙人生變化的法則和運用方法的一門學問。

2 《書經》

漢時稱《尚書》。《尚書》體式可分為：典、謨、訓、誥、誓、命六體，各有不同的作用。古今流傳的有：出於西漢伏勝的《今文尚書》，河間獻王（前160-前129）所藏與出於孔子故宅的《古文尚書》，西漢張霸偽造的兩百篇《偽古文尚書》和東晉梅賾所偽造的二十五篇《偽古文尚書》等數種。

3 《詩經》

《詩經》是我國最古的詩歌總集，也是我國純文學的鼻祖，同時也蘊藏著豐富的語言學與社會史的資料。《詩》有六義之說，見於〈詩序〉，即風、雅、頌、賦、比、興。賦、比、興係詩的作法，風、雅、頌為詩的體裁，二者性質不同。

4 三《禮》

三《禮》是《周禮》、《儀禮》、《禮記》的總稱。三《禮》之中，《周禮》、《儀禮》為經，《禮記》為記。《周禮》記載國家的制度，《儀禮》記載世俗的儀文，都屬於禮之「數」，即禮的具體事項。《禮記》則記載的是禮的抽象道理，屬於禮之「義」，即禮的哲學意義。

5 《春秋》三《傳》

《春秋經》相傳為孔子據《魯史春秋》一書，加以筆削，賦予微言大義而成。上起魯隱公元年，下止魯哀公十四年，計凡十二公，為時二百四十二年，為斷代編年史之祖。三《傳》之中，《左傳》所據為古文經，《公羊》、《穀梁》所據為今文經；《左傳》以史事為主，《公羊》、《穀梁》以解釋經義為主。總而言之，《左傳》傳事而不傳

義，史詳而事未必實；《公羊》、《穀梁》傳義而不傳事，經詳而事未必常。

  6　《論語》

  《論語》是孔子學術思想的結晶，也是孔子言行生活的實錄，所以梁啟超任公先生說《論語》是「二千年來中國人思想之總泉源」。研讀《論語》，有以下的七項目的：

  （一）藉《論語》以認識中國最偉大的聖人——孔子。
  （二）藉《論語》以探索孔子學說的博大與精深。
  （三）注意研究《論語》對端正世道人心的效用。
  （四）從《論語》中學習孔子的治學方法和好學精神。
  （五）從《論語》中學習孔子的教學方法和教學精神。
  （六）以《論語》中的至理名言，做為我們立身行道的南針。
  （七）效法孔子的奮進精神，藉以昇華我們的人生境界。

  7　《孝經》

  群經中原名為經的書，只有《孝經》一部。因為孝為天經地義，百行之首，所以孝係事親之名，經為常行之典；合而言之，《孝經》一書，所以示人以事親的常典。全書僅有一千九百零三字，在諸經中字數最少。書中所述，全為上自天子，下至庶民（百姓）事親的孝道。

  8　《爾雅》

  《爾雅》是我國訓詁的專書，為歷代訓詁家所祖。《爾雅》為分類釋義的辭書，今所傳者凡三卷十九篇：第一卷四篇，釋古今異語及宗親間的稱謂；第二卷八篇，釋天地、山川、宮室、器具的名稱；第三卷七篇，釋動、植物的名稱，堪稱為我國最古的分類字書。

  9　《孟子》

  《孟子》一書，原在子部，至宋孝宗（1127-1194）時，朱子宗程子之說，將《孟子》與《論語》、《大學》及《中庸》，並列為「四書」；

《孟子》遂升入經部，列為十三經之一，《孟子》之學因此顯揚。東漢趙岐〈孟子題辭〉說：「《論語》者，五經之錧轄，六藝之喉衿；孟子之書，則而象之。」儒家思想集成於孔子，孟子則發揚而光大之。《孟子》一書，不僅是研究儒家思想不可缺少的書，更可以修養心性，培養光明俊偉的人格，並為學習議論文最好的範本。

10　《大學》和《中庸》

原為《禮記》中的第四十二與三十一篇，經漢、宋學者先後抽出講述，再經程、朱合併配以《論語》、《孟子》，而合稱「四書」。依照漢鄭玄的解釋，《大學》是「以其記博學可以為政」，《中庸》是「以其記中和之用」。《大學》的「博學」，說的正是「明」的工夫；《中庸》的「中和」，指的就是「誠」的境界。所以，先總統蔣公在〈中庸要旨〉一文中說：「《大學》、《中庸》二書是不可分的。《中庸》是本體論，而《大學》是方法論。」因此，《大學》對「下學」的人道提示了修學的具體門徑；《中庸》在「上達」的天道尋得了人倫的堅實根源，二者既為儒學建立了完整的思想體系，更為人生開闢了無限向上的道路。

（三）經學別論

1　六藝之學

「六藝」一詞，最早見於《周禮》〈大司徒〉，其細目為：禮、樂、射、御、書、數。一般人都知六經為儒家的師承，而不知六藝亦為儒家之所自出；一般人也都知六經為中國學術思想的傳統，但不知六藝為中國文化教育的淵源。由此可知：《周禮》中的六藝為《詩》、《書》、《禮》、《樂》、《易》、《春秋》。六藝和六經，相混而難分；大抵六藝為小學、鄉學的課程，而六經則為大學的課程。六藝多重實習，為通常生活上的基本智識；而六經則為六學之文，重在經典，而為高深的理論。要言之，六藝重術，六經則重學。而何謂「六藝」？

東漢徐幹（171-218）《中論・藝記》說：「禮以考敬，樂以敦愛，射以平志，御以扣心，書以綴事，數以理煩。」約言之，禮、樂是養仁，射、御是養勇，書、數是養智，藉著智、仁、勇三達德的六藝學習，以奠定學子由小學入大學的方便法門。[29]

2　小學

文字學、聲韻學與訓詁學，原本是認字、讀書、明字義的基本工具學問，為一切學問的基本與開始，俗稱為「小學」，也就是初入學所要沿襲的學問，可以說是經學的輔翼與附庸。而小學的內涵，簡單來說文字學：象形、指事、形聲、會意、轉注、假借。聲韻學專指研究文字發聲之學，牽涉聲母、韻母、發音部位與標音方法等。訓詁學則專指研究古今異言與文字意義等種種關係，探討古今字義的變遷與字義的訓釋等。這三種學問，在許多學者的努力研究、開發下，已成為特殊而專門的一套學問了。

綜合以上總論、分論與別論的說明，對群經學的內涵應能建立粗淺的認識。藉由經學源流發展的釐清，進而探討經學的內容大要，使大家都能認識經學、了解經學，然後才能從此中獲知：經學不僅是中國古代的幾部重要典籍，而是永恆存在的中國文化之源，也是用之於現代人類生活中公認的真理。經學對後代文化的深遠影響，實在不容炎黃子孫們漠視。而更應積極發揚光大！

三　經學未來的展望

經學與生活的關係，其實也十分密切，誠如《隋書》〈經籍志〉記載了一段有關經學的明體與達用，十分貼切而完備，其原文曰：

> 夫經籍也者，機神之妙旨，聖哲之能事；所以經天地，緯陰

29　詳參劉伯驥：《六藝通論》（臺北：臺灣中華書局，1977年），頁43-55；以及王靜芝：《經學通論》（臺北：環球書局，1982年），頁313-345。

陽，正紀綱，弘道德，顯仁足以利物，藏用足以獨善，學之者將殖焉，不學者將落焉。大業崇之，則成欽明之德；匹夫克念，則有王公之重，其王者之所以樹風聲，流顯號，美教化，移風俗，何莫由乎斯道。故曰：「其為人也，溫柔敦厚，《詩》教也。疏通知遠，《書》教也。廣博易良，《樂》教也。絜靜精微，《易》教也。恭儉莊敬，《禮》教也。屬辭比事，《春秋》教也。」遭時制宜，質文迭用，應之以通變，通變之以中庸；中庸則可久，通變則可大。其教有適，其用無窮，實仁義之陶鈞，誠道德之橐籥也。其為用大矣，隨時之義深矣，言無得而稱焉。故曰：「不疾而速，不行而至。」今之所以知古，後之所以知今，其斯之謂也。

此段剴切、深刻的話，足以說明正紀綱、弘道德、顯仁藏用、移風易俗，在於殖學讀經！然而，窮理致用，貴能因時制宜，能中庸則可久，能通變則可大，守常為體經的通則，隨時為致用的深義，此又為研治群經的要領。職是之故，想要暢明經學在生活上的應用，實在不能局限在食、衣、住、行、育、樂六方面來加以探討，正如《易經》〈繫辭傳〉上所謂：「形而上者謂之道，形而下者謂之器，化而裁之謂之變，推而行之謂之通，舉而錯之天下之民謂之事業。」

　　經學既為中國文化的指導原則與根本所在，自然應該從形上的道體與形下的器用二方面加以推擴應用，以期能窮變通遠，而能創造出可大、可久的民族事業。清儒曾國藩滌生先生曾在日記中說：

有義理之學，有詞章之學，有經濟之學，有考據之學。義理之學，即宋元所謂道學也，在孔門為德行之科。詞章之學，在孔門為言語之科。經濟之學，在孔門為政事之科。考據之學，即今世所謂漢學也，在孔門為文學之科。此四者缺一不可。

如果以群經歸屬，則《尚書》、《左傳》、《禮記》、《孟子》諸經中的典章制度和政治體要，提供後世治國者經驗法則，足以謀求大同和平的世界，是為經濟之學。《易經》、《尚書》、《禮記》、《論語》、《孟子》中有關人生哲學經義的發揮，後代學者如二程子、朱子、陸象山（1139-1193）、王陽明（1472-1529）等先哲據此而闡發奧蘊，是為義理之學。《詩經》為韻文之祖，《尚書》詰屈聲牙，《論語》簡約樸實，《孟子》義理磅礡，《左傳》勁直明快……，各經文章各有特色，提供後代文學寫作的素材與體式，是為詞章之學。他如《爾雅》的考辨字義，提供後代訓詁研究的典範，是為考據之學。如此紛繁的群經學，以今日眼光觀之，可由下列幾方面來加以探討、整理出群經學的未來發展方向及其價值所在。

（一）經學的價值

　　1　基本價值

　　孔子以六經教育弟子，大體來說：《詩》是文學教材，《書》是歷史教材，《禮》是生活教材，《樂》是美育教材，《易》是思想教材，《春秋》是倫理教材。[30]由於孔子的有教無類，使得經書教育普及於貴族與平民之中，造成文化水準的提高，並且建立了中華文化厚實的根基。因此，群經的基本價值，可從兩方面來加以解說：

　　（1）群經是承先啟後的文獻：經書是我國先聖先賢所遺留下來最早的書籍，記載著有文字以前中華民族智慧的累積，而民族智慧的累積，造成了民族文化的突飛猛進，於是群經變成為承先啟後的歷史文獻了。

　　（2）群經是中華文化的關鍵：中華民族由最初思想的發軔，到群經的完成期間，一切的生活狀況、社會形態、思想路線、文化進展，

30　詳參王靜芝：《經學通論》，頁101-107。

以及一切的事實存在和表現，只能由群經中去尋求其發展的軌跡。所以，群經是中華文化的精髓，亦就是瞭解中華文化的關鍵所在。

2 歷史價值

《易經》是古代的一部中國哲學典籍；《尚書》記載虞、夏、商、周四代史事，是一部歷史的典籍；《詩》是一部古代的詩歌總集，歷史資料甚多；《春秋》本來就是魯國的史記；《三禮》記載著珍貴的周代儀節與內容；《三傳》詳載春秋時代諸侯的大事⋯⋯。透過群經，我們可以了解先民們的生活方式，以及文化的起源與發展。所以，清儒章學誠實齋先生即強調「六經皆史」的論證，實在有它的道理啊！

3 文學價值

《詩經》是韻文的鼻祖，《尚書》為散文的始祖；群經的文字，即是後來使用的文字，經書的辭彙以及文法，也深遠地影響後世的文學。他如《左傳》文字敘述生動，辭藻樸茂而華美，議論閎肆而大方，向為文章家所宗。故唐代文豪柳宗元（773-819）〈答韋中立論師道書〉說道：「本之《書》以求其質，本之《易》以求其動，此吾所以取道之原也。參之穀梁氏以厲其氣，參之孟、荀以暢其支⋯⋯此吾所以旁推交通，而以為之文也。」引此，群經可以說是文學的化身，更是文學的根源。

4 政治價值

群經記載的不僅是生活史，亦是政治史。《尚書》記堯、舜以下至秦代的史事，以政治情況的描寫，尤其政治理論更含蘊其中，值得探索開發。《周禮》有極精密的政治制度，《論語》主張仁政，也有極高明的政治睿見⋯⋯。凡此種種，都可以洞察群經的政治價值。因此，群經中的政治哲學，即使施用於現代民主世界中，也是合乎時代潮流，順應時勢的一套政治藍圖。

5　教育價值

六經為孔子教學的課本，可以教人修身養性，可以使人化性起偽、止於至善。尤其《禮記》〈學記〉一篇更是完整的中國教育理論，足以為現代教育家參考的模範。藉引〈學記〉一段以為佐證：「一年視離經辨志，三年視敬業樂群，五年視博習親師，七年視論學取友，謂之小成。九年知類通達，強力而不反，謂之大成。夫然候足以化民易俗，近者說服，而遠者懷之，此大學之道也。……故君子之於學也，藏焉，修焉，息焉，遊焉；夫然，故安其學而親其師，樂其友而信其道，是以雖離師輔而不反也。」細繹其文，令人無限佩服！

6　文字價值

群經是有文字以後存留至今最早的書籍，也是中國語言文字的始祖。所以，群經可以提供我們文字的研究、聲韻的研究以及文學的研究。這些材料，既是原始的，也是存真的，讓我們在中華文化歷史發展的軌道上，尋找出環環相扣的文字基因，這股無形的力量，是不可忽視的啊！如《爾雅》卷上〈釋詁〉第一所謂：「初、哉、首、基、肇、祖、元、胎、俶落、權輿，始也。」即足以讓我們瞭解，中國群經中的文字演變的時間、空間與語言因素，是多麼複雜而變化萬千啊！因此，群經便可以說是我中華民族文字、語言的源本。

綜合以上六點的簡單敘述，群經不能再視為過時的故紙堆，群經是符合時代、民族需要的義理、文學、經濟、考據的重要典籍。我們不僅要研究它的學理內涵，以探討天、地、人間的三合境界；尤其應該發揮群經的時代功能，使群經的學術、文化價值，再度復興活用，以適合國家、社會的長遠需要，這樣才能使群經成為現代的學問，也才是研究群經學者的時代使命。

（二）經學與現代化所面臨的問題

十九世紀中葉以後，由於中國的積弱不振，以至於遭受強大的外

力侵犯；西方文化挾著船堅炮利的優勢，狂捲而來，中華文化薪傳的火苗，已宛然風中殘燭，不可久持了。所幸有識之士，在舊學的基礎上，接受新知的洗禮──「舊學商量加邃密，新知涵養轉深沉。」以求中華文化的體質改善，使能適應新時代的潮流。然而，民初以來「全盤西化」的聲浪，仍然震天價響，細想其中關鍵，主要在於：

　　1.反儒家傳統者，以為儒家傳統與科學、民主不能並存。其實這種現象是追求現代過程中，傳統與現代之間衝突的盲點；因為傳統與現代的對立，新舊之間的衝突，那是不可避免的現象。換個角度來說，文化本身不論新與舊、傳統與現代，都是可以轉化、再創新的；更何況植基在傳統經學上的中華文化，一向是生機蓬勃，充滿旺盛的生命力，怎麼會在現代化的潮流下汩沒、滅絕呢？

　　2.家族與個人，禮教與法治的對立。反對儒家思想者以為西方是以法治為本位，注重階級的平等；而中國則以感情的虛文為本位，禮教注重階級，此為傳統社會所公認的行為規範。因此，斷定兩者之間沒有調和、折衷的可能，這是一種偏見，甚或是不負責的鄉愿作風。其實，儒家注重禮教並無不妥當的地方，禮教的弊病在於規範演變成僵化的形式主義。如果以它的流弊而批評儒家的根本，甚至抹殺其中可貴的價值，這是霸道而不公平的論斷，豈可折服人心呢？

　　總而言之，西方的文化，偏重於科學，這只是表示追求知識上有其較客觀、可靠的態度和方法。但是，科學與道德、宗教、文化、藝術，實應並列為文化學術的內容之一，不可以科學的驚人成就，而壟斷了一切的學術內涵。因此，中國群經學不是不能符合科學與現代化的要求，而是因為時代的久遠、文字的隔閡、背景的不同，以致造成了學習上的障礙。所以，如何使群經學往現代化的方向邁進，便是現時代國學研究者責無旁貸的歷史任務了。

（三）群經學現代化的方向

近數十年來，臺灣、香港兩地的傳統儒學者，如唐君毅（1909-1978）、牟宗三、徐復觀、錢賓四等先生，在國勢艱困、文運否塞的時代裡，本著書生胸懷天下的孤懷閎識，和對國家民族、歷史文化、時代學術的深沉感受，從頭來疏導民族文化生命的本性、發展上的障礙與缺失，以引領未來文化學脈的方向，可謂是用心良苦，深具貢獻！面對國族多次的痛苦遭際，以及未來發展的遠景，當代「新儒學」哲學巨擘牟宗三先生，在幾次講座、演講中，便數度明確地表示：儒家第三期的「文化使命」，主要集中在「道統的肯定」、「政統的繼續」和「學統的開出」三個中心點上。[31]以下就此三中心點，引述牟宗三先生的要義大旨如下：

1 道統的光大——重開生命的學問

文化上的反省講論和會通融攝的過程，也就是文化心靈漸次甦醒、漸次暢通的過程。必須先有醒豁的文化心靈和暢通的文化生命，然後才能決定文化的方向，開顯出文化的理想，以期恢復文化的創造力。在西方，文化創造的靈感，來自宗教；在中國，則來自儒家經典之教上。儒家一以貫之的「仁教」，不但能夠建立「生活的常軌」，而且能夠開出「生命的學問」。要言之：主觀方面，是人格的創造；客觀方面，則是歷史的創造。而這主、客觀的創造，必須世世代代傳續下去，這才是維持中國文化主位性的問題。所以，內聖成德之教的承續與光大，經典與道統的薪火相傳，這才是民族文化慧命未來發展過程中，最為首要的大事。

2 政統的繼續——完成民主建國

中國的士人政治，可以說已達到相當「合理」的境地，但只就

---

31 詳參牟宗三：《生命的學問》（臺北：三民書局，1978年），頁60-71。

「治道」方面的成就而言。在「政道」方面卻一直沒有客觀法制化，而現代的民主政體，正提供了一個客觀的解決之道。民主建國的大業，不但是辛亥革命以來，仁人志士捨命以求的目標，而且是晚明顧炎武、黃宗羲、王夫之三大儒要求由內聖轉出外王事功的關節所在。推溯而言，二千年來，儒家由內聖通外王的思想，也正須落實在民主政治上，才能豁然暢達，獲得充分的實現。同時，中國的現代化，也必須以民主建國為骨幹，即使是科學的研究發展，經濟的規劃建設，也同樣需要民主政治的基礎，才能獲得堅實穩固的發展。

3 學統的開出——轉出知識之學

儒家的學問，以道德心性為根源，故凸顯「德行主體」，而開出了內聖成德的學問。至於「知性主體」，則未能充分透顯，故未能發展出知識的學問。而如何從重德性主體的傳統學術中，轉出知性主體，以成就科學知識，正是儒家面臨的一大課題。傳統上，中國文化心靈著重在德行主體上表現，知性主體為德行主體籠罩而未能充分透顯，以獨立起用。如今為了成就知識，從道德心轉為知識心，以便文化心靈以「主客對列，心物相對」的形態，來表現認知活動，以開展出「知識之學」。

牟宗三先生這一番鞭辟入裡的分析，可以說極高明地點出了傳統經學的儒家文化，朝向現代化發展的轉捩所在，確實值得傳統文化的耕耘者，更積極的播種、灌溉，以求其文化上的大豐收！

四 結論

> 夫漢學具有根柢，講學者以淺陋輕之，不足服漢儒也。
> 宋學具有精微，讀書者以空疏薄之，亦不足服宋儒也。
> 消融門戶之見而各取所長，則私心袪而公理出，公理出而經義明矣。

蓋經者非他，即天下之公理而已。[32]

（一）中國文化的精髓，在於倫理道德，而且講求精神與心靈的清明合一，而經學正是此中精義的內蘊所在。由於先聖先哲的重視與開發，經學在中華文化中，一直居於極崇高的地位；但也由於現代化的衝擊，經學的地位便一落千丈了。然而，傳統是現實存在的出發點，文化又是需要通過生命去表現。因此，文化有其特殊性，要了解民族的文化，必須從文化生命發展的形態、方向上加以疏通，才能引出未來持續而更豐富多樣的發展。

（二）文化既須要通過生命來表現，而儒家經學思想的學術傳統——追求道德的理想，亦即是人類精神文明的重要內容；而且文化本身又有「守常應變」、「因時制宜」的自覺創發性，所以用中國文化的大傳統來消化西方科學文明的現代傳統，中西文化也才有真正會通的一天，而且中華文化也才有扭轉、匡扶西方文化在當代所衍生的流弊與病態。但這一切的前提是：必須先提振儒家經學文化的研讀興趣，才能透過理解的消化，而轉化、跨越到現代與傳統，中國與西方的架接、會通上。這樣中國的民族文化，才能走上新生的機運與無限創發的前程！

（三）《郭店楚簡》〈語叢一〉中有一段話，說明《六經》的主旨：「《易》，所以會天道、人道也。《詩》，所以會古含（今）之恃（「詩」或「志」）也者。《春秋》，所以會古含（今）之事也。《豊》（《禮》），交之行述也。《樂》，或生或教者也。〔《書》，□□□□〕者也。」[33] 可

---

32 引錄自《欽定四庫全書總目提要》卷一〈經部總敘〉末段。
33 荊門市博物館編：《郭店楚墓楚簡》（北京：文物出版社，1998年5月），竹簡圖版第36-44簡，頁79-80。竹簡釋文，頁194-195。又頁200，裘錫圭先生注釋，其按語謂：「『恃』疑讀為『志』或『詩』。」於末條按語謂：「此條可能是關於《書》的殘簡，故附於此。」

證知經學是闡明「會通」之所以然的書,其中「《易》,所以會天道、人道」一語,北京大學哲學系湯一介(1927-2014)先生認為:「大概可以說是現存最早和最明確表達『天人合一』的命題。」[34]

四、錢穆頗重視經學的價值,他認為經學之可貴在於它會通了子、史、集,讀經是要學會通,能會通方能成一大體,方能經國濟世。他說:

> 中國人講學,首先必重經學。經學之可貴,不為它是最古的,而為它是會通著子、史、集三部的。……中國有經學,並不是要我們都來用功古代的六經,乃是要我們做學問有一會通大體。學文學,不能不通史學。學文史之學,又不能不通義理哲學,乃及社會禮學方面去。要在學問上這幾個成分都包括在內,而完成一大體。有此一大體,自可把來經國濟世,對大群人生有實用。漢儒所謂通經致用。[35]

經學其他可貴之處,在於它表現了天人合一的觀念和人文精神:

> 一是天人合一的觀念,對於宇宙真理與人生真理兩方面一種最高合一的崇高信仰,在五經中最顯著、最重視,而經學成為此一信仰之主要淵源。二是以歷史為基礎的人文精神,使學者深切認識人類歷史演進有其內在一貫的真理,就於歷史過程之繁變中,舉出可資代表此項真理之人物與事業及其教訓,使人有

---

[34] 湯一介先生:〈釋「《易》,所以會天道、人道者也」〉,《海峽兩岸易學與中國哲學研討會論文集(易學卷)》(山東大學:易學與中國古代哲學研究中心,2002年8月),頁598。

[35] 錢穆:〈六經的學術價值〉,《天然》第1卷第3期(1980年3月),頁29。

一種尊信與嚮往之心情，此亦在經學中得其淵源。[36]

所謂「天人合一」，錢穆說：

> 人心與生俱來，其大原出自天，故人文修養之終極造詣，則達於天人之合一。
>
> 中國傳統文化，雖是以人文精神為中心，但其終極理想，則尚有一「天人合一」之境界。此一境界，乃可於個人之道德修養中達成之，乃可解脫於家國天下之種種牽制束縛而達成之。個人能達此境界，則此個人已超脫於人群之固有境界，而上昇到「宇宙」境界，或「神」的境界、「天」的境界中。但此個人，則仍為對於人的境界能不脫離，而更能超越之者，亦惟不脫離人的境界，乃始能超越於人的境界者。[37]

從以上的話，可知錢穆對經學有很深的體認，而經學研究在他的著作中也佔了很重的分量，很早就有相關的研究，以《易經》為例，早年就有〈易經研究〉。這篇文章中，可看出他受到當時思潮的影響頗深。當時二十世紀初葉，中國史學界正興起以顧頡剛為首的疑古辨偽思潮。這些學者無所不疑，對古史提出了許多既破壞又建設的看法，後來就結集在《古史辨》中；錢穆早年的研究，受疑古思潮影響，然到了晚年則反對顧氏之意見。他主張用「剝皮」的方法研究《易經》，又主張「《十翼》非孔子作」，且分別從出土的魏冢《易經》及《左傳》、《論語》、《史記》等文獻中提出十個證據，考證了《十翼》

---

[36] 錢穆：《中國學術通義》，〈四部概論〉（甲編，第25冊），頁14。
[37] 錢穆：《民族與文化》，〈中國傳統文化中之人文修養〉（丙編，第37冊），頁48-49。

非孔子所作。這樣的研究方法和推論，可謂疑古辨偽潮流下的產物。此為他《易》學研究的一大特色。

再者，他的《易》學研究特色是喜以考據訓詁來通義理。以考據訓詁來通義理此法乃上承清儒，清儒每喜以此法來研究義理，有名者如戴震《孟子字義疏證》等。他的方式通常是先探求某字詞的最早來源，接著歸納此新出現字詞的涵義，再由此探討或確定某一思想的內容。如在〈王弼郭象注易老莊用理字條錄〉中，先就王、郭二人注解用「理」字者，逐條收羅，再加以解析。接著說到：「理」字的提出開始於道家，《莊子》〈養生主〉就有「依乎天理」的話。就此而言，之後的《易傳》，是自道家系統衍生下來。王弼注《易》用到「理」字者，除《周易略例》〈明象〉「物无妄然，必由其理」外，共有九條，這些理字有「所以然之理」、「固然之理」、「必然之理」的涵義，以後宋儒言「理」，皆來自此。這是單從字詞的相同處去考量，而不問義理型態的不同，實足商榷。

或是探求某字詞來源，再以之判定某家思想，如在〈易傳與小戴禮記中之宇宙論〉中，提到《易傳》、《中庸》來自莊、老，蓋因《中庸》言「致中和」，中和亦指《易傳》陰陽氣之中和，莊、老書言中和處很多。〈與繆彥威書論戰國秦漢間新儒家〉，他說：

> 惟大較論之，《易繫》、《中庸》諸書，正承道家統緒而來，故《易繫》則曰：「一陰一陽之謂道。」《中庸》云：「致中和，天地位，萬物育。」其云「中和」，本指陰陽氣之中和而言。……《老子》曰：「沖氣以為和。」莊、老書言中和者極多，此不備舉。中和即指陰陽氣，又何疑者？故云《易傳》、《禮記》言宇宙多本之道家也。[38]

---

38 錢穆：《中國學術思想史論叢（二）》（甲編，第18冊），頁77。

此是先探求「中和」來自莊、老,接著以此字詞去判定《易傳》、《中庸》的性格,如此判定和實情不符。

或是由不同的字詞先加以等同,接著再等同各家思想,如在〈易經研究〉中提出《周易》〈繫辭傳〉中的思想,大體遠於《論語》,近於莊、老,他說因〈繫辭傳〉言神、變化,相當於莊、老言自然、道。又判定《周易》〈繫辭傳〉中的哲學,是道家的自然哲學。其宇宙論,是唯氣之一元論。如此從不同的字詞去等同儒道二家的思想,不再作進一步的哲學論述,這樣的推論實誤解了二家的思想內容。《周易》〈繫辭傳〉中的哲學,其本色根本就是儒家的道德哲學,而不是道家的自然哲學。其宇宙論,是道德的,不是唯氣的一元論。

綜合上述,以考據訓詁的方式去談義理,是否妥當呢?其實考據訓詁很重要,它對於文獻來說,是一初步的功夫,在考據訓詁完之後,尚要作進一步的思想分析。以「《易傳》、《中庸》出自莊、老」此點來說,徐復觀說:

> 老、莊所用的字語,都是幾經發展演變而來,無一字語具有「語源」的資格。……假定《中庸》、《大學》所用之字語,真是沿自老、莊,亦只能由此以推斷各書成立時代之先後,並不能由此以斷定各書的思想線索。……至錢先生因《莊子》有「勞神明為一」的話,而認《易》〈繫傳〉屢言「神明之德」,也是「襲取於老、莊」,殊不知《莊子》之所謂神明,有類於今日之所謂精神;而《易傳》之所謂神明,乃係指鬼神而言。此乃傳統的用法,如《左》〈襄十四年〉「敬之如神明者」即是。《易傳》是繼承傳統的用法,決非襲取老、莊。……又以《易》〈繫傳下〉有「天下之動,貞夫一者也」之言,而斷定此「一」字亦即《老子》書中「昔之得一」者之一,一即道

也。……按《易傳》、《老子》之所謂一，固皆指道而言，但《易傳》與《老子》之所謂道，在形式的層次上與性格上皆不相同，……則此一，正不必來自彼一。[39]

最後總結說：

> 古人的思想，保存在遺留的文獻裡面。要了解遺留的文獻；如文獻的本身有問題，當然須要下一番訓詁考據的工夫。……但僅靠訓詁考據，並不就能把握得到古人的思想。在訓詁考據以後，還有許多重要工作。我們所讀的古人的書，積字成句，應由各字以通一句之義；積句成章，應由各句以通一章之義；積章成書，應由各章以通一書之義。這是由局部以積累到全體的工作。在這步工作中，用得上清人的所謂訓詁考據之學。但我們應知道，不通過局部，固然不能了解全體；但這種了解，只是起碼的了解。要作進一步的了解，更須反轉來，由全體來確定局部的意義；即是由一句而確定一字之義，由一章而確定一句之義，由一書而確定一章之義；由一家的思想而確定一書之義。這是由全體以衡定局部的工作。……，此係工作的第二步。此便非清人訓詁考據之學所能概括得了的工作。[40]

此論可說針對錢穆的研究方法，作了極深入的反省和提昇。

（五）張高評教授在〈經學和文學的聯姻〉中，詮釋認為文本的解讀，是一種接受和鑑賞的活動，更是一個反映、體現、改變和充實

---

[39] 徐復觀：〈有關思想史的若干問題〉，《中國思想史論集》（臺北：臺灣學生書局，1959年10月），頁100、108、111-112。

[40] 徐復觀：〈有關思想史的若干問題〉，頁113。

文本的過程。單一、慣性的解讀文本，往往落入陳窠；如果調整視角，嘗試作學科的整合和聯姻，將可能有意外的發現和新穎獨特的成果。

「經學」一詞，出現於西漢，意指經國濟世的學問。十三經之名，形成於南宋；研究十三經的學術課題，就是經學。經學的研究，除了採傳統慣性的思維，以《通志堂經解》、《皇清經解》等書為文本，探討經學之價值外，也不妨改弦更張，另外從文學的視角來解讀經學。蘇軾（1037-1101）〈題西林壁〉詩所謂「橫看成嶺側成峰，遠近高低各不同」，調整視角，容易有新發現，也就不難獲得新成果。張教授透過學科的整合和聯姻，談論兩大主題：其一，經學的文學解讀。其二，文學對經學的接受。

經學的文學解讀，是把經學典籍當作文學作品來鑑賞。《詩經》本身絕大多數是文學作品，尤其十五國風，抒情成分很濃，跟《楚辭》並稱「詩騷」，對《詩經》的文學藝術多推崇備至。《尚書》在語錄體、史傳體、詔令體方面具有特色，是古代散文體式的濫觴。《左傳》以歷史敘事法式解讀《春秋》經，成為先秦敘事文學的典範，人物形象之塑造栩栩如生，詞令說話之藝術巧妙無窮，是史學的權威，更是文學的傑作。《周易》卦爻辭中的原始歌謠風貌，言、象、意的文學原理，化成天下的儒家教化、窮變通久的文學發展觀，都極富價值。《論語》的文學趣味、文藝思想、神話傳說、語言藝術，在在都有可觀。《孟子》在論辯技巧、諷諭文學、人物形象塑造、譬喻與寓言，以及語言藝術方面，有獨到成就。雜文方面，《禮記》的成就最高，其中如情本說、物感論、溫柔敦厚、屬辭比事、中和美、比德說，影響後代文藝十分深遠。〈檀弓〉諸篇，語言藝術傑出。宋代黃庭堅（1045-1105）作〈演雅〉詩，鋪衍《爾雅》；林同作〈孝詩〉，闡揚《孝經》，清姚際恆（1647-1715?）以文學角度評估《儀禮》，方苞因《周禮》建構古文義法。《公羊傳》、《穀梁傳》設問體啟發辭

賦,思辨方式有益論說。

自漢武帝之後,一直是官學主流的經學,自然沾溉歷代文學,其中文學評論的接受和體現,最為具體可觀:

(一)文學本質論。如詩史、詩教、言志、貴用、三不朽、思無邪、溫柔敦厚、諷諭美刺、憂患意識。
(二)文學創作論。如尚文、文質、義法、賦比興、詞命作法、主文譎諫、修辭立其誠。
(三)文學作品論。如比德說、陰陽剛柔、立象盡意、諱言諱書、《春秋》書法。
(四)文學鑑賞論:如中和、和諧、形神、見仁見智、盡善盡美、言不盡意、旨遠辭文、人文化成。
(五)文學批評論:如以意逆志、知人論世。
(六)文學發展論:如通變、因革、論贊等等。

經學沾溉歷代文論,文論又影響文學創作,交相映發,完成圓滿的聯姻。

蔣秋華:

謝謝,貴三兄的報告。賴教授主要是從三個方向來講經學研究,即發展的分期、研究的類型、對未來的一些展望,是很精闢的見解,謝謝賴教授,最後就請車行健教授來做報告。

車行健老師:

以下將從「課程和著作數量觀察『經學史』的實況」和「臺灣學界對經學史研究、教育和撰寫的討論」兩個面向來展開討論。

一　從課程和著作數量觀察「經學史」的實況

（一）關於經學史課程的回顧與探究的研究，可參拙著〈民國高教體制下的經學課程：從大陸到臺灣〉（《國文學報》第69期，2020年6月）。

　　此文將民國大陸時期和戰後臺灣大專院校經學課程的發展做了整體的回顧與評估，可以看到經書課程的施教成果顯然較為完整豐富，而這也為經書的研究奠下厚實的基礎。反觀，經學整體的課程，如「經學通（概）論」或「群經大義」，或者受限於講授者的學養，難以兼通群經，在自己專精的領域之外，不容易擁有太多獨到的見解；又或者囿於概論的性質，講授者著重於基本概念與學理的介紹，無法講得太深入，且多是一經一經的介紹，不易形成整體性、系統性的知識體系，因而難以從「概論」跨越到「通論」，實際表現出來的大都是「群經概論」。而「中國經學史」的課程，無論是通史或斷代史，涉及的經學家、經學典籍、經學議題，相關聯的歷史背景知識和文獻史料，以及採取的史觀和運用的方法等……，均甚為繁複龐雜，講授者要對之擁有通盤的掌握和專門的見解，並非容易之事。因而相較於有固定範圍的經書而言，無邊無際的經學整體的課程確實是較吃力不討好的。這直接反映在教科書或專書的編纂成果上。「經學通（概）論」、「群經大義」和「（中國）經學史」之類的著作，無論在出版的數量上或內容的創新上，相較於個別經書的注譯及教學和研究的專著之寫作與出版，似均遜色不少。因此，若從教學與研究一體的角度來反思這個問題，當務之急或許應如何在既有經書教學與研究的良好基礎上，持續加強經學整體的教學與研究的質量，此實攸關經學這門學問領域能否持續進步與發展的重要關鍵。

　　案：政大中文系於二〇二一年九月十七日的系務會議議決，取消施行數十年的博士班入學考試中的「經學史」科目。在

此之前，臺灣大專院校中（國）文系中僅有臺大、臺灣師大和政大等校博士班入學考試保留經學史的考科。不過在取消前，政大和臺大、臺師大在實施上仍有不同，即臺大和臺師大是和其他科目一起選考，而政大則是附在「中國學術流變史」中而成為必考。此事具有相當程度的象徵意義：從位居中心，到被擠到邊緣，再逐漸被挪至視線外，雖說非朝夕所至，但也確是有跡可尋。

（二）近百年來經學史著作彙整，曹錦年曾蒐集近代經學概論（含經學史）類著作，從一九〇七年到二〇一六年的一百一十年間，涵括中國大陸、臺灣及日本等地所產出者，共得書六十有奇（〈近代以來經學概論類著作彙總〉，2019年6月27日發佈於「求是齋語」微信公眾號）。

1. 皮錫瑞：《經學歷史》（1907）
2. 馬裕藻：《經學史附錄》（1912，今藏國家圖書館）
3. 馬宗霍：《中國經學史》（1936）
4. 甘鵬雲：《經學源流考》（1938）
5. 本田成之：《經學史論》（1927）
6. 安井小太郎、諸橋轍次等編：《經學史》（1933）
   案：有林慶彰、連清吉中譯本。
7. 瀧熊之助：《中國經學史概說》（1934）
8. 周予同：《中國經學史講義》
9. 范文瀾：《經學史講演錄》（1963）
10. 許道勳、徐洪興：《中華文化通志經學志》（1998）
11. 許道勳、徐洪興：《中國經學生》（2006，係前書之修訂重版）
12. 吳雁南等主編：《中國經學史》（2001）

13. 朱維錚：《中國經學史十講》（2002）
14. 姜廣輝主編：《中國經學思想史》（全四冊，2003）
15. 鄭傑文主編：《中國經學學術編年》（8卷，2015）
16. 李威熊：《中國經學發展史論》（1988）
17. 葉國良等：《經學通論》第三篇《經學簡史》（1994、2005）
18. 葉純芳：《中國經學史大綱》（2016）

尚可補充以下諸書：

1. 徐復觀：《中國經學史的基礎》，臺北：臺灣學生書局，1982。
2. 何耿鏞：《經學概說》（1984）
   案：李威熊教授認為該書亦屬於經學史形式的著作。（見下）
3. 林慶彰：《中國經學史論文選集》，臺北：文史哲出版社，1992-1993。
4. 章權才：《兩漢經學史》，臺北：萬卷樓圖書公司，1995。
5. 章權才：《魏晉南北朝隋唐經學史》，臺北：萬卷樓圖書公司，1996。
6. 龔鵬程：《六經皆文：經學史／文學史》，臺北：臺灣學生書局，2008。
7. 焦桂美：《南北朝經學史》，上海：上海古籍出版社，2009。
8. 潘忠偉：《北朝經學史》，北京：商務印書館，2014。
9. 韓大偉：《西方經學史概論》，上海：華東師範大學，2012。
10. 《中國經學史·周代卷：孔子、六經與師承問題》，韓大偉撰、唐光榮譯，北京：社會科學文獻出版社，2018。
11. 程元敏：《先秦經學史》：臺北市：臺灣商務印書館，2013。
12. 程元敏：《漢經學史》：新北市：臺灣商務印書館，2018。
13. 編委會主編：《清代經學國際研討會論文集》，臺北市：中央研究院中國文哲研究所，1994。

14. 林慶彰、蔣秋華主編：《明代經學國際研討會論文集》，臺北市：中央研究院中國文哲研究所，1996。
15. 楊晉龍主編：《元代經學國際研討會論文集》，臺北市：中央研究院中國文哲研究所，2000。
16. 蔣秋華、馮曉庭主編：《宋代經學國際研討會論文集》，臺北市：中央研究院中國文哲研究所，2006。
17. 蔡長林主編：《隋唐五代經學國際研討會論文集》，臺北市：中央研究院中國文哲研究所，2009。
18. 楊晉龍、劉柏宏主編：《魏晉南北朝經學國際研討會論文集》，臺北市：中央研究院中國文哲研究所，2016。

二　臺灣學界對經學史研究、教育和撰寫的討論

（一）林慶彰先生於一九八七年十一月，在《國文天地》第3卷第6期，發表〈經學史研究的基本認識〉一文，一九九二年將此文收入其所主編的《中國經學史論文選集》上冊中。

林老師在文中首先檢討近五十年來的經學史一蹶不振的原因，包含下列數點：1.前人經學史的負面影響；2.經學內容包含太廣，兼顧不易；3.經學的資料缺乏統一的整理；4.缺乏新方法的刺激。

並指出研讀經學史的目的，有以下數點：1.認識中華文化的媒介；2.充實學者的基本知識；3.作為其他學科的輔助；4.作為人生修養的指針。

又討論經學史的分期問題，歸納出以朝代的更遞和經學的演變兩種方式。林先生屬意後者，並歸納出如下的分期：

1. 經學的形成與流傳：包括先秦和西漢初。
2. 今文經學的興起：西漢中葉至東漢初。

3.古文經學的興盛：東漢中葉至東漢末。

4.漢代經學的批判：魏晉時期。

5.義疏之學的興盛：南北朝至唐中葉。

6.漢唐經學的批判：晚唐至北宋初。

7.新經學的產生：北宋中葉至南宋末。

8.新經學的傳承：元代至明中葉。

9.新經學的批判：晚明至清初。

10.古文學的復興：清乾嘉時代。

11.今文學的復興：清道咸以後至清末。

最後提出經學史研究的方法，包括1.研究經學演變與外在環境的關係；2.研究經學家的個別著作；3.將經學家的著作作比較研究；4.應將經學史的演變作合理的解釋。

（二）中研院中國文哲研究所籌備處於一九九一年四月十九日星期五上、下午，分別舉行兩場座談會，邀請程元敏、宋鼎宗、李威熊和莊雅州四位教授，以他們多年研究和講授「中國經學史」的心得，對現行幾種《中國經學史》及其相關問題作一檢討。座談會紀錄後由短期助理研究員蔣秋華、短期研究助理楊晉龍和臨時研究助理黃錦珠整理出來，以〈現行經學史及其相關問題〉為題，刊載於《中國文哲研究通訊》第1卷第3期，1991年9月。重點如下：

1.程元敏教授論現行經史的取材問題：

中國經學史，已寫成之專書，又屬於通史而非斷代史，且書名帶有「經學史」三字者，在民國七十年代以前，僅皮錫瑞《經學歷史》、馬宗霍《中國經學史》、日本本田成之《中國經學

史》及日本瀧熊之助《中國經學史概說》四部書而已。此四部書之取材,莫不患寡,而其中本田、瀧熊二家書又患不均。另有安井小太郎、小柳司氣太、中山久四郎、諸橋轍次四人集其論文四篇,總題「經學史」,尚不得視為經學史專書。(頁126)

2.宗鼎宗教授論經學史與其他學科之關係:

首先是「經學」和「儒學」的關係。一般說到經學,其實指的是儒學;談到儒學,似乎即以經學為內涵。因儒學經典不外乎經書,因而經學史似乎即儒學發展史。(頁128)

案:在座談會的「討論」中,羅正心對宋教授「經學就等於儒學」的論點提出質疑,他認為經學是十三經那批材料,而「儒」從很早到近代都有,如謂經學等於儒學,是否有討論的餘地?鍾彩鈞先生附和羅氏之說,認為儒基本上以人為主題,就是所謂的儒者。經是以十四經或相關的東西為主題。(頁136)莊雅洲教授表示非常同意經學以書為主,儒學以人為主的說法,他認為儒家的人物,學問可歸在儒學。儒學跟經學當然有密切的關係,因為儒家主要的經典就是經書,就是經學,但二者還是有不一樣的地方。其以荀子為例,謂荀子固然是傳經的大師,與經學有關,屬經學的範圍。一方面是儒學,一方面也是經學。可是也有一些說法,是他個人的見解,與經學無關,應撇開在經學之外。其他的儒家的學說,也可以這樣的尺度來衡量。程元敏教授說他比較拘謹(頁137),主張還是把經學史縮小一點,他說要是經學完全等於儒學,實在很難講。不過宋鼎宗教授雖認為儒比經的範圍來得寬,但研究經的人,絕對是儒,因此在他看來,儒與經分不開,但卻無法畫成一個

等號。林保淳先生同意宋教授的說法，覺得儒學即經學，經學即儒學，是可以相通的。（頁138）

我以為研究經學史，必須注意這些「經解」在歷代的思想發展，和當代的政治、經濟、社會的相互關係。亦即研究經學史，必須觸及每一朝代的政治結構、政治思想以及當時的社會型態，和當時統治者想運用經學來達成政治目的的情況。（頁128）……從以上所述可知，經學史實際上是一部中國的政治、經濟、社會發展史。（頁134）

3.李威熊教授談如何編寫一部理想的經學史

要寫好中國經學史，首先要重視的便是史觀問題，除了兼顧今古文、漢宋家法外，更要特別注意經學的致用觀。然後便要蒐集齊全的資料。……依歷史朝代的先後順序，先編排出中國經學的發展長編，以作為初稿。第二步，即是擬訂經學史發展的綱目，經學史的分期必須兼顧時代和經學實際狀況來加以區分。李教授又強調：中國經學史的研究，除把握各個時期的時代背景外，必須嚴守下列六項重要原則：一是事實敘述要求真實，二是傳承關係要求分明，三是問題分析要求深入，四是取材分佈要求普遍；五是論述觀點要求統一，六是貫通事理要求系統。為了合乎上述準則，必須講求研究方法。此外，李老師又指出，理想經學史的產生，必須依靠學術囝的通力合作，由此，他呼籲今後學術界努力的方向，可從四方面著手：一、加強專家研究；二、重視經學斷代史的研究；三、經學特殊問題的研究；四、經學相關問題的研究。（頁140-143）

案：程元敏在「討論」中回應李威熊教授的說法，其謂：「提到斷代，我不知道大家為什麼對這個問題這麼重視，我從來不覺得這是個問題。……我把魏、晉、南北朝這一段，有關《論語》的義疏，可以放在《論語》中，也可以放在六朝，只要把內容、源流說清楚，至於它是屬於那一代，並不重要。像《四庫提要》說的六變，可以不看。」（頁152）

4. 莊雅洲教授論經學史與其他學科的關係

經學史是用來研究經學發展演變的大勢，而經學是學術綜合的名稱。所以經學史所牽涉的學科非常廣泛，包括史學、哲學、文學、文字學、科技與社會科學。（頁143-146）

（三）國立政治大學中文系於二〇一八年六月八日星期五，舉辦了「傳經授業——戰後臺灣高等院校中的經學課程與經學教育」學術研討會，會中設有「述而有作——經學教育與經學史的書寫」講談會，由李威熊、林慶彰、葉國良和李隆獻四位教授主講。又有陳恆嵩〈戰後臺灣高等院校的經學史教育〉和劉柏宏〈戰後臺灣古代經學史書寫的回溯：以二十世紀前半葉為觀察中心〉兩篇論文，講談會紀錄和二篇論文一併收入《傳經授業——戰後臺灣高等院校中的經學教育》（臺北：萬卷樓圖書公司，2020年）

李威熊教授針對自己尚未出版的《中國經學發展史論》下冊做出說明，並且自述寫經學史受到徐復觀跟錢穆影響很大，他們認為以史寫經學史，以史注經，要有根有據，史要保留其「真」。他說他寫經學史是要還原經學的特色。他指出，今天談經學研究，或編纂中國經學史，應該在仁心文化的大視野下，來看中國歷代經學發展的真相。

至於經學史要怎麼寫？他說第一個，當然要合乎實證的事實，歷史就是社會行為演變的紀錄，經學反映真實的社會，我們不能忽略。第二個，行為的背後有更深的內在的義理，所以義理意涵更是經學史的重點，寫經學史二者都要兼顧，而義理史學才更接近經學的本色。但實證史學或義理史學都要有客觀的史料作依據，他說這是他寫經學史的基本觀點。有關史的著作，文獻資料很重要，最初在編寫經學史講義時，是以正史〈儒林傳〉和相關傳記為主軸。再參考其他經學論著，尤其中央研究院文哲所出版的經學資料，幫助非常大，可惜無法詳細讀完。

　　另外，李教授說他撰寫經學史喜歡單打獨鬥，學生只幫忙校對，中國經學資料太豐富，時間又長，要寫出完美的經學史，可能要有團隊共同合作。又經學史是通史，但又要求其專精很不容易，所以通史的經學史、專經的經學史可以分開寫，如《易》學史、《尚書》學史、《詩經》學史……等。經學是中國學術的基礎，與學術史、史學史，還有文學史，最後是文化史，它們是彼此相通的，各學門間要互相融涉，才能寫出完整有立體感的經學史。又我寫到宋代經學的時候，發現西夏、契丹、遼、金的經學也不應遺漏。再者，日本、越南、朝鮮，與中國關係密切，早期他們都重視中國經學，有關經學域外傳播的歷史，也值得探討。經學是中國特有的學問，與各學門、社會各領域關係密切，它既是學術又不失教化社會人生的特質，希望自己能編寫出具有這樣特色的《中國經學發展史論》。

　　林慶彰教授從編輯《民國時期經學叢書》的經驗檢討，發現很多題目是以前從來沒有人注意到的，很多經學家都是以前被忽略掉的，他強調民國以來的經學是應該要下功夫研究，不要僅止於皮錫瑞、章太炎，要把它寫到中華民國的現在，這樣才可以。

　　葉國良教授則以參與編寫空大版《經學通論》的心得認為，既然

是教科書,盡量不要表現出個人的見解,如果要寫的話,三個作者都同意才寫,這是這部書的特色。葉先生還強調「經書研究」、「經學家研究」和「經學史的研究」這三個範疇在研究經學上是必要的,他認為可以特別強調某一個範疇,譬如說強調經學史研究,這是可以的,臺灣屢次的經學會議,說得最多的詞彙就是經學史研究。但是他覺得另外兩個範疇也很重要,「我們千萬別忘記我們研究經學,最重要的是經書本身,所以經書研究最重要,應該放在最前面。你研究了經書以後,你才有資格研究經學史,否則你有什麼資格研究?或者說有什麼意義呢?所以我覺得經書的研究要放在第一位。在經書研究跟經學史研究中間,我覺得可以放進經學家研究,臺灣學界裡,事實上有很多人在研究個別的經學家,但是並沒有被特別提出來當作學術研究的一個區塊。研究經學家的話,當然有一些大家,他特別需要被研究,可是也有一些經學家,他可能只有一部著作,但是也會被人拿出來研究。⋯⋯所以我主張我們做經學要認定有三塊園地可開墾,一塊是經書研究,一塊是經學家研究,一塊是經學史研究,如果這三方面的研究我們都能夠注意到,研究經學是比較完備的」。

　　李隆獻教授呼應葉老師「經書研究是經學研究的基礎」的說法,所以在編寫《經學通論》時,經書的部分占了三分之二,從比例可以看到我們經學與經學史有輕重的分布與比例。《經學通論》的第四編是「餘論」,「餘論」包括〈經學與現實政治的關係〉,以及〈經學跟其他學術的關係〉兩章。我認為這也很重要,我們當時討論說一定要有這一編,這一編是帶領初學者知道經學不是獨立的、不是孤獨的,不是純粹的經學研究,它應該跟國防、外交、教育、法律、經濟、政治等通通要連結在一起,跟經史子集,跟小學、史學、子學、文學都有關係,這部分雖然寫得不多,但是我認為這部分也要提醒研究經學的人多多留意。

陳恆嵩〈戰後臺灣高等院校的經學史教育〉文中把他上林慶彰先生的課，當年的討論題目詳列於下，林老師上課是沿襲屈萬里教授，在第一節課的時候就會列出很多討論題目讓學生去做，所以學生一學期就會輪到很多題目報告，所以是非常辛苦的，但是整個的討論過程，等於是對中國經學史做了詳盡地毯式的研究。陳教授對今天經學史的困局也有自己個人的看法，他認為是經學典籍缺乏整理，還有沒有合適的經學史書籍是一個原因，這個是陳恆嵩教授的文章。

劉柏宏〈戰後臺灣古代經學史書寫的回溯：以二十世紀前半葉為觀察中心〉一文對臺灣戰後經學史書寫的考察，主要集中在王靜芝《經學通論》、錢穆《經學大要》、徐復觀《中國經學史的基礎》、李威熊《中國經學發展史論（上冊）》、葉國良、夏長樸、李隆獻合著《經學通論》等五部著作。通過觀察比較得知七〇年代經學史書寫兩大面向，王靜芝重視歷史現象的鋪陳，錢穆重視歷史現象的解釋，八〇年代徐復觀撰寫時，有意識承繼這兩種書寫面向，進而提出經學傳承與經學思想，是經學書寫不可偏廢的兩個部分。八〇至九〇年代的書寫正好呼應徐復觀的呼籲，展現出從歷史到思想史的變遷。

（四）二〇二二年十月八日週六下午，文哲所經學組舉辦「經學史的研究方法」座談會

張文朝在舉辦工作坊的時候，本來設想是以每一個經為主，後來我有跟他建議說經學史要去辦一場，所以就有今天這場。我自己建議的，當張文朝教授來要求我去講，就變得很難拒絕，今天在倉促的時間下，就三十年來經學史的討論，包含教育、研究、經學史的書寫做了回顧。

三　結論

臺灣學界在戰後的七十餘年間，一共舉辦了三次與「中國經學史」研究、教育與編撰有關的座談會。希望今天的座談會能夠有文字

記錄下來,如果當年沒有研究助理辛苦反覆聽錄音帶,把文字記錄下來,最後我們也不會看到當年座談會討論的實況。所以很多活動若沒有把成果弄出來的話,最後就會消失在人們的記憶當中,這是很可惜的事。上個禮拜楊晉龍先生到政大參加高明紀念座談會,他嚴厲地指責政大中文系的系網上,對過往老教授的生平事蹟的介紹太簡略,而且錯誤百出。我知道那些都是學生弄的,所以也不能要求太多。這幾年我比較關注臺灣當代的經學發展,文哲所經學組是重鎮,辦了很多的活動,但這些活動有的並沒有把舉辦文字化下來,也沒有出版。這個不打緊,但如果我們能在網路上面把當年的議程都看得到也很好。但很可惜,文哲所經學組自己的網站上面很多資料都已看不到了。例如前幾年舉辦的重探經學史的研討會,目前在網路上只能抓到第四次的完整議程,其他的都看不到。我覺得這些工作沒有做好的話,這些年學術活動的相關成果,都會隨風而逝,這是很可惜的。所以在這邊弱弱的呼籲,一方面是不是可以把這些座談會的紀錄整理出來,二方面也懇求文哲所經學組把歷年舉辦活動的資料,好好的保存下來,這些將來都是臺灣經學史極為重要的文獻材料。我的報告就到這邊。

提問與回應

蔣秋華:

謝謝車教授,車教授幫我們回顧這三十年來有關經學史的幾場座談活動,他做了非常詳細的介紹,最後他也建議很多的活動紀錄應該要整理出來,這樣的期許當然是很好,但做起來很難,我們不是推卸責任,也是應該要承擔的。

好,六位引言人已經分別做了報告,我們還有將近一個小時的時間可以交流討論。原本前三十分鐘是讓六位與談人可以互相討論交

流，我們先看看六位與談人有沒有補充的問題，先提出來。

　　大家都很客氣，是不是？好，我先補充一點資料，文哲所有整理過明朝吳繼仕《六經始末源流》，這個書跟《經學源流考》的性質有點相似，也算是早期的經學史，他寫得相當的簡要，就時間來說，他是比較早，有人認為它不是經學史，但經學史也有不同的寫法，這個只談六經。另外美國的學者韓大偉有些經學史的著作，二〇一五年在大陸上海開會的時候，跟他見面，他談到他的中國經學史的書剛出版，在這之前，他有一本《西方經學史概論》，以聖經之類為主，對西方學術比較瞭解，後來也翻譯成中文。新書出來，就是《中國經學史‧周代卷》，第二部就是《秦漢魏晉卷》。外國學者發願要來寫一部中國經學史，韓大偉有他的構想，似乎對宋元明想要跳過去，一方面當時的著作也多，一方面牽涉到宋明理學的問題，可能更複雜，直接跳過接到清代，就一個外國學者來說，已經難能可貴了。相對中國的學者，尤其臺灣的，要寫經學史的宏願又少之又少。反而是大陸的經學史相對多一點，大概都用比較宏觀的角度來寫，宏觀的角度來寫可能較容易一點，臺灣的學者大致上都是要做很細部的研究之後，有累積的成果才來寫。

　　下面提到我的老師程元敏教授，有三四十年的教學經驗，中間也寫很多經學相關著作，最集中在《尚書》，寫了《尚書學史》、《書序通考》。後來接著寫歷代經學史，他已經完成兩部，一部就是《先秦經學史》，另一部《漢經學史》，這兩部臺灣商務印書館都出了，在兩三年之前已經完成《三國經學史》，還有《晉經學史》，兩本書同時完成。後來因為清華經學研究院成立的時候，他們想要出叢書，問了我，我就把老師這兩本書介紹過去，拿過去之後，拖了很久，一直都還沒有下文，今年初的時候，總算是有了下文，排印出來了，已經陸續寄過來，大概在七月底程老師就已經把《三國經學史》，自己校了

一校，幫他寄回去了。上個禮拜，他的《晉經學史》，也校完了，我也把它寄回去了。他的三國經學和晉經學這兩部，在大陸由廣西師範大學出版社排印中，這個至少說作者已經校過一次，大概他是想再校一次，當然再校的時間會稍微快一點，希望今年底或明年初兩部書可以順利的出版。另外一本他也寫好了，是《南北朝經學史》，據說也有百萬言，相當大的一部，這部書在萬卷樓圖書公司排印中，大概部頭比較大，可能還沒有排印完，還沒有給程老師來做一校，可能他們內部還在排。這個是對程老師經學史研究的大致報告，因為他現在九十三歲了，所以他覺得他的體力不能夠再負荷接下去了，或許他認為可能就寫到這部分，後續他可能也很想寫隋唐到五代。前面三部書是希望盡快完成，完成之後，他的體力精力還行的話，也許他是不是有考量再寫。他收了很多資料，這些資料展開的話很辛苦，對九十多歲的老人也是一種折磨。

　　好，我先提到這裡，看看幾位引言人有沒有要彼此交流。如果沒有，我們就整個開放，線上參與的嘉賓也都可以有什麼問題，來相互的溝通。晉龍是不是有話講？你露臉了。

楊晉龍：

　　我露臉其實因為我剛才聽到貴三跟高評學長兩個，在講到《四庫全書總目》的時候，加上「提要」兩個字，我就覺得很刺耳，因為我是吳哲夫老師的學生，我是研究四庫學的。事實上《四庫全書總目》「提要」兩個字是後面人家給它亂加上去的，這樣的錯誤來自乾隆三十九年七月二十五日那個聖諭，他們那個點斷是亂點的好不好，我唸一下給大家聽：「至現辦《四庫全書總目》，提要多至萬餘種。」他們的點論是說，至現辦《四庫全書總目提要》，多至萬餘種。其實你從這整個文氣來看就知道他講的是《四庫全書總目》，而那個提要是要點到

下面去的，所以我一直強調說你如果搞四庫學，連《四庫全書總目》的書名都不清楚，而且人家沒有一個書名叫做《四庫全書總目提要》，那是後來出版社給人家亂添上去的，你看清朝出的書都是《四庫全書總目》，顯然這個名字是亂搞的，點斷是錯的，應該糾正這個。

另外提到一個有趣的問題，我們在提到經學史，什麼《春秋》、《左傳》，好像都忘了一件事，這些東西都是從結果逆推或是反推原因的書寫，所以不要把它當成事情還沒發生他就寫，事實上因為事情發生了以後，他們去反推為什麼會有這樣的結果，其實都是作者的推測，並不是原來就是這回事，不是。這本來就是他的詮釋。提到經學史，我的想法是這樣，經學史到底是什麼叫經學呢？我們如果簡單講經籍學問的歷史，這個經籍你要把它分成什麼樣？因為大家都知道我把經籍的歷史分成兩種，一種是經部之學，一種是經書之學，那經書之學指的就是十三經，經部之學指的就是《四庫全書總目》裡面經部分成好幾類，那我們要談的經學史到底要談哪一類？首先我們要把它分清楚，我覺得《四庫全書總目》的〈經部總敘〉用不到五百字的篇幅，把整個傳統中國到清代初期的經學演變講得那麼樣的清楚，我覺得這蠻值得我們學習的地方。我們現在都覺得經學史好難學，為什麼他們能夠那麼簡略地用不到五百字的篇幅就把整個傳統經學講得很清楚，而且我們到今天都還在用它，不管是自覺還是不自覺，你說分漢學宋學，這不就是他們早就幫你分了嗎？告訴你經是什麼，經就是天下之公理，我覺得要寫經學史，《四庫全書總目》是蠻值得參考的。

大家也知道我做經學史最喜歡做它的傳播，傳播就像剛剛行健提到國外的，貴三也提到。你從一個傳播的角度，可以把它拉到這裡面，但是我們的問題是你經學史真的能寫那麼大嗎？寫得那麼大能夠寫得出來嗎？恐怕不太容易吧，像我寫明代《詩經》學斷代史而已，我就花了很多的工夫去尋找這些文獻，我是覺得與其去做整個經學

史，不如每一個人去做自己的斷代史，可能會做得比較好一點。我其實跟行健一樣，蠻重視現代臺灣經學研究者，各位可以看到我寫了很多臺灣經學人物、學者。我們現在最主要如果能把他們的研究，比如說高明老師、林尹（1910-1983）先生、屈萬里先生這類，他們經學研究的成果對整個臺灣的傳播、整個的影響，把它寫出來，像貴三一樣寫個《易經》學史，整個綜合起來，如果有人要寫臺灣經學史，比較容易，這當然是我的建議跟想法，大概就是講到這些。

車行健：

　　蔣老師還有楊老師，就剛才講到程元敏教授經學六變，還有對斷代的說法、通史的說法，在剛才報告中，我把林慶彰老師認為理想的經學史的分期，我把它列出來，因為林老師這樣的分期是以經學內在演變為主，會跟朝代不是非常一致，所以如果我們去撰寫經學史的話，像用斷代的方式，比如漢、三國、魏晉顯然不符合經學內部演變的狀況，我想這狀況在文學史、哲學史的書寫都有一樣的問題，所以我自己的猜測當年程元敏先生在比較年輕的時候，他可能是有志要寫通史式的經學史，所以對六變、斷代都不覺得是問題。但是我不曉得是不是晚年感到體力不濟，他現在轉向是斷代式的寫法，其實從經學史的書寫來講的話，通史式的或符合朝代斷代的寫法是不同的，林老師的做法是跨越朝代的界線，以經學內部的發展作為寫作的方式，我覺得是兩種不同的模式，但是顯然林老師這種模式，現在沒有實際的成果可以看得到，我覺得是比較可惜。這是就我剛才的報告，還有兩位教授的講法，我突然想到，提出來僅供各位參考。

楊晉龍：

　　行健，你可能弄錯了，《四庫全書總目》的〈經部總敘〉它並沒

有按照斷代，它是按照學脈。

車行健：

我是說當時程元敏先生反對這些說法，我猜想說他可能是想做完整通史式的寫法，所以他對《四庫》的六變，對斷代的做法都嗤之以鼻，後來又回到斷代的做法，我有這樣小小的疑問。

楊晉龍：

不是，因為我是在想程老師是在反對用學脈來分，還是反對他把它分成六變，我一直弄不清楚老師是反對哪一種。

蔣秋華：

因為當時我不在場，也許他反對的就是《四庫》的分法，《四庫》分法也許不只程老師，也有一些學者有不同看法，也都不認可、接受。至於寫斷代經學史也不見得會反對，所以他後來會這麼寫。有可能是針對《四庫》的說法，對它的分不那麼認可。對皮錫瑞分什麼時代、什麼時代等等，也有很多人不完全認可。但是寫書的人總要有些提綱來分別，每個人也許自有考量，有些就借用前面的人，像寫中國小說史的人就借用魯迅的，後來很多中國小說史都用他的分代這樣沿用下來，這個前人有批判。用朝代來分，有時候也很難完全切割，比如說隋唐，你寫一個隋朝經學史、唐朝經學史，總有些人是跨代的，要注意上屬下屬，有時候會有爭議。但寫作的人總要選一套自己某種標準的模式，他就寫下來，至於如何，大家可以去討論。好，其他還有沒有問題。

張高評：

剛剛晉龍兄提到：研究《春秋》學，都採逆推、反推方式，這是沒有辦法中的辦法。因為，孔子當年用來筆削的魯史記（或叫《魯春秋》、《不修春秋》）老早亡佚了。這個部分，《朱子語類》、《春秋師說》中，朱熹、黃澤（1259-1364）也先後表示遺憾。既然沒有辦法拿到原始參考的底本，那麼，或筆或削的書法，就很難查考。所以，研究《春秋》，運用逆推反推的方式，是不得已的事。

另外，前面幾位老師提到的斷代研究，我也表達一下看法。文學研究，不能一刀切。昨天還是清朝，今天辛亥革命，明天就是民國，改朝換代往往一夕變天。文學或學術發展，有其先後的脈絡，此疆彼界，不能一刀切斷。一般人有慣性思維，所以研究五四、新文學運動，就是這樣切斷前朝。五四文學，其實很受晚清文學影響。因為，政治可以一夕變天，可以一天之中就改朝換代，但是文學、思想、學術，前有傳承，後有流變，不可能一刀切。這個概念，我們研究經學史，值得關注。

《四庫全書總目》，全名的確是這樣稱呼。稱呼四庫館臣對某部經典的評論，才是提要。《十三經》中的某一部經典，都是體大思精。所以，我贊成剛才學者的說法：每一經，既然圓滿具足，就應獨立，各做經學史。比如說《易經》學史、《尚書》學史、《詩經》學史、《三禮》學史、《左傳》學史、《公羊》學史、《穀梁》學史，……。各自獨力作業，就比較能夠完成。這些依單經屬性撰寫的經學史，將來次第完成以後，藉由後人會通整合，就可以完成一部比較紮實可靠的經學史。

福建師大經學研究所執行一個計畫，重點在研究臺灣的經學。希望完成一部臺灣的經學史，是執行方案之一。我認為：這個構想，立意良善，但在執行上有其困難度！因為身處當代，學者能夠專擅一

經,已經難能可貴。居今之世,要兼通其他諸經,像鄭玄一樣,「集漢代經學之大成」;如許叔重(慎)一般「五經無雙」,根本不可能。我對《春秋》、《左傳》比較嫻熟,但對《公羊傳》、《穀梁傳》,就顯得生疏。對《易經》、《尚書》、《詩經》、三《禮》、《爾雅》,都只懂得皮毛。若有人想獨力撰寫《十三經》學史,可能專擅的領域可望寫得非常精到,但其他大部分怎麼辦?如果援引別人觀點,那就不是自己獨到的見解。所以,經學史既然體大思精,不妨集思廣益,優先擬定撰稿體例。接著,諸家依循撰稿體例,單經單人投入撰稿。臺灣學界研究經學,已有近七十年的歲月,應該分科分經,對臺灣經學作一番回顧,同時撰寫一部屬於臺灣的經學史。

《十三經》,專擅某一經,經學有源流因革,當進行系統化、主題化之歷史演變考察,精心作詮釋整合之解讀。如果每部經典都這樣做,那就容易整合成一部經學史。很希望中央研究院中國文哲研究所擔當領頭雁,引領經學界造作一個遠景。以上,是我的期許,謝謝大家。

賴貴三:

謝謝晉龍兄的指教,有時候其實是名詞問題,《四庫全書總目提要》,還是《四庫全書總目》?當然原來是這樣說沒有錯,事實上《四庫全書總目》的內容就是提要,所以後來是就實質上來說,不能說就錯。類似孔穎達的《周易正義》,比來是《周易兼義》,所以講《孔疏》、《周易兼義》、《周易正義》,名義上會有些先後,本來跟後來、正名跟定名的問題,事實上講內容都是同一件事情,沒有完全是非的問題,就學術上來說這個沒有問題。第二個,就是行健兄跟晉龍兄講到《四庫全書總目》的提要裡面都是六分法,六分法有它特定的思想概念,包括《易經》裡面兩派六宗,基本都是六分法,《易經》裡面天地人三才而兩之,立天之道、立地之道、立人之道,所以天地

就是自然，自然就是道，而人就是體現那個道，就是天人合一，這個思想在我們五經六經裡面，比如說小學有六藝、文字學有六書，我們目錄學有七略，集略加六略，《易經》一卦六爻，《尚書》典謨訓誥誓命是六體，《詩經》風雅頌賦比興，《周禮》天地春夏秋冬，包括我的三，一、三、六、九，數字文化思想上對應天地人，有共同經學思想內涵，可以這樣做一個思考，這是第二個回應的問題。第三個是，剛才張老師講到這樣的概念，文哲所很重要是龍頭，臺大、師大、政大都是龍頭，可以建議科技部或是中研院文哲所經學組，用大的概念去牢籠國內重要的學者，因為我們都沒有團隊，我們都是單打獨鬥，如果有中研院文哲所或是哪個老師出來領導就好了。因為我們現在都是做小題目、散彈，包括現在民國一百一十一年，清史都沒有，我們的資料都在中研院史語所、國史館，都沒有在做這個事情，有做都是片片斷斷的，沒有該有的成果。他們應該要請我們，而不是我們個別去請求計畫，做的都是小的專的，沒辦法去匯聚成很大。所以說我們的整合性跟主動性，沒有好好發揮國家財力資源跟人力資源，沒有好好整合，我覺得臺灣是蠻可惜的。不好意思，謝謝。

楊晉龍：

　　貴三，你完蛋了。你把正義跟注疏等同，注疏是注疏，正義是正義，你不能把它等同。其實你要講《四庫全書總目提要》之類，我覺得沒關係，可是人家書名本來就叫《四庫全書總目》，你不要人家本來叫貴三，你變成貴四，不行這樣，這樣不太好。你說這樣大家都懂，我覺得從求實的角度，它就叫《四庫全書總目》。好啦！其實我也沒什特別意見，只是說提醒一下而已。

車行健：

　　剛才我的報告有提到三十年前華山論劍，宋鼎宗教授提到經學等於儒學的觀點，當然在會場中遭遇到蠻多人反對，其中也包含莊雅州教授的發言，因為莊老師今天在場，能不能夠請莊老師針對這個問題，來看三十年後有沒有新的想法。我這邊還想順便提一個問題，為什麼我們研究經學的那麼注重經學史，但比如說中國哲學組研究儒學者會那麼注重儒學史嗎？經學史還是在中文系碩博士班的必修課，可是在哲學系或中文系會那麼注重儒學史嗎？如果有儒學史這麼樣的一個書的話，它的內容要怎麼寫？儒學史裡面要不要有經學史的東西，還是就把它切開一邊一國，其實市面上也有一些儒學史的書，裡面當然有跟經學史重複的，也有不是重複的東西。我是在想如果儒學史要寫的話，怎麼寫，它怎麼處理有關經學的部分。以上兩個問題，是不是能請莊雅州老師帶回到三十年前討論的情況。

莊雅州：

　　謝謝車教授，其實三十年前的事我自己也記不太清楚，經過你一提，我基本的觀念還是跟過去差不多，我認為經學是用以研究群經，儒學是用以研究儒家思想。經書是中國學術的源頭，不是儒家所獨有，但儒家守之最篤，闡之最力，再加上《論語》、《孟子》等儒家典籍後來也都進入經書的行列，所以經學與儒學就變得難以截然劃分。但早在《漢書》〈藝文志〉就分六藝略、諸子略為二，《隋書》〈經籍志〉也分經部、子部為二，可見兩者雖然密切相關，還是應該儘可能加以劃分，以儒學併吞經學，或以經學侵犯儒學，都是不對的。我想這個是可以繼續去討論的事情，謝謝你提這樣的意見，三十年來由於忙著教學、行政，研究重點又不在於此，所以沒有長進，對這個問題沒有深入去探討。你提出來的確是非常好的問題，值得大家集思廣益、通力合作研究。

另外，我還要提一下，剛才有兩三位教授都深深感到經學通史的寫作真的很不容易，我想這個很現實，大家都感受得到。這就是為什麼李威熊教授《中國經學發展史》上冊已出版三四十年，下冊卻始終沒有消息，由於經學通史涉及的時間太長、材料太多、問題太複雜，任何一個人獨力完成，真的很困難，對不對？林慶彰教授過去計畫要寫《經學史話》，也沒有寫出來。我自己寫過〈經學史導讀〉，沒多久，三民書局主編的教授就跟我商量，覺得導讀如果能夠把它擴充開來，每一種導讀都寫一本專書，不是很好嗎？我說是很好，他問我能不能答應，我不敢答應，因為那時候我在中正大學的行政工作很忙，而且依我個人的造詣、功力、時間都不可能完成這樣的工作，一直到現在，我始終沒有敢想要去寫一部經學通史。剛才我講經學史的種類非常的多，通史以外，還有斷代史、專經史、專家經學研究等等，我覺得這些跟通史是可以相輔相成的，的確用一個人的力量去完成通史，是相當困難，硬要寫通史，最好是分幾個人通力合作，如果是個人，就寫斷代也好，專家也好，累積了很多這類的東西，再來當作通史的參考資料，我想這個通史寫出來就會更好一點。斷代當然各家不同，劉師培《經學教科書》完全按照朝代分期，我們一般人對朝代的觀念是很清楚的，所以比較容易記得。它不合理的地方是經學的發展不是那樣呆板的，到皮錫瑞就把先秦經學分成開闢、流傳兩個時期，漢代分成昌明、極盛、中衰三個時期。我記得林慶彰教授那篇談經學史的短文還提到，因為他研究明代考據學，考據學並不是到清代才有，其實明代就有，所以按朝代分明、清為二是不恰當的。但是經學的發展往往漫長而複雜，兩期之間犬牙交錯，難以截然劃分，如果按照經學內部演變的特徵來分期，可能也會有爭議。我想是不是可以斷期為主，斷代為輔，斷期裡面其實還是跟朝代有密切關係，這兩者我覺得不能夠截然劃分開來，把它調和一下，是不是會比較好一點。

最後我要提一下林教授對中國經學的推廣真的下了很大的功夫，貢獻非常多，很遺憾的是他早年想要寫的《中國經學史話》始終沒有寫出來，但是他的學生很多、同事很多，如果以他原來的構想，再找幾位跟他一起商量，由大家通力合作，把它寫出來，我想也是很好的事情，這是我的淺見，謝謝。

車行健：

莊老師一再提到林老師寫中國經學史的計畫，我前幾天聽臺灣師大金培懿教授說，她的先生藤井教授來臺灣要回去時，回去之前，他們去看了林老師，林老師現在身體狀況是不太好的，但那天的情況還不錯，談話過程中，據金教授轉述，林老師還是想要寫經學史這樣的宏願，非常念茲在茲，所以我想這可能是林老師一輩子的心願。剛才莊老師也提到林老師很多學生弟子，也是可以接續或是共同落實下來，建議是蠻好的，可是還是剛才張高評教授提到的問題，誰是帶頭大哥，有一個推動的力量，在我們今天臺灣學術界是比較困難的，我的報告到這邊。

賴貴三：

我再補充一下，行健兄說政大經學史考試的問題，事實上我們師大也有，我們師大是中國文學史、中國哲學史是必考，中國經學史和小學（文字、聲韻、訓詁）是選考，所以我們師大經學基本上都沒有斷，目前我們師大經學通論還是必修，訓詁學變成一學期而已，文字學也是一年的課程，基本上經學的課程在我們師大都還沒有斷掉，研究的人員後起之秀也有。

其次剛好卜五兄在現場，文哲所經學組是北部重要能量聚集的來源，我覺得高雄師大的經學所卜五兄、蔡根祥學長、黃忠天學長，他

們有些都退休了或準備退休，可是經學所既然是經學所，它就有責任，在南部成大或中山，資源都聚集在那邊，高雄師大經學所有沒有可能，比如說學校的、教育部的、科技部的、文化部的整合計畫，這樣才可以確立它的價值，如果可以的話，那我們師大、臺大、政大相關的經學老師可以當作後援或後盾人力支援，如果可以做一個好的整合，就有相當好的意義，我提供這樣的補充說明，謝謝。

鄭卜五：

各位老師以及好朋友，大家好。當然我們經學所也會盡最大努力，繼續的學習以及配合，我們也一直在做經學的推廣，這也是我們的期盼，我相信無論如何經學所都會往這方面推進，請各個單位文哲所、臺大、政大、師大、成大一起協助我們，有機會一起合作，謝謝大家，很高興能夠上來看到幾位老師，謝謝。

蔡景昌：

宋鼎宗教授說經學跟儒學的關係非常密切，這個有興趣，我認為做經學史的要有經學情懷，也就是所謂有儒家精神，經學的特色是它比較平易，用來經世治國，從周公、孔子這一套來，所以依我來講，道家、兵家不等於經學，因為它是特殊少數的人，特殊狀況中有這種詭譎的用法，這種就不叫做經學。「君子之德風，小人之德草。」眾星拱月，感通於一般人的，平易的、可以經世治國的叫做經學，這個經學情懷是做經學史一定要有的，剛才報告也提到先有經學情懷經學思想才能夠做經學史，所以不要叫一個歷史系的來做，歷史系的人如果沒有經學情懷，他做經學史一定做不好的，因為不成經學史，這是我一點點的體會，貢獻給大家，謝謝。

金培懿：

因為剛剛下午不管聽李威熊老師，特別是莊雅州老師，還有幾位學者都講到，慶彰師要寫經學史，我在上個月底確實跟我先生一起去看老師，老師那天的狀況是蠻好的，跟我們談了一個半小時，老師大概有三次表示想寫中國經學史的書，我記得老師是在二〇〇二年得到帕金森症，那時候他就說要趕緊找時間完成這本書，不過後來忙於文哲所經學組的組務、學術的推廣，結果論來講是沒有，但老師還是心心念念。大家也都知道老師這幾年的身體健康變化比較快，那天老師講了三遍，我還是勸老師以養身體為主。不知道老師這件事有沒有進一步處理，我覺得也許雅州老師剛才說的我們作為林老師的學生，我們要怎麼去協助完成老師的工作，還是我們大家跟老師請益，分頭完成這個工作。

我覺得我們從今天的發表裡面，或許可以回歸林老師跟莊老師提到的，這個經學史的撰寫，我們到底要立足於學派，還是專經專家，如果立足於學派，那學術立場跟政治立場會左右經學史的撰寫，有一個很重要的是注經法的歷代的演變。這個經學史，日本人很早就寫出中國哲學史跟中國文學史，皮錫瑞的經學史就居先了，之後就有本田成之，他就定義經源於教、政教合一，你要從政治政策來確立你的史觀，還是教育政策、社會風氣，這個也會牽涉到分期按朝代，還是經學內部的演化，經學內部的演化就會回到學派，還是專家專經。講到史觀，林老師從二十年前帶我們到揚州，晚近叫我們關注香港經學，早年當他的學生時，叫我們關注日本的域外漢學、朝鮮的域外漢學。我們今天好像沒有注意到關於經學史的地域經學是什麼。本田成之的書跟一般經學史做法不太一樣，他是把西漢歸於秦，另外有一個後漢，三國獨立出來，比如說王肅，他就把他定義在三國荊州的學風，唐宋元明，元朝他只用了兩頁。

黃忠慎老師提到皮錫瑞的《經學歷史》，我覺得那個構想非常好，那剛好是這三年我派給大一學生「經學通論」的作業，根據經部總敘我們回頭看皮錫瑞的《經學歷史》，今文學家去批判古文學家的立場對不對？如果你是古文學家，要怎麼反駁？你做為一個國文系大一經學通論的學生，對於這樣的經學專書，能提出什麼樣的修正、看法？這是我回應今天的演講，也向大家報告林老師非常想寫經學史的專書，大概這樣的說明，謝謝。

張文朝：

今天實在是感謝大家的參與，其實之所以會有這個工作坊，要感謝張高評老師，在二〇一八年他來參加我們經學組的會議，建議我們要辦幾場經學研究方法的會議，我一口就答應了，沒想到事隔好幾年，今天終於把它完成了，也算是完成張高評老師的心願。現在聽來，又有好多事情可以做的感覺，有點不知道如何是好。當時我之所以會答應張高評老師的建議，是因為其實我已經有意識要辦經學的研究方法和哲學的研究方法的座談會，我記得跟金培懿學姊有提過這件事，她也覺得這是很好的事情。哲學跟經學之間的研究方法，如何區別，如何融通，但是後來想，如果不把經學的研究方法先整理出來的話，不知道如何跟哲學組去對話，所以我們才會先辦經學研究方法。後來因為車行健老師也知道有這麼一回事，他也建議說經學史也應該加入，我覺得不錯，就把它加進來，就是今天的座談會。

再來，我要感謝從今年四月以來，大概有六、七個月，一共有五十一人次，四十六位教授來參與發言，非常感謝他們。再來感謝蔣秋華老師在我們九場座談會當中，主持了七場，算是非常辛苦，所有邀請名單都是蔣老師提供的，由我出面來邀請，非常感謝蔣老師的辛勞。接下來我們經學組已經陸陸續續把錄音檔做各場次發言的逐字

稿，車老師擔心的有沒有做紀錄，其實我們已經在做，已經完成三部經的逐字稿，一旦把所有的逐字稿都完成以後，再寄給所有參與的老師們，請各位老師再做確定，之後會在本所的通訊做專題的刊載，九場的研討都會在通訊先發表。各位發言的老師們如果能擴充成學術論文的話，大概兩萬字左右就可以，歡迎各位老師在年底以前或是明年上半年以前，寄論文給我，我會把它作成論文集，由本所來出版，這個是回應車老師說萬一我們資料都不見，只要我辦的會議，大概會有論文集的出版，所以也算是一個紀錄，當然網路上我是沒辦法做什麼樣的決定，網路上的更新、內容的調整，所內有它一定的方法。至於說本組以後所有的工作或是紀錄，我想我們應該把它保留下來，這確實是沒錯。以前林老師，還有蔣老師辦的研討會，簡單講真的是沒有金錢、人力、時間三個方面的配合，很難把它完成。每次做組務會議的時候，那些都是出現在我們的會議紀錄裡面，該做一些什麼樣的工作，這個實在是即使到現在也沒辦法，我們現在經費幾乎是零，所以沒辦法，除了再找金援之外，可能再找老師來幫忙，像蔣老師退休了以後，做了很多教育、出版的問題，這個也是要各位願意才可能。

除了這個之外，還感謝線上參與的同好們，這幾個月來的支持，謝謝。我們未來是什麼樣的情況，我不知道，我們現在組內只剩下四個人而已，所以有一些人力上的問題，各自也為了升等或所內、組內的工作，大家忙得不亦樂乎，所以剛剛各位老師給予的建議，所謂整合各校經學研究者作大型計畫，當然經學史的出版，我相信是很有意義的，我會找時間再跟幾位老師請益，再請大家幫忙，或是提意見，我們來嘗試做做看，有沒有辦法把它整合起來。以上報告，非常謝謝。

蔣秋華：

謝謝文朝，有沒有意猶未竟還想談的，如果沒有，我們今天這場

就到這裡告一段落結束,謝謝與談六位老師,還有其他全程參與的線上朋友們,謝謝。

經學研究叢書・臺灣經學叢刊 0505010

臺灣學者論經學研究方法・紀要卷 下冊

主　　編	蔣秋華、張文朝
責任編輯	林涵瑋
特約校稿	謝宜庭
發 行 人	林慶彰
總 經 理	梁錦興
總 編 輯	張晏瑞
編 輯 所	萬卷樓圖書股份有限公司
排　　版	林曉敏
印　　刷	百通科技股份有限公司
封面設計	黃筠軒

發　　行　萬卷樓圖書股份有限公司
　　臺北市羅斯福路二段 41 號 6 樓之 3
　　電話 (02)23216565
　　傳真 (02)23218698
　　電郵 SERVICE@WANJUAN.COM.TW
香港經銷　香港聯合書刊物流有限公司
　　電話 (852)21502100
　　傳真 (852)23560735

ISBN 978-626-386-156-5
2024 年 12 月初版
定價：新臺幣 480 元

如何購買本書：
1. 劃撥購書，請透過以下郵政劃撥帳號：
　帳號：15624015
　戶名：萬卷樓圖書股份有限公司
2. 轉帳購書，請透過以下帳戶
　合作金庫銀行 古亭分行
　戶名：萬卷樓圖書股份有限公司
　帳號：0877717092596
3. 網路購書，請透過萬卷樓網站
　網址 WWW.WANJUAN.COM.TW

大量購書，請直接聯繫我們，將有專人為您服務。客服：(02)23216565 分機 610

如有缺頁、破損或裝訂錯誤，請寄回更換
版權所有・翻印必究
Copyright©2024 by WanJuanLou Books CO., Ltd.
All Rights Reserved　　　Printed in Taiwan

國家圖書館出版品預行編目資料

臺灣學者論經學研究方法. 紀要卷 / 蔣秋華,
張文朝主編. -- 初版 . -- 臺北市：萬卷樓圖
書股份有限公司, 2024.12
　冊 ;　公分
ISBN 978-626-386-156-5(下冊：平裝)

1.CST: 經學 2.CST: 文集
090.7　　　　　　　　　　　113014172